孔子与《论语》

主编：成积春　宋立林
编委：修建军　王曰美　张亚宁
　　　周海生　王红霞　王德成

高等教育出版社·北京

图书在版编目（CIP）数据

孔子与《论语》/ 成积春，宋立林主编. -- 北京：高等教育出版社，2018.8（2022.8重印）
ISBN 978-7-04-050028-8

Ⅰ．①孔… Ⅱ．①成… ②宋… Ⅲ．①孔丘（前551-前479)-人物研究②《论语》-研究 Ⅳ．①B222.25

中国版本图书馆CIP数据核字(2018)第138356号

策划编辑	张　林	责任编辑　张　林　贾高操	封面设计	张申申
版式设计	于　婕	责任校对　殷　然	责任印制	刘思涵

出版发行	高等教育出版社		网　　址	http://www.hep.edu.cn
社　　址	北京市西城区德外大街4号			http://www.hep.com.cn
邮政编码	100120		网上订购	http://www.hepmall.com.cn
印　　刷	三河市华润印刷有限公司			http://www.hepmall.com
开　　本	787 mm×960 mm　1/16			http://www.hepmall.cn
印　　张	13			
字　　数	240千字		版　　次	2018年8月第1版
购书热线	010-58581118		印　　次	2022年8月第5次印刷
咨询电话	400-810-0598		定　　价	26.00元

本书如有缺页、倒页、脱页等质量问题，请到所购图书销售部门联系调换
版权所有　侵权必究
物　料　号　50028-00

目　　录

第一讲　孔子、《论语》与人文精神 1

第二讲　孔子与孔门弟子 17

第三讲　孔子的教育思想 33

第四讲　《论语》源流概说 47

第五讲　《论语》中的"孝" 61

第六讲　《论语》中的"仁" 84

第七讲　《论语》中的"义" 107

第八讲　《论语》中的"礼" 120

第九讲　《论语》中的"智" 145

第十讲　《论语》中的"信" 156

第十一讲　《论语》中的"和" 174

第十二讲　修己安人　养成君子 191

编后记 203

第一讲　孔子、《论语》与人文精神

在中国文化的星河之中，孔子无疑是最为耀眼的一颗巨星。在中国浩如烟海的典籍之中，《论语》则是影响最大的儒家经典。对于中华文化精神的奠基与确立，恐怕没有哪一个人能够与孔子并论，没有哪一部经典能够与《论语》媲美。

现代新儒家代表人物梁漱溟曾指出：

> 孔子以前的中国文化，差不多都收在孔子手里；孔子以后的中国文化，又差不多都从孔子那里出来。①

近代著名历史学家、文化史家柳诒徵说：

> 孔子者，中国文化之中心也。无孔子则无中国文化。自孔子以前数千年之文化，赖孔子而传；自孔子以后数千年之文化，赖孔子而开。即使自今以后，吾国国民同化于世界各国之新文化，然过去时代之与孔子之关系，要为历史上不可磨灭之事实。故虽老子与孔子同生于春秋之时，同为中国之大哲，而其影响于全国国民，则老犹远逊于孔，其他诸子，更不可以并论。②

近代的国学大师钱穆也指出：

> 孔子为中国历史上第一大圣人。在孔子以前，中国历史文化当已有两千五百年以上之积累，而孔子集其大成。在孔子以后，中国历史文化又复有两千五百年以上之演进，而孔子开其新统。在此五千多年，中国历史进程之指示，中国文化理想之建立，具有最深影响最大贡献者，殆无人堪与孔子相比伦。③

以上梁漱溟、柳诒徵和钱穆等先生的说法，都明确表述了孔子在中国历史上、文化上的特殊重要地位。其实，说孔子是"中国文化之中心"，并非夸大其词。孔子之所以能够有如此核心性的地位和影响，有两个原因。其一，孔子生活在中国文明的"轴心时代"；其二，孔子秉持了一种"述而不作"的文化观，进而确立了其在中国文化史上"承上启下""继往开来"的地位。

华夏文明在夏商周三代文明数千年的演进之后，到春秋时期已经有了极为深厚的积淀。同世界上其他文明中心一样，这一时期的中国也进入了文明的

---

① 梁漱溟：《东西文化及其哲学》，商务印书馆1999年版，第150页。
② 柳诒徵：《中国文化史》上册，东方出版中心1988年版，第231页。
③ 钱穆：《孔子传·序言》，生活·读书·新知三联书店2002年版。

"轴心时代"。

"轴心时代"是德国哲学家雅斯贝尔斯提出来的一个概念。他指出:"发生在公元前八百至二百年间的这种精神历程似乎构成了这样一个轴心,正是在那个时代,才形成今天我们与之共同生活的这个'人'。我们就把这个时期称作'轴心时代'吧,非凡的事件都集中发生在这个时期。"(《历史的起源和目标》)而"轴心时代"的主要表现是:在中国,孔子和老子非常活跃,中国所有的哲学流派,包括墨子、庄子、列子和诸子百家都出现了。和中国一样,印度出现了《奥义书》和佛陀,探究了从怀疑主义、唯物主义,到诡辩派、虚无主义的全部范围的哲学可能性。伊朗的琐罗亚斯德传授了一种挑战性的观点,认为人世生活就是一场善与恶的斗争。在巴勒斯坦,从以利亚到以赛亚和耶利米再到以赛亚第二,先知们纷纷涌现。希腊贤哲如云,其中有荷马、哲学家巴门尼德、赫拉克利特和柏拉图,许多悲剧作者,以及修昔底德和阿基米德。在这数世纪内,这些名字所包含的一切,几乎同时在中国、印度和希腊这三个互不知晓的地区发展起来。最终,这一时期成了世界历史的"轴心",自此以后,人类有了进行历史自我理解的普遍框架。直至近代,人类一直靠"轴心时代"所产生的思考和创造的一切而生存,每一次新的飞跃都回顾这一时期,并被它重燃火焰,自那以后,情况就是这样,轴心期潜力的苏醒和对轴心期潜力的回归,或者说复兴,总是提供了精神的动力。

正如雅斯贝尔斯所提到的那样,在春秋战国之际,中国思想文化出现了空前的繁荣景象。首先是老子与孔子,这两位具有世界影响力的思想巨人登上历史舞台;紧随其后的则是儒、墨、道、法、阴阳、名、兵等诸子百家的思想争鸣,中国思想文化的"黄金时代"由此拉开序幕。

而孔子在"轴心时代"又具有"轴心人物"地位,这主要取决于两点。一是他开创了一个儒家学派,这个学派在他之后日渐发展、壮大,在不长的时间内,儒学迅速向四周传播,不仅在鲁国具有绝对的影响力,而且北至中山、南达荆楚、西屈秦晋的夷夏之地都留下了儒学活动的印记,这在晚近的考古发现中已经得到了证明。正是这种巨大的传播力和影响力,才使儒学成为战国时代之显学,也成为此后两千多年中国文化的主干。二是他的思想学说对战国时代的百家之学有着不可忽视的深远而巨大的影响,史家所盛称的"百家争鸣"的思想文化黄金时代,不能不说与孔子有着非常巨大的关系。尽管除了儒家之外,比如墨家、道家、法家、阴阳家、名家等,受其影响的其他学派人物对孔子及其学说抱持着种种不同甚至截然相反的态度,但都无法否认孔子对整个战国学术思想的巨大影响力。自胡适《中国哲学史大纲(卷上)》问世以来,几乎所有的中国哲学史、思想史著作,要么以孔子为先,要么以老子开端,然后逐次论列诸子。其实,这是以时间的先后顺序来叙述思想史,是夷经为史,夷圣人为诸子。原因自然是近代以来，人们出于反封建专制之需要，将孔子与经学拉下"圣坛"，以合乎"自由平等"之义。殊不知这一做法和认识却非古代思想之实际。《汉书·艺文志》："儒家者流，盖出于司徒之官。助人君，顺阴阳，明教化者也。游文于六经之中，留意于仁义之际，祖述尧、舜，宪章文、武，宗师仲尼，以重其言，于道最为高。"并未归孔子于儒家者流，而将《论语》列于六艺略。同时将九流十家归为"《六经》之支与流裔"，可见孔子与六经之轴心地位。

当然，揆诸整部中国历史，可以毫不夸张地说，是孔子而不是别人奠定了中国文化的格局，型塑了中华民族的性格。正如唐君毅先生所说："孔子与中国之历史文化，亦以万缕千丝，密密绵绵，以相连接，如血肉之不可分，以形成一整个之中华民族之文化生命。"[1]孔子早已化为中国文化的象征，他的教诲深入人心，融入血脉，不管是饱读诗书的士人，还是大字不识的老妪，举手投足间，你总会发现圣人的遗泽。因此，如果你想了解中国，了解中国文化，自然应当从孔子这里开始，因为无论如何都绕不开他，不管你对孔夫子抱着一种怎样的立场和态度，是崇拜、景仰，还是厌恶、批判，抑或是嘲讽和揶揄。翻开厚重的中国历史，可以发现，孔子在生前身后，与历经沧桑的中国文化、中华民族一道升降起伏、饱受荣辱。

在雅斯贝尔斯那里，孔子与苏格拉底、佛陀和耶稣并称为人类思维范式的四大奠立者。不过，孔子与佛陀、耶稣不同，他不是宗教的创立者，虽然儒家也曾被称为儒教。孔子与苏格拉底倒颇有几分相似之处：他们都是世间的智者，关注人们的德性与德行，热衷于从事教育。孔子通过自身的努力，以平凡之身成就了圣贤的事业和人格，这就是西方学者芬格莱特那本孔子研究专著的书名"即凡而圣"所揭示的道理。

可以说，孔子对中国人文精神的影响最为深远而巨大。明儒王阳明曾做过一个"三间房"的比喻，来衡量儒、释、道三教的历史地位，认为它们好像三间房屋，中间的堂屋是儒学，两边的厢房分别是佛、道。[2]南怀瑾认为，中国传统文化主要是儒、释、道，佛教就像"百货店"，百货杂陈，样样俱全，有钱有时间就可以去逛逛。进了买东西也可，不买东西也可，根本不去逛也可，但是社会需要它。道家则像"药店"，没有疾病可以不管不问，但有病就要进去。儒家的孔孟思想则是"粮食店"，民生日用不可或缺。[3]这个比喻非常有趣，对于我们理解孔子儒学的地位和价值很有启迪。

---

[1] 唐君毅：《孔子在中国历史文化的地位之形成》，《唐君毅全集》第 27 卷，九州出版社 2016 年版，第 139 页。

[2] 《王阳明全集·年谱三》，上海古籍出版社 1992 年版，第 1287 页。

[3] 南怀瑾：《论语别裁》，复旦大学出版社 2006 年版，第 6 页。

孔子思想为中国人构筑了精致的精神家园，孔子也就成为了中华民族的伟大导师。英国作家贡布里希在其《写给大家的简明世界史》一书中这样写道："他没有成为遁世修行者，而是当了官做了教师。他也不怎么在乎让单个的人不再有什么愿望不再受什么痛苦，他主要看重的是，让人们平平安安、和和气气地共同生活在一起。这就是他的目标，关于良好的共同生活的学说。这个目标他也达到了。在他的学说的影响下，伟大的中华民族比世界上别的民族更和睦和平地共同生活了几千年。"①"但是总的来说，不是老子，而是孔子成为他的民族的伟大导师，这应该说是一件好事。你说呢？"②

世界上各大文明，无不有其经典体系。经典是一个民族的"大宪章"，是一个文明的"基因库"。经典塑造着一个民族的思维方式、价值取向、典章制度、行为规范，影响着一个民族的政治、伦理、教育、文艺等。《论语》在中国文化中之地位，犹如《圣经》在基督教文化中之地位。

任何一个社会，一个族群，作为其文化土壤或社会文化背景的有两个东西，一个叫"文化认同"，一个叫"伦理共识"。

所谓"文化认同"，解决的是"我是谁""我来自哪里"的问题，是个体的人所归属的民族文化的基本身份的自我定位，是精神信仰的归乡与故园。

所谓"伦理共识"，其实是在民众中的一个隐性的，然而又是有约束力的价值观、生活态度、对待家庭与社会的方式以及终极信念的共同点。

"四书"，尤其是《论语》正是孕育中华民族的"文化认同"与"伦理共识"的基本经典，其中所讲的道理，例如"仁""义""礼""智""信"等五常就是中华民族的核心价值观念，一直到今天还活生生地扎根在老百姓之中，继续为中华民族的成长与复兴起着积极的作用。

其实，早在古代，学者们对于《论语》就有很多极高的评价：

东汉赵岐说："《论语》者，五经之錧辖，六艺之喉衿也。"（《孟子题辞》）

唐代薛放说："《论语》者，六经之菁华。"（《旧唐书·薛放传》）

明代杨宗吾说："六经譬则山海，《论语》其泛海之航，上山之阶乎？"（朱彝尊《经义考》卷二百一十引）

梁启超曾指出，《论语》《孟子》等是两千年国人思想的总源泉，支配着中国人的内外生活，其中有益身心的圣哲格言，一部分久已在我们全社会形成共同意识，我们既做这社会的一分子，总要彻底了解它，才不致和共同意识生隔阂。

---

① ［英］贡布里希著,张荣昌译:《写给大家的简明世界史》,广西出版社2003年版,第84页。
② ［英］贡布里希著,张荣昌译:《写给大家的简明世界史》,广西出版社2003年版,第88页。

而身处儒家文化圈的日本，对于《论语》也极为推崇。明治维新时期的日本学者伊藤仁斋更是说《论语》乃"最上至极宇宙第一书"。

为什么《论语》具有如此核心的地位？

因为，《论语》确立了此后士君子的基本价值取向，塑造了中国人的人文精神，那就是：以学养成君子，君子修己安人。而以士大夫为代表的君子阶层，身上传承和发扬着孔子所倡导的基本价值，深刻影响着中国社会政治、伦理的各个方面，也深刻型塑了中华人文精神。所以，孔子和《论语》，作为"圣人""圣经"为中国乃至东亚的广大民众所推崇。

孔子、《论语》对中华文化精神的塑造，大体可以概括为以下几个方面。

第一，以人为本。

中华文明具有十分鲜明的"以人为本"的人文主义特征，这与先秦诸子尤其是与孔子及其儒家思想分不开。如果说，基督教、伊斯兰教是一种"神本主义"文明形态，那么，古希腊及中国古代文明就是一种"人本主义"文明形态。神本主义的基本特征就是"神"是一切价值的源头和标准，神具有绝对的权威，人必须听从于神。在这种文明形态中，人变得非常渺小。本来人创造了宗教，发明了神，但是神却反过来统治了人。西方文明受到"两希文明"的深刻影响，其中希伯来文明（包括由其衍生出的基督教）就是一种一神教的文明，是神本主义的。而希腊文明则具有突出的人本主义色彩。因此，在欧洲，人本主义与神本主义是相互冲突、排拒又相互影响、交融的。而在中国，从西周时代开始，因为礼乐文明的形成，人本主义的特征就基本奠定了。到了孔子，更深化和巩固了这一传统。

《吕氏春秋·不二》总结说："孔子贵仁。"学界几乎一致肯定，仁是孔子思想的核心。而仁的基本内涵则是"爱人"。"仁者爱人"，就是对人本主义的基本概括。在孔子及儒家的思想世界中，人无疑具有极崇高的地位。"以人为本"是孔子儒学的基本主张。

孔子所处的时代，"鬼神"观念依然盛行。在文明的早期，一般都是以原始宗教为主要形态。在中国就是如何看待鬼神的问题。尧舜时代以来的"人文"传统，在商代被浓郁的宗教氛围所遮蔽。《礼记·表记》曾经概括夏商周三代的差异："夏道尊命，事鬼敬神而远之，近人而忠焉，先禄而后威，先赏而后罚，亲而不尊；其民之敝：蠢而愚，乔而野，朴而不文。殷人尊神，率民以事神，先鬼而后礼，先罚而后赏，尊而不亲；其民之敝：荡而不静，胜而无耻。周人尊礼尚施，事鬼敬神而远之，近人而忠焉，其赏罚用爵列，亲而不尊；其民之敝：利而巧，文而不惭，贼而蔽。"到了周代，虽然人文主义精神升腾，但是鬼神依然依托于礼乐文明而延续，原始的宗教色彩尚未全部褪去。但是，孔子却采取了一种非常智慧的方式，将鬼神的宗教性悬置起来，并将其改造为一种礼乐文明的人文形态，并以此作为教化的手段。

在《论语》中可以比较清楚地看到孔子对待鬼神的基本态度。《论语·述而》说："子不语怪、力、乱、神。"孔子是非常理性的人，他将更多的精力放在了伦理、道德的人文领域。

人生在世，终有一死。儒学不是宗教，没有彼岸的信仰，也没有长生不老的祈求，而是希望人们能坦然面对死亡。相对于"生"而言，儒家确实不太在意"死"本身，尤其不太关注死后世界。所以，《论语·先进》记载：

> 季路问事鬼神。子曰："未能事人，焉能事鬼？"曰："敢问死。"曰："未知生，焉知死？"

而据《论语·雍也》记载，孔子主张"敬鬼神而远之"。孔子还说过："祭如在，祭神如神在。"（《论语·八佾》）

由此可见，孔子和儒家对于鬼神的存在不置然否。很多人疑惑：孔子到底是相信鬼神的存在，还是否定鬼神的存在？

据《孔子家语·致思》记载，子贡向孔子请教说："死者有知乎？将无知乎？"他问死去的人到底有没有知觉，这无异于问死后有没有鬼神。孔子回答说："吾欲言死之有知，将恐孝子顺孙妨生以送死；吾欲言死之无知，将恐不孝之子弃其亲而不葬。赐，欲知死者有知与无知，非今之急，后自知之。"在孔子看来，死者有无知觉，不是一个知识论的问题，而是一个攸关教化的问题。他所关心的是：说死人有知觉，就担心孝子贤孙伤害自己来葬送死者；说死人没有知觉，又担心不孝子孙遗弃亲人而不予埋葬。因此，孔子告诉子贡，你想知道死者有无知觉，这并不是现在急着要解决的，以后你自己总会明白的。

孔子的回答实在耐人寻味，对鬼神有无的问题，既不肯定，也不否定，其中深意，值得深思。如果说早期的丧葬之礼与原始宗教、鬼神信仰密不可分，那么到了周公、孔子时期，对于丧葬礼的解释，已经显示出浓郁的人文主义色彩。因此，儒家关于丧葬礼的观念具有理性开明的特征，采取了"君子以为文，百姓以为神"的态度。作为知识阶层的儒家当然不相信鬼神的存在，而是将丧葬礼仪作为一种自我修养和教化百姓的手段；对于老百姓的鬼神信仰，儒家也不否定，而是采取"神道设教"的态度，顺着这个传统来教化民众。

对此墨家十分不解。墨家批评道：既然你不相信鬼神的存在，为什么还要将丧葬搞得如此隆重呢？这不好比是没有客人而举行迎宾之礼吗？这一质疑，恰恰说明墨家没有注意到儒家对礼的真实态度，更不了解儒家礼教的深刻性。

我们再来看，孔子和儒家又是如何看待天人关系的？从宗教的视角看，天人关系是一种神人关系，这样一种意义上的"天"在孔子的言说中确实还多少有些保留。通过对《论语》中"天"的考察，大体可以看到，"天"具有多重含义，如意志之天、自然之天、命运之天、义理之天等，但是其中出现最多的还是"义理之天"，这是对传统宗教色彩的"天"观念的突破，也是儒家人文主义的必然取舍。

在天人之中，孔子和儒家更关注人。《尚书·泰誓》提出："惟天地，万物父母；惟人，万物之灵。"《孝经》则说："天地之性，人为贵。"《易传》主张人与天地并列为"三才"，《中庸》更认为人可以与"天地参"，到了荀子也提出"人最为天下贵"。这些无不表明儒家学说特别强调人的尊贵和人的价值。这是中华人文精神的基石。

孔子对于人的关注，可以通过一件小事以管窥豹。据《论语·乡党》记载：

厩焚。子退朝，曰："伤人乎？"不问马。

虽然短短十几个字，却是一则极富深意的伦理故事。孔子时代，马是十分贵重的物资，但是孔子关心的却是普通人的生命。从这里，我们可能一下子就能够被震撼。

孔子及儒家这种"以人为本"的思想，体现在政治上就是"民本""仁政"思想。

第二，崇伦尚德。

中国文化重视人，突出人的价值和地位。当然，不同思想家对于人的理解并不一样。孔子与儒家是以"伦理关系"来理解人的。人是一种"伦理关系"中的存在。正是基于这一特点，梁漱溟将中国社会的性质概括为"伦理本位的社会"。他认为：

人一生下来，便有与他相关系之人（父母、兄弟等），人生且将始终在与人相关系中而生活（不能离社会），如此则知，人生实存于各种关系之上。此种种关系，即是种种伦理。伦者，伦偶；正指人们彼此之相与。相与之间，关系遂生。家人父子，是其天然基本关系；故伦理首重家庭。父母总是最先有的，再则有兄弟姊妹。既长，则有夫妇，有子女；而宗族戚党亦即由此而生。出来到社会上，于教学则有师徒；于经济则有东伙；于政治则有君臣官民；平素多往返，遇事相扶持，则有乡邻朋友。随一个人年龄和生活之开展，而渐有其四面八方若近若远数不尽的关系。是关系，皆是伦理；伦理始于家庭，而不止于家庭。①

梁漱溟又提出：

吾人亲切相关之情，发乎天伦骨肉，以至于一切相与之人，随其相与之深浅久暂，而莫不自然有其情分。因情而有义。父义当慈，子义当

---

① 梁漱溟：《中国文化要义》，上海人民出版社2011年版，第78~79页。

孝，兄之义友，弟子义恭。夫妇、朋友，乃至一切相与之人，莫不自然互有应尽之义。伦理关系，即是情谊关系，亦即是其相互间的一种义务关系。伦理之"理"，盖即于此情与义上见之。更为表示彼此亲切，加重其情与义，则于师恒曰"师父"，而有"徒子徒孙"之说；于官恒曰"父母官"，而有"子民"之说；于乡邻朋友，则互以叔伯兄弟相呼。举整个社会各种关系而一概家庭化之，务使其情益亲，其义益重。由是乃使居此社会中者，每一个人对于其四面八方的伦理关系，各负有其相当义务；同时，其四面八方与他有伦理关系之人，亦各对他负有义务。全社会之人，不期而辗转互相联锁起来，无形中成为一种组织。①

　　近代西方人将人视为原子式个体，而权利、自由、平等诸种理念皆由此起。但是中国文化则从另一个角度看待人。儒家乃至整个中国文化，是以一种社会网络的视角来看待人的。这与马克思所说的人是"社会关系的总和"的思想是一致的。

　　这种社会网络的视角，就是人伦的观念。伦有辈分、类分、条理、次序之义。人伦即指人与人之间的关系。在古代，这种人伦关系主要有几种，称为五伦、六纪。现代哲学家贺麟指出，五伦的观念是几千年来支配我们中国人的道德生活的最有力量的传统观念之一。它是我们礼教的核心，它是维系中华民族的群体的纲纪。在中国，每个人生来就处于一种人伦关系之中。注重伦常是中国文化有别于西方文化的一大特色。

　　所谓"五伦"，是指父子（父母与子女）、夫妇、兄弟（兄弟姊妹）、君臣、朋友。前三者是家庭（或者家族）内部的主要伦理关系，后二者则是家庭之外的社会伦理关系。

　　"五伦"观念可以上溯到孔子，《中庸》引孔子的话说："君臣也，父子也，夫妇也，昆弟也，朋友之交也，五者天下之达道也。"这已将君臣、父子、夫妇、昆弟（兄弟）、朋友等五伦的说法完整地提了出来，但还没有赋予其"理"以形成伦理观念。在《礼记·礼运》引用的孔子的话中出现"十义"的说法："父慈、子孝、兄良、弟弟（悌）、夫义、妇听、长惠、幼顺、君仁、臣忠十者，谓之人义。"其中没有朋友而有长幼，但精神一致。到了孟子就有了明确表述："父子有亲，君臣有义，夫妇有别，长幼有叙（序），朋友有信。"（《孟子·滕文公上》）至此五伦之理得以形成。尽管人们对排列次序有不同看法，但五伦确然成为中国人共同认可的伦理规范，不过"五伦"这个概念还没有出现。儒家原典中没有"五伦"一词。有学者认为，"五伦"是一个俗语，大约起源于宋代儒者以俗语说经的时期。

---

① 梁漱溟：《中国文化要义》，上海人民出版社2011年版，第79页。

所谓"六纪"出自东汉班固的《白虎通》："三纲者何谓也？谓君臣、父子、夫妇也。六纪者，谓诸父、兄弟、族人、诸舅、师长、朋友也。"六纪是六种人伦关系，其中"兄弟"和"朋友"见于五伦，其他则是五伦之外较为重要的人际关系。史学大师陈寅恪在《王观堂先生挽词并序》中提出一个重要观点："吾中国文化之定义，具于《白虎通》三纲六纪之说，其意义为抽象理想最高之境，犹希腊柏拉图所谓Eidos者。若以君臣之纲言之，君为李煜亦期之以刘秀；以朋友之纪言之，友为郦寄亦待之以鲍叔。其所殉之道，与所成之仁，均为抽象理想之通性，而非具体之一人一事。"

在陈先生看来，人伦关系在中国文化中最具根本意义。三纲六纪就是人类社会的基本伦理关系。对于伦理的遵守，实际上就是对"理"——一种抽象理想的遵守。其实孔子所谓"君君，臣臣，父父，子子"（《论语·颜渊》）讲的就是这样的意思。这两组四方人伦关系，前字是指各自的伦理角色，后字则是该伦理角色应遵守之理。也就是说，君有君之理，臣遵臣之理，父尽父之理，子守子之理。

五伦、六纪比较系统地概括了传统中国社会的人伦关系。当然，随着社会的发展和衍变，人际关系日益繁杂，人们提出了关于当代新型伦理的思考，有新"六伦""九伦"等提法。比如，哲学史家郭齐勇提出新"六伦"：父（母）子（女）有仁亲，夫妻有爱敬，兄弟（姊妹）有情义，朋友有诚信，同事有礼智，群己有忠恕。思想史家姜广辉提出新"九伦"：父子有亲，上下有义，夫妇有情，长幼有序，朋友有信，群我有仁，人天有报，网际有智，邦交有礼。伦理学者何怀宏则提出新"五常伦"：天人和，族群宁，群己公，人我正，亲友睦。这些表述，体现了学者们在思考人伦方面的努力，富有一定启发和建设性意义，有助于当下新型伦理关系的建构和完善。

因为重视伦理，所以强调义务，推崇道德。儒家原典《尚书·大禹谟》提出："正德、利用、厚生，惟和。"完全可以看作对中国文化基本精神的概括。中国文化崇尚和谐，这是其最高境界和最高精神，但是其基础则在于"正德、利用、厚生"。发挥万物之用，厚实万民之生，前提是"正德"。以周公为代表的周初政治家提出"敬德保民"的思想主张，"敬德、崇德"成为周代文化的突出特征。这一重德的传统被孔子继承下来。曲阜周公庙元圣殿内的对联下联说："图书象演尼山统绪本先型。"周公思想正是孔子思想的源头。

从周代奠基，中经春秋时代的积累和发展的道德体系，正是在孔子及早期儒家的阐扬下逐渐定型。在孔子之后，"仁"毫无疑问成为最重要的德目，而经过孟子的推崇，"义"也成为儒家首倡的道德。从此，"孔仁孟义"成为儒家思想最核心的道德。而孟子将"仁义礼智"并称，到汉代将"信"纳入其中，形成"仁义礼智信"的"五常"，成为中国传统社会最为核心的价值观念。

另外从宋代开始，形成了"八德"——孝、悌、忠、信、礼、义、廉、耻——的价值系统。可以说，"五常八德"正是中国社会的基本道德规范，成为中国人判断是非曲直美丑荣辱的标尺。

这种伦理本位、重视道德的传统，确实与西方、印度等文明不同。梁漱溟先生认为："道德为理性之事，存于个人之自觉自律。宗教为信仰之事，寄于教徒之恪守教诫。中国自有孔子以来，便受其影响，走上以道德代宗教之路。这恰恰与宗教之教人舍其自信而信他，弃其自力而靠他力者相反。"[1]

在梁先生看来，"宗教在中国卒于被替代下来之故，大约由于二者：一、安排伦理名分以组织社会；二、设为礼乐揖让以涵养理性。二者合起来，遂无事乎宗教。此二者，在古时原可摄之于一'礼'字之内。在中国代替宗教者，实是周孔之'礼'。不过其归趣，则在使人走上道德之路，恰有别于宗教，因此我们说：中国以道德代宗教"[2]。

彭国翔将儒家定义为具有宗教性的人文主义[3]，以与西方的世俗的人文主义相区别。西方文化中"天人"是二分的，中国文化中"天人"是合一的。如果说，"天"象征着宗教性，那么"人"则象征着人文性。中国文化没有在"天人之际"建立非此即彼的二元对立关系，而是谋求天人之间的动态平衡。正如钱穆所指出的，儒家思想可以称之为"人文教"，发挥了宗教的功能："在中国文化体系中，教育即负起了其他民族所有宗教的责任。儒家教义，主要在教人如何为人。亦可说儒教乃是一种人道教，或说是一种人文教，只要是一人，都该受此教。不论男女老幼，不能自外。不论任何知识、任何职业，都该奉此教义为中心，向此教义为归宿。在其教义中，如孝、弟、忠、恕，如仁、义、礼、智，都是为人条件，应为人人所服膺而遵守。"[4]正是因为如此，中国人才没有陷入人类中心主义，没有狂妄到主张"人是万物的尺度"（古希腊普罗泰戈拉），也没有失去人最基本的"敬畏"与"信仰"。

由此可见，重伦尚德这一传统的形成，确实与孔子、儒家密不可分。在今天依然值得我们去继承和发扬。

第三，经世致用。

孔子之道，是修己安人之道，是内圣外王之道。在孔子和儒家看来，修己是安人的前提，内圣是外王的基础。《大学》中说："自天子以至于庶人，壹是皆以修身为本。"说的就是这个意思。孔子儒家重视入世，重视事功，大都希冀在外王层面有所作为，或安邦定国，或扶危济困，或为官一任造福一方。

---

[1] 梁漱溟：《中国文化要义》，上海人民出版社，第103页。
[2] 梁漱溟：《中国文化要义》，上海人民出版社，第105~106页。
[3] 彭国翔：《儒家传统：宗教与人文主义之间》，北京大学出版社2007年版，第11页。
[4] 钱穆：《国史新论》，生活·读书·新知三联书店2005年版，193页。

儒家的目的在于造就君子，进而希圣希贤。这些君子的主体就是古代的士或士大夫。这些士或士大夫，正是中华文明传承、文化发展的主体和主力。孔子就是中国士人的早期代表与典型楷模。他对于型塑中国知识分子的品格特征、思维习惯、人生情怀、价值取向起到了极大的作用。这在很大程度上决定或影响了中国文化的走向。而孔子、儒家所宣扬的"士志于道""修齐治平"，深刻塑造了中国士大夫群体的品格，形成了中国文化中的"经世致用"的传统。

"士志于道"，这是孔子对士人的"定义"。这一立场，奠定了两千多年中国知识分子的基本价值诉求，也成为后世士人的最高要求和标准。孔子以一种理想主义的精神，高扬起士人的独立人格精神与关怀社会的情怀。能否超越小我的私利，去关注整个社会、民族、国家乃至人类的整体利益，是考量士人的标尺。孔子说：

> 士志于道，而耻恶衣恶食者，未足与议也。（《论语·里仁》）
>
> 士而怀居，不足以为士矣。（《论语·宪问》）
>
> 君子谋道不谋食。……君子忧道不忧贫。（《论语·卫灵公》）

孔子所奠定的"士志于道"的品格，得到了其弟子后学的进一步诠释。孔子的弟子曾子说："士不可以不弘毅，任重而道远。仁以为己任，不亦重乎？死而后已，不亦远乎？"（《论语·泰伯》）这一精神，在孟子那里得到更进一步的发扬。他说：

> 故士穷不失义，达不离道。穷不失义，故士得己焉；达不离道，故民不失望焉。古之人，得志，泽加于民；不得志，修身见于世。穷则独善其身，达则兼善天下。（《孟子·尽心上》）

此后，历代士人尤其是儒家的士人们，更是继承这一精神，如东汉的太学生、晚明的东林党，无不诠释了这一精神，谱写了一部波澜壮阔的精神史诗。近代陈寅恪在清华大学《海宁王先生之碑铭》中还深情地写道："士之读书治学，盖将以脱心志于俗谛之桎梏，真理因得以发扬。思想而不自由，毋宁死耳。斯古今仁圣所同殉之精义，夫岂庸鄙之敢望。"这正是儒家"志于道"传统之现代诠释！

后世士人以道自任，形成了"经世"的传统。因为士在先秦时代身为封建贵族之一阶层，为政治世从来都是这些士君子的分内之事。自孔子提出"士志于道"，便进一步确定了中国士人的经世传统。这里所谓"士志于道"的道，既有精神超越的层面，又有面向世俗的人间性。这个"道"，在士人看来极为神秘而重要。孔子尝谓："朝闻道，夕死可矣。"（《论语·里仁》）可以看作士人对道的追求之心声。

这里有个十分有趣的现象。当我们将目光投放到世界文明中去的时候，发现中国知识分子与西方知识分子有着截然不同的传统。马克思宣称：哲学家从来只是以各种不同的方式解释世界，但真正的关键是改变世界。马克思的这一思想，其实与西方主流哲学观是不同的。在西方，知识分子从苏格拉底、柏拉图、亚里士多德等古希腊贤哲开始，就有一种科学探索的传统。西方哲学的主流，除了基督教神学之外，更多的是自然哲学。文艺复兴以来，西方知识分子更形成了一种"为知识而知识"的传统，影响至今。知识，在西方文明中具有独立价值。但在中国的传统中，虽然不乏探索客观世界、自然物理的学者，但大部分中国士大夫所热衷的在于人生与政治，他们大多没有科学热情，但有着充沛的人间关怀。马克思的"改变世界"的学说，如果说在西方是一个"异数"，或是一个传统的突破，那么在中国人看来，反而最为真切。因为这与儒家传统是相符的。这也从一个角度解释了，为什么马克思主义传入中国之后，在短时间内会迅速壮大。

经世，一向是儒家士大夫的主流取向。正如清初的顾炎武所说："君子之为学，以明道也，以救世也。"（《与人书》）明道的目的，还是经世。《大学》开篇提出"三纲领八条目"，其最终指向还是治国平天下。这就是儒家一贯的传统。所谓经世，其实可以分为两个层面来说。

一是积极出仕从政。孔子一生致力于"出仕"，周游列国，"干七十余君无所遇"（《史记·儒林列传》），四处碰壁而痴心不改。孔子之所以如此席不暇暖，正是出于"救世"的悲悯之愿。为了理想，可以四处流浪。他这种行为，在当时就不被隐逸之士所理解。然而他却说："鸟兽不可与同群，吾非斯人之徒与而谁与？天下有道，丘不与易也。"（《论语·微子》）他何尝不厌恶这无道衰世？他之所以奋起而行，还不是为了天下苍生？试问，如果没有人来呼吁来奔走，这个世界除了肮脏丑恶之外，还能有什么？孔子用一生的黾勉诠释了一种近乎宗教情怀的信念和理想。

这种"救民于水火""解民于倒悬"的信念与理想，在真正的大儒那里是薪火相传的。在孔子的影响之下，孔门弟子也积极入世。据《史记·儒林列传》记载："自孔子卒后，七十子之徒散游诸侯，大者为师傅卿相，小者友教士大夫，或隐而不见。"除原宪等少数"隐而不见"者外，大部分孔子弟子都积极从事政治活动，以受教于孔子的学说来"改变世界"。从汉代以降的两千多年中，尽管儒学经历了多次的危机与挑战，但士大夫之入世态度却始终处于主流地位。

清代画坛"扬州八怪"之一的郑板桥，也曾出仕为官，做过潍县知县。他有一首题画诗《潍县署中画竹呈年伯包大中丞括》："衙斋卧听萧萧竹，疑是民间疾苦声。些小吾曹州县吏，一枝一叶总关情。"不是正反映了士大夫的世间情怀和关心民众疾苦的心志吗！当儒学被边缘化之后，其对知识分子之影响依然如故。以当代大儒钱穆为例。他曾这样写道:"数十年孤陋穷饿,于古今学术略有所窥,其得力最深者莫如宋明儒。虽居乡僻,未尝敢一日废学,虽经乱离困厄,未尝敢一日颓其志,虽或名利当前,未尝敢动其心,虽或毁誉横生,未尝敢馁其气。虽学不足以自成立,未尝或忘先儒之榘矱,时切其向慕。虽垂老无以自靖献,未尝不于国家民族世道人心,自任以匹夫之有其责。"①这绝非其一人之行事,而是众多深受儒学之影响的中国知识分子的共同心声。

二是对"无道"的政治和社会局面予以批判,以道抗势。这也是士人与生俱来的传统。据《左传·襄公三十一年》记载,"郑人游于乡校,以论执政","人朝夕退而游焉,以议执政之善否"。议政,自然更多会表现为"批评"。到了孔子之时,他虽然对从政十分积极,却从不放弃批评时政的立场。他感叹:"天下有道,则庶人不议。"(《论语·季氏》)可见,他是赞同"天下无道,则庶人议"的。孔子作《春秋》之缘起,按照孟子的话来说,就是"世衰道微,邪说暴行有作,臣弑其君者有之,子弑其父者有之。孔子惧,作《春秋》"(《孟子·滕文公下》)。

孟子是一位更具批判意识的士人。孟子是富有激情的,其批判精神更为强烈,其独立人格更为鲜明。以道抗势的意识,在孟子那里得到了充分的体现。他毫不留情地批评统治者。他将桀纣比喻为独夫民贼,他提出"民为贵,社稷次之,君为轻"(《孟子·尽心下》)的观念。他说:"居天下之广居,立天下之正位,行天下之大道;得志,与民由之;不得志,独行其道。"(《孟子·滕文公下》)这是典型的大丈夫气概。

两千多年间,道统、学统成为与政统并立的两种力量,在很大程度上起到了对政统的制衡和约束。尽管中国历史上没有出现西方式的民主政治,没有形成真正遏制皇权膨胀的力量和制度,但是,这些深受孔子影响的士人们,深信"道"高于"势",所以他们虽然身单力薄,却勇于批判现实,甚至敢于逆龙鳞。韩愈说:"不平则鸣。"范仲淹更有"宁鸣而死,不默而生"的激烈言辞。这都是这种精神的传承。

第四,守中贵和。

自古以来,"尚和"就是中国文化的最基本的精神特征。和的精神,体现在天人关系、国际关系、人际关系与身心关系等各个领域、各个层次。中华民族一直坚守追求社会和谐稳定的政治理想,而儒家对社会和谐更有着独到而深刻的认识。和谐社会的实现,必须处理好人与人、人与社会、民族与民族、国家与国家、不同文化之间、人与自然环境之间的各种矛盾。而实现和谐的方法则是中庸之道。因此,如果对中华文化作个概括的话,可以说,和谐是其追求

---

① 钱穆:《宋明理学概述·自序》,九州出版社2010年版。

的最高境界，中庸是其向往的最高智慧。崇尚"中和"无疑是中华文化的最亮眼的特点。思想史家庞朴在《"中庸"平议》一文中说："和或中，不仅是善，不仅是真，而且也是美。这个美，不仅悦耳娱目，且可以'平心'，因而又能促进善和真。真可谓：中和之用大矣哉！"

当然，中庸的思想，并非中国独有。比如，在古希腊，亚里士多德对"中庸"作了深入分析。亚里士多德说，"德性就是中道，作为最高的善和极端的美"，"过度与不及，均足以败坏道德，因此，过度与不及是过恶的特征，适度是德性的特征。而只有达到中道的合适范围，才能成为道德的"（《尼各马科伦理学》）。不过，西方所强调的中庸，具有鲜明的知性的对象化特征，更多地强调本体论中的人的知识和美德的形而上思考。这与中华文化的"中庸之道"是异趣的。

中庸被孔子称为"至德"。孔子之所以如此重视"中庸"，就在于"中庸之道"蕴含着人类的伟大智慧，是一种极其理性、辩证的思维方式。中国文化一个非常突出的特点就是"尚中""守中"。重视"中道"虽然不是孔子的创造，而有着极其久远的传统，但是孔子确实把"中庸"上升到了一个新的高度。中华先民很早就有了这种智慧。最起码早在尧舜时期，人们就已经懂得中庸的妙用与神奇。在远古时代的艰苦条件下，为了生存，为了发展，先民们总结经验，把中庸提升为一种哲理和智慧。这种智慧在《周易》中也有着很好的展现。易卦六爻，二、五为中，其爻辞多为吉。中华的先哲，不仅很早就认识到了阴阳、刚柔、男女、黑白、长短的对立两分，而且更进一步发现了"中"。在一分为二的基础上发展为"一分为三"，成为独具中国特色的辩证法。

"中"的第一层含义就是"时中"。这来源于孔子的阐释。孔子"晚而喜易"，对《周易》下过"韦编三绝"的钻研工夫，加上自己的人生体验，更加深了对"时"的理解和认识。有人说，《周易》是一部讲变化的书。孔子在这部古代经典中挖掘的重点就在变化。变化和"时"紧密相关。讲变化就是讲"时"。所以我们才能在《易传》中处处发现孔子对"时"的关注。

《周易》整部书都在讲"时"，讲变化。每一卦从初爻至上爻的变化，就是象征时间的转移和形势的变化，告诫人们应根据时间和形势的变化，调整自己的行为。试以乾卦为例。其爻辞曰："初九，潜龙勿用；九二，见龙在田，利见大人；九三，君子终日乾乾，夕惕若，厉，无咎；九四，或跃在渊，无咎；九五，飞龙在天，利见大人；上九，亢龙有悔。"在《乾文言》和《坤文言》中孔子解答了弟子们对于爻辞的疑问，其中几次提及"时"。如"故乾乾因其时而惕，虽危无咎矣"；"君子进德修业，欲及时也，故'无咎'"；"见龙在田，时舍（舒）也"；"终日乾乾，与时偕行"；"亢龙有悔，与时偕极"。尤其是"与时偕行"一句更有深意。

"中"的第二层含义是"度"。哲学家李泽厚特别强调"度"在中国哲学中的地位。他在《历史本体论》中开宗明义地提出"度的本体性"的说法：

> 什么是"度"？"度"就是"掌握分寸，恰到好处"。为什么？因为这样才能达到目的。人类（以及个人）首先是以生存（族类及个人）为目的。为达到生存目的，一般说来，做事做人就必须掌握分寸，恰到好处。①

在李泽厚看来，"度"存在于人类的实践之中，中国文化所强调的"中""和"就是"度"的实现和对象化。或者说，"度"就是"中""和"的本意，是"中""和"的实现行动。

这个"度"恰恰具有不确定、模糊性的特征。其实，"度"并不是一个点，而是一个"区间"，在此"区间"之内就是"合理"的。合乎"度"的就是"中"的。

而"中"的第三层含义则是"和"。也就是说，中庸之道，内在性地追求"和"，在这里"中""和"是完全一致、合而为一的。"中和"就意味着在动态中实现了平衡。

这种守中尚和的传统绵延两千多年，成为中国文化最突出的特征。但是近代以来，受到西方文明的影响，出现了一种反中反和的思维倾向，突出"革命"，强调"斗争"，反对"中道"，倡导"激进"，造成了相当严重的后果，也深刻违背了中国文化的基本精神。哲学家冯友兰在晚年曾经多次提到宋代大儒张载《正蒙·太和篇》的观点："有象斯有对，对必反其为；有反斯有仇，仇必和而解。"这种观点既承认矛盾的存在，又强调解决矛盾的方法在于求和。所以，不论是处理身心关系、家庭关系、人我关系、群己关系，还是处理社会关系、国际关系、天人关系，我们都应该遵守"中和"之道，以"守中"的方式实现"和合"的目标。

国学大师钱穆在他生命的最后岁月，于中国文化对人类未来可有的贡献有了一番全新的体认。他提出："中国文化中，'天人合一'观，虽是我早年已屡次讲到，惟到最近始澈悟此一观念实是整个中国传统文化思想之归宿处……我深信中国文化对世界人类未来求生存之贡献，主要亦即在此。……西方人喜欢把'天'与'人'离开分别来讲。换句话说，他们是离开了人来讲天。这一观念的发展，在今天，科学愈发达，愈易显出它对人类生存的不良影响。中国人是把'天'与'人'和合起来看。中国人认为'天命'就表露在'人生'上。离开'人生'，也就无从来讲'天命'。离开'天命'，也就无从来讲'人

---

① 李泽厚:《历史本体论 己卯五说》,生活·读书·新知三联书店 2008 年版,第 8 页。

生'。"① 这一反思反省，在二十多年后的今天，依然值得我们认真思考和领会。

由以上的分析可以知道，孔子与《论语》所代表的儒家精神，正是中华人文精神的基本来源和主要代表。因此，继承和弘扬中华人文精神，首先应该从了解孔子、学习《论语》开始。

推荐书目：

1. ［美］芬格莱特：《孔子：即凡而圣》，江苏人民出版社2002年版。
2. 王恩来：《人性的寻找——孔子思想研究》，中华书局2016年版。
3. 王立新：《圣者凡心：王立新讲〈论语〉》，岳麓书社2010年版。

思考题：

1. 如何理解钱穆"孔子为中国历史上第一大圣人"的论断？
2. 为何说《论语》是"中国人的圣经"？
3. 孔子与《论语》对于中国文化产生了怎样的影响？

---

① 钱穆:《中国文化对人类未来可有的贡献》,《中国文化》1991年第1期,原载《联合报》,1990年9月26日。

第二讲　孔子与孔门弟子

近代历史学家夏曾佑曾说:"孔子一身,直为中国政教之原,中国历史,孔子一人之历史而已。"①这种对孔子的评价看似绝对,但从一定意义上说,孔子对于中华文明及中华民族的影响,确乎是没有人能比得上的。孔子与中国历史之关系,根本点就在于他塑造了中华文明的"精神家园"。哲学史家张岱年说:"在中华民族的'共同文化'与'共同心理'的形成和发展过程中,起了最重要、最巨大作用的是春秋时期伟大的思想家和教育家孔子。"②

正是因为孔子对于中国、东亚乃至世界的巨大而深远的影响,我们不得不认真而充满敬意地了解他、学习他。孟子说:"颂其诗,读其书,不知其人,可乎?是以论其世也。"(《孟子·万章下》)也就是说,要想了解和理解孔子及其思想,就必须对孔子生活的时代、地域有全面的把握。没有对三代文明尤其是周代文化的了解,就不会明白孔子"祖述尧舜,宪章文武"(《中庸》)的思想渊源;没有对春秋时代特征的观察,就不会明白孔子思想出现的时代背景;没有对鲁国文化的分析,就不会明白孕育孔子思想的文化土壤。中国"史学之父"司马迁则说:"余读孔氏书,想见其为人。"(《史记·孔子世家》)如果没有对孔子一生遭际的考察,没有对孔子人格世界的观照,就不会真正走进孔子这个人及其思想世界。总结起来,就如清代学者章学诚在《文史通义·文德》中说:"不知古人之世,不可妄论古人之辞也。知其世矣,不知古人之身处,亦不可以遽论其文也。"

一、孔子思想诞生的时空背景

(一) 孔子之前的文明积淀

孔子生活在距今2 500多年前。那么,孔子之前的中国历史有多长呢?习惯性的说法是,中国有五千年的文明史。那么,孔子之前还有2 500年的悠悠历史。但是,近代以来,相当长一段时期,在疑古思潮之下,学者们否定了这一看法,认为夏、商是不存在的,遑论尧舜,更不用说炎黄了。中国历史被拦腰砍去一半。但是随着中国考古事业的发展,随着殷墟遗址及甲骨文的发现,商朝的存在已是不争的事实。又因为二里头文化的发现,夏的存在也得到越来越多的承认。最近,山西襄汾陶寺遗址的进一步考古,尧帝似乎也正在从传

---

① 夏曾佑:《中国古代史》,东方出版社2012年版,第58页。
② 张岱年:《孔子与中国文化热》,《清华大学学报》1986年第1期。

说向史实转变。虽然黄帝、炎帝尚不能得到考古的证明，但是中国文明恐怕有比历史记载更为久远的滥觞史。中国上古文明的长度、广度和高度，都不容忽视。也就是说，在孔子之前，中华文明已经有了数千年的演进，这为孔子思想的产生奠定了极为深厚的文化基础。

三代文明既有连续性，又有断裂性。连续性体现在文明的继承上，而断裂性则表现为地域性差异与创新发展。《论语·八佾》中记载孔子的话说："夏礼，吾能言之，杞不足征也；殷礼，吾能言之，宋不足征也。文献不足故也。"这是强调三代文明的连续性。而孔子正是继承了这一连续性特征，"述而不作"，赓续了中华文明。《礼记·表记》中说："夏道尊命，事鬼敬神而远之……殷人尊神，率民以事神，先鬼而后礼……周人尊礼尚施，事鬼敬神而远之。"这是强调三代文明的断裂性或差异。毫无疑问，尧舜及三代文明对于孔子思想都产生了深远的影响，但是孔子思想最直接的思想文化资源则是周代的礼乐文明。孔子以"从周"为职志，对文王和周公推崇备至。

孔子一生中尊敬甚至崇拜的人很多，而周公则是排在第一位的，这是因为，周公一手缔造了"天下有道"的西周社会。西周社会的特点包括以下几点。（1）等级制：周天子统领诸侯，诸侯统领卿大夫，卿大夫统领士。以上属于贵族阶层，下面还有平民。等级制下每个人都有与其身份相对应的责任和义务，身份越高，责任越大。（2）宗法制：血统决定社会地位。周天子的嫡长子继位为周天子，而庶子则为诸侯；诸侯的嫡长子为诸侯，庶子为卿大夫；以此类推。任何一代人中，嫡长子在本宗族内是大宗，其他庶子是小宗。（3）世卿世禄制：由宗法制确定的人的身份世代传袭，与世袭相对应的是世禄。贵族根据等级不同享有不同的土地及依附于土地的人民，且世代享用，故称世禄。这就是封建制的本义——封土建国、封邦建藩。（4）礼乐制度：为了维护和巩固宗法等级制，周公制礼作乐，制定了一整套礼仪和与之相配的音乐。礼乐的范围非常广泛，大到国家的政治体制、军队征战，小到婚丧嫁娶、衣食住行，无不与礼乐有密切的联系。综上可知，宗法等级制、世卿世禄制以及礼乐制度的完美结合增强了西周王权统治的向心力，加强了各阶层间的凝聚力，周王朝国运长达八百年，成为中国历史上国运最长久的一个王朝，这种稳定的社会制度是非常重要的原因。

当然，这些制度也有自身的局限性。所以，到了东周，王室衰微，隐藏的矛盾日益凸显，直接表现是"礼坏乐崩"，这就意味着周公创立的一系列制度受到冲击，天下原有的"道"丢了，成为"天下无道"的社会。

西周时代在文化上的一大特征就是"人文精神"的跃升。殷商时代那种"尊神"的宗教笼罩一切的局面结束了，周初的政治家、思想家周公经由"忧患意识"的凸显，而制礼作乐，激发了人文主义的精神，提出"敬德保民"等思想，这些保存在《尚书》《诗经》等文献中的伟大思想创造，为后来的孔子儒学的诞生提供了丰厚的滋养。

（二）孔子思想的时代背景

东周分为春秋和战国两个阶段。随着"礼坏乐崩"，西周所确立的封建秩序受到侵蚀与破坏，日渐形成"礼乐征伐自诸侯出""礼乐征伐自大夫出"甚至"陪臣执国命"（《论语·季氏》）的局面，此即"王纲解纽"。

春秋时代是一个大变革、大动荡的时代，其典型特征就是"乱"。原有秩序被打破，诸侯之间相互攻伐。"春秋之中，弑君三十六，亡国五十二，诸侯奔走不得保其社稷者不可胜数。"（《史记·太史公自序》）同时，各诸侯国内部，诸侯与其本国的卿大夫之间的斗争，即"公家"与"私家"的斗争也很激烈。而卿大夫之家也存在着内忧外患。总的来说，春秋时期宗法制的破坏导致权力的不断下移，整个社会主要存在着三组矛盾，分别是：周天子与诸侯之间的矛盾；诸侯与本国卿大夫的矛盾；卿大夫与家臣的矛盾。在社会大转型的时期，任何一个阶层的人都面临着前所未有的机遇与危机。既有自下而上的挑战，又有超越自身的欲望与冲动。但是，这种秩序的破坏，也带来了思想的自由。梁启超说："凡思想之分合，常与政治之分合成比例。"①春秋战国之际，王纲解纽，权力四散，致使学者可以"海阔凭鱼跃，天高任鸟飞"。与此看法相同的还有傅斯年，他说："政治无主，传统不能支配，加上世变之纷繁，其必至于磨擦出好些思想来，本是自然的。思想本是由于精神的不安定而生。'天下恶乎定？曰，定于一；思想恶乎生？曰，生于不一。'"又说："大变大紊乱时，出产大思想大创作；因为平时看得不远，乱时刺得真深。"②

但是，另一方面，乱，就要思治。春秋战国的乱世之所以能够涌现出孔子、老子及诸子百家，形成中国古代思想的高峰，原因就在这里。一方面，"天子失官，学在四夷"（《左传·昭公十七年》），学术文化开始下移，不再为贵族所垄断，这为思想文化的解放和发展提供了前提条件。而另一方面，则是社会的动荡引发了"忧患"，进而刺激了思想的创造。司马迁之父司马谈也认为："夫阴阳、儒、墨、名、法、道，此务为治者也。"（《史记·太史公自序》）将以上六家的思想宗旨归结为"务为治"，便是指出诸子思想无不是针对现实的"乱"而思考社会的"治"。只不过各家提出的方案不同而已。《汉书·艺文志》也说："诸子十家，其可观者九家而已，皆起于王道既微，诸侯力政，时君世主，好恶殊方，是以九家之术蜂出并作。"孔子之所以能够创立儒家学派，

---

① 梁启超：《论中国学术思想变迁之大势》，上海古籍出版社 2001 年版，第 20 页。
② 傅斯年：《战国子家叙论》，载刘梦溪主编：《中国现代学术经典·傅斯年卷》，河北教育出版社 1996 年版，第 299~300 页。

正是基于他的"淑世"的理想。

（三）孕育孔子思想的文化土壤

思想及学术是有地域特色的。思想史家侯外庐指出："各个学派的流传分布，往往也有其地域的特点，大略的形势可以描绘如下：儒、墨以鲁国为中心，而儒家传播于晋、卫、齐，墨家则向楚、秦发展。道家起源于南方原不发达的楚、陈、宋，后来可能是随着陈国的一些逃亡贵族而流入齐国。楚人还保留着比较原始的'巫鬼'宗教，同样在北方偏于保守的燕国和附近的齐国，方士也很盛行，后来阴阳家就在齐国发展起来。法家主要源于三晋。周、卫位于各国之间的交通孔道，是商业兴盛之区，先后产生了不少专作政治交易的纵横家。"[1]

孔子以及儒家思想诞生于鲁国。鲁文化可以说是儒学产生的母体或土壤。鲁国本是周公的封地，由周公的长子伯禽就封。鲁国在周代地位特殊，周天子以鲁国为宗周在东方的代理人，因此鲁国可以享有天子的礼乐。鲁既有行天子之礼的特权，则鲁人自不能忘记祖述先王之训，追忆周公之礼。实际上，鲁国正是周公推行礼乐的中心。历史学家杨向奎对宗周的礼乐文明有独到的研究，他说："通论中国文化之发展，虞夏以来，至于春秋，其中心地域在今山东、河南、河北，后来发展遂及山西、陕西。虞、夏代表夷、夏，共处于中国东方，黄河下流，以山东为中心，东及辽沈，西及河南，南及江、淮，北达燕蓟。后来发展为齐鲁文明，实为宗周文化之嫡传，而鲁为姬，齐为姜，后来结果，齐一变至于鲁，鲁一变至于道；周礼在鲁，遂为中心之中心。"[2]又说："周公及其同僚，建立了礼乐制度，鲁国继之成为正统。"[3]可以说，在周代众多的邦国中，鲁国作为周公的封国，它本是姬姓"宗邦"、诸侯"望国"，所以"周之最亲莫如鲁，而鲁所宜翼戴者莫如周"（《左传纪事本末》），鲁文化与周文化乃一脉相承。因此，周初开始完善起来的宗法礼乐制度，其影响所及，铸就了鲁国根深蒂固的礼乐传统，使鲁国成为周代礼乐保存最为完整的国家，史称"周礼尽在鲁矣"（《左传·昭公二年》）。

到了春秋时期，原为东方大国的鲁国成为弱小的诸侯国，特别是旁边有一个强大的齐国，鲁弱而齐强，使得鲁国在对外关系中常常处于劣势。鲁国国内，逐渐形成了国君弱而卿大夫掌握大权的局面，即"公弱私强"。鲁桓公的后代季孙氏、孟孙氏、叔孙氏获得世袭特权，合称"三桓"，是鲁国实际掌权人。这种政治局面的变动，也影响到孔子及其思想的创造。

---

[1] 侯外庐:《中国思想史论》,中国青年出版社1980年版,第59页。
[2] 杨向奎:《宗周社会与礼乐文明》,人民出版社1997年版,第283页。
[3] 杨向奎:《宗周社会与礼乐文明》,人民出版社1997年版,第285页。

二、孔子的一生

（一）孔子的出身

孔子自称"殷人"，其远祖是商汤。他的直系祖先则是宋国的开国之君微子启和微仲。微子启和微仲是孔子的第十四世祖，从这个意义上说，孔子是殷商人的后代，也是宋人的后代。

在孔子十一世祖弗父何让位于其弟鲋祀（宋厉公）后，孔子的先世由诸侯之家转为公卿之家。七世祖正考父任宋国上卿，是三朝元老，为人谦恭，声望甚隆。六世祖孔父嘉，遭遇政变。孔父嘉的后人防叔奔鲁。

孔子的父亲名纥，字叔梁，身材伟岸，以勇力著称，因功封陬邑大夫。叔梁纥初有九女无子。纳妾，生子孟皮，有足疾，不能继嗣。为后继有人，叔梁纥虽年事已高，仍向颜氏求婚，娶颜徵在为妻。成婚后，在尼丘山祈祷求子，如愿生子。因"尼丘山"之故，取名丘，字仲尼。

（二）青少年时代

孔子的童年并不幸福。3岁时，父亲叔梁纥去世，母子相依为命。孔子曾经说："吾少也贱，故多能鄙事。"（《论语·子罕》）在母亲的悉心照顾下，孔子生活虽然清贫，却依然健康快乐地成长。"为儿嬉戏，常陈俎豆，设礼容。"（《史记·孔子世家》）已显出其好学好礼的品质。15岁时，便立志求道，"吾十有五而志于学"（《论语·为政》），一生勤奋好学，从未改变。为了补贴家用，孔子曾经为季孙氏做过主管仓库的"委吏"，出纳钱粮准确清楚；做过管理牛羊的"乘田"，场中牲口越养越肥壮，繁殖很快。"尝为季氏史，料量平；尝为司职吏，而畜蕃息"（《史记·孔子世家》）。这可以见出孔子为人做事的认真与能干。

17岁时，母亲颜徵在去世。在为母服丧期间，鲁国的权臣季孙氏宴请全国的士人。孔子前去赴会，竟被季孙氏家臣阳虎羞辱："季氏飨士，非敢飨子也。"（《史记·孔子世家》）孔子遭受此番侮辱，更激发了上进求学的热情。

19岁时，孔子娶了远在宋国的亓（一说为"并"）官氏为妻，并于次年生下了儿子。鲁昭公赠鲤鱼为贺，故孔子给儿子取名为鲤，字伯鱼。后来，孔子还生了一个女儿，嫁给了孔子的弟子公冶长。

（三）开办私学

据学者推测，孔子在30岁左右正式开办私学，授徒设教。其教育宗旨是培养真正有德行有能力的君子。孔子招收弟子"有教无类"，即没有任何要求，只要愿意到孔子那儿去求学，无论来自哪个社会阶层，来自哪个国家，都是可以的。所以，孔子门下弟子人员繁杂。这些人，贵贱皆有，有出身权贵的如孟懿子，有出身商人的如子贡，有坐过牢的如公冶长，更多的是出身贫寒的弟子，如颜子、曾子、仲弓、子夏、闵子骞等；国别有异，有鲁人、卫人、齐人、陈人、秦人、楚人、宋人、晋人、吴人；年龄悬殊，最长者比孔子小四岁，最幼者比孔子小五十多岁。有的父子同为孔子弟子，如颜路、颜子父子，曾皙、曾子父子。难怪乎有人感慨："夫子之门，何其杂也！"（《荀子·法行》）

孔子对所有的弟子都是不问出身，因材施教。很多弟子入孔门求学的初衷是学"干禄"，懂得诗书礼乐，学习为政做官的本领。孔子并非迂腐之人，他理解求取富贵是人之常情，但是必须取之有道。"富与贵，是人之所欲也；不以其道得之，不处也。"（《论语·里仁》）当孔子认为弟子已可入仕时，也会加以推荐。但他们强调"君子谋道不谋食"（《论语·卫灵公》），君子孜孜以求的是修身、齐家、治国、平天下的大成之学，而不是满足口腹之欲。孔子高尚的品格，渊博的知识，过人的智慧赢得了弟子的尊重。

（四）仕宦生涯

孔子从30岁左右开办私学，意在以学养成君子。其实，孔子自己一直在等待出仕的机会。然而，一直到孔子知天命之年，机遇才真正降临。在此之前，孔子曾经去洛阳拜会过老子。后来因为鲁国发生内乱，鲁昭公被季孙氏等实权派逐出，流亡齐国。孔子也到了齐国，并一度得到齐景公的欣赏。但终不得志，回到鲁国。

51岁时，孔子被鲁定公任为中都（今山东汶上）宰。孔子在中都着重于对民风的教化，"制为养生送死之节，长幼异食，强弱异任，男女别途，路无拾遗，器不雕伪。为四寸之棺，五寸之椁，因丘陵为坟，不封不树"（《孔子家语·相鲁》）。制定了养生送死的规矩，年长的和年幼的食用不同的食物；能力强的和能力弱的有不同的任用，男女分路而走；路上没有人拾取别人落下的东西，器皿上没有多余的雕饰；规定内棺板厚四寸，外椁板厚五寸；顺着丘陵造坟，不堆积泥土，不种树。经过一年的治理，成就斐然，"西方诸侯则焉"。看到孔子的政绩，鲁定公问孔子："用治理中都的办法治理鲁国，可以吗？"孔子很自信地说："用这种办法治理天下都可以，何况只是一个鲁国？"（参《史记·孔子世家》）

53岁左右，孔子由中都宰升任司空（主管工程等）。当时的鲁国，季桓子是大司徒，叔孙武叔是大司马，孟懿子是大司空。孔子升为司空，为孟懿子的副手。这次升职，孔子的地位已从士升入大夫之列。孔子根据山林、川泽、丘陵、水边土地、低洼地等不同的地质特点，来规划不同的生产，各得其所。不久，孔子又得擢升，由司空升为大司寇，行摄相事。大司寇掌管刑狱，地位非常高。

孔子掌管刑狱，其治理目的不仅是彰显司法的公正，而且是希望通过教化百姓，使百姓没有纷争，没有诉讼。"听讼，吾犹人也。必也使无讼乎！"（《论语·颜渊》）"设法而不用，无奸民。"（《孔子家语·相鲁》）国家制定了法度，最好的治理是没有人犯罪，这样社会和谐，国泰民安。当然，这并不是说孔子只注重教化，不懂运用刑罚。孔子认为："道之以政，齐之以刑，民免而无耻；道之以德，齐之以礼，有耻且格。"（《论语·为政》）如果仅用刑政法度来治理国家，那么百姓因为恐惧而不犯法，却没有羞耻感。这是他律。如果用道德与礼制来教导百姓，那么百姓内心有规范，有羞耻感，可以自律。他律与自律相比，当然是自律的效果好，成本低。他律只能在有限的范围内加以限制，只要脱离了有效监督管理，百姓就有可能为所欲为。所以，最好的治理国家的方式是教导百姓自律，有道德，懂礼仪。对于没有道德感的人，就只能用刑法。

孔子施政三月，社会风气大有好转：贩羊卖猪的商人不敢哄抬价钱；男女行人都分开走路，各守礼法，路不拾遗。各国旅客来到鲁国，不必向官吏请求，都会得到亲切的照顾。可以想见，假以时日，在孔子治下，鲁国必然国力强盛。

此时，孔子又得到一次展现才能和智慧的机会。一直以来，齐强而鲁弱。齐国邀请鲁定公在齐鲁两国的交界地夹谷会盟，借以炫耀齐国的强大。夹谷会盟，孔子为鲁君相礼，辅助会盟事宜。孔子在会盟前就提出：有文事者必有武备，有武事者必有文备。做好了充分的武力斗争准备。最后，经过孔子的机智的斗争，在齐鲁的夹谷会盟中，鲁国取得了外交胜利。

同时，孔子在国内进行了改革。希望利用卿大夫与其家臣的矛盾，拆掉三家的城邑，以达到增强鲁国君主实力的目的，这被称为"隳三都"。孔子的改革计划，虽然一开始进展顺利，但最终遭受到来自三桓及其家臣的共同抵制，功亏一篑，计划破产。

夹谷会盟后，齐国担心"孔子为政必霸"，"鲁用孔丘，其势危齐"（《史记·孔子世家》）。齐国使用美人计离间鲁国君主与孔子的关系。季孙氏和鲁定公沉迷享乐，以至于三日不上朝理政。孔子对季孙氏和鲁定公非常失望。

鲁定公十三年，孔子55岁，他率领弟子踏上了周游列国的漫漫征程。

（五）周游列国

孔子周游列国14年，所到之地有卫、曹、宋、陈、蔡、楚等。其中的具体过程，因为史料阙如，我们无法详知。

卫国是周公弟弟康叔的封地，与鲁国素来交好。"鲁卫之政，兄弟也。"（《论语·子路》）孔子首先到卫国，卫灵公对孔子礼遇有加，然而并不打算用孔子的理念来治国。后来，卫灵公听信了谗言，派人监视孔子。为了避祸，孔子在卫国待了十个月而离开。

孔子离开卫国，打算去陈国，路经匡地。匡人误将孔子当成了曾经侵扰匡地的阳虎，将孔子包围。孔子离开匡地后路过蒲地，蒲地刚刚发生了公孙氏的叛乱。蒲人以为孔子是卫国国君派来的，故将孔子师徒团团围住。经过激烈战斗，蒲人害怕，于是与孔子商议，倘若愿意订立盟约，不去卫国的话，可以放过他们。孔子与蒲人订了盟约后，离开蒲地，马上赶赴卫国。弟子子贡不解，说："盟约可以背弃吗？"孔子说："被人胁迫订立的盟约，神是不会认的，当然可以背弃。"

孔子经历了两场生死劫难，又返回卫国。卫灵公给孔子在鲁国同样的俸禄"粟六万"，但对孔子只是养而不用。有一次，卫灵公和夫人南子同车出宫，宦官雍渠陪侍车右，让孔子在第二辆车上跟着，孔子感觉受到侮辱，感慨道："吾未见好德如好色者也。"所以，当卫灵公"问陈（阵）于孔子"的时候，孔子说："俎豆之事，则尝闻之矣；军旅之事，未之学也。"（《论语·卫灵公》）次日就离开了卫国。据钱穆考证，孔子在卫国的时间总共不超过四年。

离开卫国后，孔子经过曹国到宋。宋国当时由大夫司马桓魋把持朝政。司马桓魋因孔子曾经诅咒过自己，而打算派人加害孔子。孔子与弟子在一棵大树下演练礼仪，桓魋派人把那棵树砍掉。孔子师徒四散逃开。后来，孔子师徒来到郑国，在郑国东门外失散了。子贡向当地人打听孔子的下落，有人说："东门有个人，他的额头像尧，脖子像皋陶，肩膀像子产，可是腰以下比禹短了三寸。一副狼狈落魄的样子，真像一条丧家狗。"后来子贡找到了老师，如实地把那个人的话告诉了孔子。孔子高兴地说："他形容我的相貌，不一定对，但他说我像丧家狗，对极了！对极了！"

孔子与弟子们到了陈国，住在司城贞子家。陈湣公对孔子礼遇有加，给予孔子师徒优厚的待遇，且经常向孔子请教。孔子在陈国居住了三年，正好遇上晋国、楚国争霸，两国轮番攻打陈国，甚至吴国也来攻打陈国，陈国常常遭受侵犯。在此情况下，孔子离开陈国。

鲁哀公六年时，楚昭王礼聘孔子，希望重用孔子。而这一消息使得陈国和蔡国的大夫们非常恐慌，唯恐楚国对孔子的重用使得楚国更加强大，将对他们这些小国不利，于是派人将孔子师徒围困在陈蔡之间的荒野。这就是著名的"陈蔡之厄"。师徒一行绝粮七天，从者皆病。最终子贡到楚国搬来救兵，楚昭王派兵来迎孔子，才得以脱险。孔子来到楚国后，楚昭王对他非常尊重，本想把方圆七百里的土地封给他，遭到大夫们的强烈反对。秋天，楚昭王就病逝了，执掌大权的令尹子西对孔子的仁政思想毫无兴趣，孔子只得从楚国又回到卫国。

孔子周游列国，与各国君主有密切的交往，然终不见用，最终未能实现其政治抱负。"再逐于鲁，伐树于宋，削迹于卫，穷于商、周，围于陈、蔡之间。"（《庄子·山木》）虽然历经艰辛和磨难，但孔子为了理想而执着奋争的精神非常可贵。在周游期间，也推动了儒学的传播，扩大了儒学的影响，为后世重振儒学奠定了基础。

（六）老而归鲁

在孔子周游列国期间，鲁国的国政也发生了很大的变化。季桓子临终时后悔当初疏远孔子，使得孔子离开鲁国，丧失了强大的机会。他让儿子季康子请回孔子。季康子首先召回了孔子弟子冉求。冉求在鲁国得到重用，公元前484年，齐国攻打鲁国，冉求不负所望，率领鲁军打败了齐军。冉求将自己的才能归功于自己的老师孔子，希望季康子把孔子迎回鲁国。

孔子68岁时，季康子用隆重的礼节恭迎孔子归鲁。孔子终于结束了十几年栖栖惶惶的游历生活，回到了鲁国。孔子被奉为"国老"，然并未再参政，但是他的很多弟子在鲁国从政，并且向他咨询政治上的很多事情。鲁哀公和季康子经常来拜访孔子。可以说，此时的孔子对鲁国政治还是有相当影响的。

孔子归鲁后，将更多的精力用来编订六经，即《诗》《书》《礼》《乐》《易》《春秋》这六部儒家经典。孔子"删《诗》述《书》，定《礼》理《乐》，制作《春秋》，赞明《易》道"（《孔子家语·本姓解》），为后人留下了丰厚的文化遗产。孔子殷切盼望社会从乱世走向治世，但他深知在有生之年不可能实现，强烈的使命感促使他修订诗书，希望后世有机会实现其理想。六经是儒家的根基所在，甚至成为中国传统社会思想和文化的主要载体，对中华民族意义重大，这是孔子集毕生所学在暮年得以完成的皇皇巨著。

然而，一系列不幸的事情接踵而至。69岁时，孔子的儿子孔鲤先他而逝。70岁时，他最喜爱的弟子颜渊去世。颜渊是孔子思想的"衣钵传人"，他的去世对孔子的打击极为沉重。71岁时，"西狩获麟"，预示着终身的理想破灭，伤心绝望，《春秋》绝笔；72岁时，心爱的弟子子路在卫国政变中遇害身亡。一连串的打击，让风烛残年的孔子，再也经受不起。公元前479年，73岁的孔子溘然长逝。弟子将他葬于曲阜城北泗水之上，即今孔林所在地。

孔子这样总结他的一生："吾十有五而志于学，三十而立，四十而不惑，五十而知天命，六十而耳顺，七十而从心所欲，不逾矩。"（《论语·为政》）确实，孔子的一生并不平凡，屡遭磨难。而孔子恰恰在困厄之中，不断成长，终于达到了极高的人生境界。

（七）即凡而圣的孔子

美国学者赫伯特·芬格莱特著有一本研究孔子思想的专著，书的副标题是"*The Secular as Sacred*"，译者将其翻译为"即凡而圣"。作者称孔子为"伟大导师"，他在序言中说道："初读孔子时，我觉得他是一个平常而褊狭的道德说教者。对我来说，他的言论集——《论语》，也似乎是一件陈旧的不相干之物。后来，随着逐渐增强的力量，我发现，孔子是一位具有深刻洞见与高远视域的思想家,其思想堂奥的辉煌壮观足可与我所知的任何一位思想家相媲美。渐渐地,我已然确信,孔子能够成为我们今天的一位人师——也就是一位饱经人世沧桑、饱含人生智慧的思想导师,而不只是给我们一种早已流行的、稍具异国情调的思想景象。孔子所告诉我们的,不是在别处正在被言说着的东西,而是正需要被言说的东西。"①这位西方学者的评价,使我们看到了黑格尔以来的偏见得以纠正,也使我们得到了一个探究孔子一生经历与理想追求的绝佳语词:即凡而圣。

从孔子的生平中,我们看到孔子凡人的一面,他也有喜怒哀乐之情。他会欢乐,"有朋自远方来,不亦乐乎"(《论语·学而》)。会生气,他的朋友原壤踞坐,他怒骂:"幼而不孙(逊)弟(悌),长而无述焉,老而不死,是为贼。""以杖叩其胫。"(《论语·宪问》)会开玩笑,有一次,孔子到子游治理的武城去,发现治理得井井有条。孔子还听见弹琴唱歌的声音,开玩笑说:"割鸡焉用牛刀?"(《论语·阳货》)会痛哭,颜渊去世,他"哭之恸",呼天抢地:"天丧予,天丧予!"(《论语·先进》)

孔子是凡人,却更是圣人。

孔子的修养达到了极高的境界。孔子具备了"君子"品格与"圣人"境界。

其一,孔子"志于道"。在生活上"食无求饱,居无求安"(《论语·学而》),因为他是"谋道不谋食""忧道不忧贫"(《论语·卫灵公》)。孔子还具有坚毅执着的信念。他自己评论说,"其为人也,发愤忘食,乐以忘忧,不知老之将至云尔"(《论语·述而》),可以看出孔子生活的快乐、热情及其力行的精神。这是何等的境界!

其二,孔子敦于反己。"见贤思齐焉,见不贤而内自省也。"(《论语·里仁》)无论面对贤达还是愚昧,孔子皆能反躬自省。这种自省的态度,是不断修正自我、提高认识的一个表现。孔子对别人指出自己的错误,非常高兴,"丘也幸,苟有过,人必知之"(《论语·述而》)。在严于律己方面,孔子做到了"四毋":"毋意、毋必、毋固、毋我"(《论语·子罕》),不凭空揣测,不绝对肯定,不拘泥固执,不唯我独是。在这种态度下做到知错就改。"主忠信,无友不如己者,过则勿惮改。"(《论语·学而》)

其三,平和通达。孔子遇到困难时,总能保持平和的心态,不怨天尤人,展示其特殊的人格魅力。"在邦无怨,在家无怨。"(《论语·颜渊》)"不怨天,不尤人,下学而上达。"(《论语·宪问》)并且还提到"君子坦荡荡,小人长戚戚"(《论语·述而》),君子胸襟坦荡,而小人则患得患失。达巷党人曰:"大哉孔子,博学而无所成名。"(《论语·子罕》)孔子听到这样的评价时说:"那

---

① [美]芬格莱特著,彭国翔、张华译:《孔子:即凡而圣》,江苏人民出版社2002年版,第1页。

么我要专攻什么呢？是射箭呢，还是驾车？"别人评论他"累累若丧家之狗"，简直太伤自尊了。可是孔子并没有动怒，而是欣然笑曰："然哉，然哉！"（参《史记·孔子世家》）可见其开阔的胸襟，也可以看出孔子所说的"人不知而不愠"的境界。

孔子虽然坚守理想，却不顽固，反而通达明理。子贡问孔子交友之道时，孔子说："忠告而以善道之，不可则止，毋自辱焉。"（《论语·颜渊》）衷心地劝告他，好好地引导他，他不听从，也就罢了，不要自找侮辱。这与我们常理解的朋友之道似有差别。

孔子生前，已经有人赞誉他为"圣"。但是孔子却说："若圣与仁，则吾岂敢？抑为之不厌，诲人不倦，则可谓云尔已矣。"（《论语·述而》）其实，正如子贡所言："学不厌，智也；教不倦，仁也。仁且智，夫子既圣矣。"（《孟子·公孙丑上》）

三、孔门弟子

孔子一生的贡献，可以从创立儒学、删述六经、开办私学三个方面进行总结。其中，开办私学是具有关键作用的一个环节。孔子在政治上虽然有一定建树，但是毕竟仅限于鲁国，且时间较短，影响有限。孔子最重大的成就还是为人师。若从30岁授徒开始，直至去世，孔子大约有四十多年的教学生涯。据《史记·孔子世家》所载："弟子盖三千焉，身通六艺者七十有二人。"孔子培养的优秀弟子数量极多，且不乏德才兼备者。《论语》中还有著名的"四科十哲"的说法："德行：颜渊、闵子骞、冉伯牛、仲弓。言语：宰我、子贡。政事：冉有、季路。文学：子游、子夏。"（《论语·先进》）他们十人各有所长，也是孔门中的佼佼者。在孔子去世后，弟子们为孔子服三年之丧，可见师徒情深。孔子师徒之间的关系，开辟了中国社会中师生一伦的伦理关系。

在孔子弟子之中，特别重要的有颜子、子贡、子路、曾子、子夏、子游等。

（一）颜子

颜回，字子渊，比孔子小30岁，在41岁时英年早逝。后世尊为"复圣"，人称颜子。在中国历史上，很长一段时期是"孔颜"连称的。颜子是孔子最喜爱的弟子，孔子经常对他赞誉有加。

颜子德行高。他待人之道是"人善我，我亦善之；人不善我，我亦善之。"（《韩诗外传》）以一颗宽厚仁爱之心对待他人，从而赢得了同门的尊敬与厚爱。他出身贫寒，却安贫乐道。孔子赞叹说："贤哉回也！一箪食，一瓢饮，在陋巷，人不堪其忧，回也不改其乐。贤哉回也！"（《论语·雍也》）他未必没有能力改变贫寒的状况,只是并没有把贫穷放在心上,依然生活得非常快乐。

颜子智慧大。子贡是孔门中公认的极其聪明又有才华的人,但他对颜子评价甚高,自己不敢和颜子比:"回也闻一以知十,赐也闻一以知二。"(《论语·公冶长》)

颜子好学。鲁哀公曾问孔子,众弟子中哪一个最好学,孔子回答说:"有颜回者好学,不迁怒,不贰过。不幸短命死矣。今也则亡,未闻好学者也。"(《论语·雍也》)对于这位集聪明、好学、勤奋、仁爱、安贫乐道、尊师重道等优良品质于一身,又能在困境中宽慰自己,学术上与自己惺惺相惜的弟子,孔子又怎能不厚爱有加呢?只可惜颜子英年早逝,没有更多的机会发扬儒家思想,这对孔子及孔门都是一个莫大的损失。

(二)子贡

子贡,名端木赐,卫国人,比孔子小31岁。聪慧通达,"利口巧辞"(《史记·仲尼弟子列传》),列于孔门四科之言语科,在孔门中具有极高的地位,可以说是独树一帜。他出身商贾,乃"卫之贾人"(《韩诗外传》),"既学于仲尼,退而仕于卫,废著鬻财于曹、鲁之间,七十子之徒,赐最为饶益"(《史记·货殖列传》)。"常(尝)相鲁卫,家累千金,卒终于齐"(《史记·仲尼弟子列传》)。可以说,他是一个成功的商人,且是同门中最为富有的一位。孔子曾说:"赐不受命,而货殖焉,亿则屡中。"(《论语·先进》)据《论衡》记载,子贡善于囤积居奇,能根据外界环境的变化预测物价,准确把握市场的动向,通过低进高出的买卖方式获利,获得大量财富,"富比陶朱"。富裕的子贡出入常携带厚礼结交诸侯大夫,受到各国君主的礼遇。子贡富可敌国,但富而无骄,富而好礼,而且乐善好施。他救助流落在外地沦为奴隶的鲁国人,不收国家的奖金;经常慷慨资助同门,帮助孔子和同门渡过一个又一个难关。中国的商人往往以子贡为学习和膜拜的对象,故有联语:"陶朱事业,端木生涯。"

子贡不仅在经济上颇有成就,而且在政治上、外交上也有非凡的表现。他曾做过信阳宰,且"常(尝)相鲁卫",在当时各国间的知名度和影响力甚大。子贡口才极好,能言善辩,《史记·仲尼弟子列传》载:"子贡利口巧辞,孔子常黜其辩。"子贡具备出色外交家的素养——一流的口才和绝顶聪明,使得他有能力搅动当时各国间的局势。子贡为了鲁国和卫国不受敌国侵袭,曾经分别出使齐国、吴国、晋国、越国,"子贡一出,存鲁,乱齐,破吴,强晋而霸越。子贡一使,使势相破,十年之中,五国各有变"(《史记·仲尼弟子列传》)。

国学大师钱穆曾说:"观孔子'与回孰愈'之问,见二人(即颜子与子贡）在孔门之相伯仲。"① 尤其到了孔子晚年，子贡的重要性就愈益凸显了。李零认为，在孔子的弟子中，颜回、子路是孔子最喜欢的，他们死后，子贡就最重要了。② 在孔子去世后，弟子们都为孔子守孝三年，独独子贡守孝六年。子贡出众的才华，使很多人认为子贡贤于仲尼。但子贡非但没有因为别人的称赞而沾沾自喜，反而更加赞誉老师。当别人诋毁孔子时，子贡总是站出来辩驳，并称颂老师。可以说，战国初期孔子声望之大，与子贡的宣传关系密切。

（三）子路

子路，名仲由，比孔子仅小九岁，在孔门弟子中年龄较大。子路武力超绝，为人直爽，性格粗鄙。有一次，子路上门挑衅孔子，没想到被孔子几句话就说得心服口服。子路拜孔子为师。孔子曾说过，"自吾得由，恶言不闻于耳"（《史记·仲尼弟子列传》）。

子路有从政之才，孔子曾说："由也果，于从政乎何有？"（《论语·雍也》）还曾说："片言可以折狱者，其由也与？"（《论语·颜渊》）子路曾在鲁国和卫国做官，均很有政绩。

子路性格率直，有话就说，是个直性子。他年龄较大，与孔子亦师亦友，在孔子的弟子中，大概子路是"顶撞"孔子最多的人。子路跟随孔子到了卫国，问孔子："如果卫国国君让你在卫国从政，你先做什么？"孔子说："必也正名乎！"子路听到后说："老师你真迂腐啊！正名有什么用？"孔子听后生气也无奈，说："子路，你真是粗野。"孔子去见南子，明明是一个很正常的见面，子路不高兴，孔子无奈，只得对天发誓。公山不狃命人召请孔子，孔子有所动摇，子路不高兴，孔子便没有去。

子路后来在卫国为官。卫国发生了蒯聩与卫出公父子争位的乱局，子路本来没有道义上的责任，也完全可以不参与。但是，子路为人忠直，冲进城里去救主。虽然子路勇猛，但是毕竟人单力薄。他的帽缨被砍断后，主张"士死冠不免"的他端正帽子时，被乱刀砍死。子路的死可谓惨烈，也是他一生的性格使然。

（四）曾子

曾子，名参，字子舆，比孔子小46岁，与父亲曾皙同为孔子弟子。曾子是孔子弟子中比较鲁钝的一个，却是对后世影响最大的一位。聪慧对人的一生影响并不是最关键的，更多的是品德、修养和后天的努力。曾子即是一例。

曾子有名句："吾日三省吾身——为人谋而不忠乎？与朋友交而不信乎？传不习乎？"（《论语·学而》）这是曾子本人的写照。

---

① 钱穆：《先秦诸子系年》，中华书局1985年版，第81页。
② 李零：《何枝可依：待兔轩读书记》，生活·读书·新知三联书店2009年版，第65页。

曾子是孝的典范。据记载《孝经》一书出自曾子。孝的思想，也使曾子在生活中谨言慎行，战战兢兢，如临深渊，如履薄冰，时时处在戒慎状态中。曾子提出了"慎独"的主张，即使一个人自处，也要以君子之道来要求自己，不能放松。这是对自己的严格要求，做到表里如一，人前人后如一。

根据宋儒的看法，《大学》乃是曾子所作。认为曾子是孔子门下真正的传道者，从而形成了孔子、颜子、曾子、子思子，直到孟子这样一个儒家道统的谱系。可以说，曾子在整个儒学史上具有重要地位。

（五）子夏

在孔子所有弟子中，对于学术传承贡献最大的是曾子和子夏两人。曾子传道，子夏传经。

子夏，名卜商，卫国人，比孔子小44岁，与曾子年龄相仿。子夏家境贫寒，"衣若县（悬）鹑"（《荀子·大略》），穿着的衣服又短又小，破破烂烂。《初学记》也记有"子夏家贫，徒有四壁"之语，可见子夏确实出身于下层社会。

子夏在经学方面颇有造诣，经常与孔子就《诗经》《春秋》《周易》等经典的精义进行切磋。子夏最大的功绩是传承经学。孔子弟子中对《诗经》学习和理解最好的当属子夏。《毛诗序》据说传自子夏。子夏善《诗》，也精通音律，还精通《春秋》，《春秋》三传中的《公羊传》《穀梁传》的作者均为子夏门人，受《春秋》于子夏。甚至有些学者将《左传》的著作权也归于子夏。这从一个侧面反映了子夏在史学方面的成就。

子夏重视解说经书的"微言大义"，据《后汉书·徐防传》，"《诗》、《书》、《礼》、《乐》，定自孔子，发明章句，始于子夏"。经学得以薪火相传，代代相沿，子夏功劳卓著，可谓经学传承的功臣。

子夏在政治上也有一定的影响。孔子去世后，子夏也离开鲁国，回到魏国设帐讲学，创立了"西河学派"。西河学派弟子众多，据说有三百多人，如段干木、李悝、公羊高、穀梁赤等，其中身份最为尊贵的是魏国君主魏文侯。"魏文侯师事之，而咨国政焉。"（《孔子家语·七十二弟子解》）曾子责备子夏"退而老于西河之上，使西河之民疑女于夫子"（《礼记·檀弓上》）。西河的百姓将子夏比作孔夫子，可见子夏在魏国影响之大。

（六）子游

子游，即言偃的字，比孔子小35岁。他与子夏同以"文学"著称，应该是对文献比较精通。子游性格沉稳谨慎，做事深思熟虑，做官也做得很好。子游精通礼乐，以礼乐治理武城，史料中有多处他对礼乐规范精准把握的记载。据学者研究，《礼记·礼运》篇即出自子游。儒家著名的"大同"说就是子游所记录的孔子非常重要的思想主张。

孔子弟子对孔子儒学思想的形成也产生了非常重要的作用。孔子的很多思想，都是在与弟子的对话、交流之中得到表达的。孔子的嘉言懿行，也是通过弟子笔录，进而整理为《论语》《孔子家语》等得以流传的。正是因为孔子弟子们的这些工作，孔子的学说才能代代传承下去。

《史记·儒林列传》有一段记载言简意赅地反映了孔子过世后，孔门后学的情况：

> 自孔子卒后，七十子之徒散游诸侯，大者为师傅卿相，小者友教士大夫，或隐而不见。故子路居卫，子张居陈，澹台子羽居楚，子夏居西河，子贡终于齐。如田子方、段干木、吴起、禽滑釐之属，皆受业于子夏之伦，为王者师。是时独魏文侯好学。后陵迟以至于始皇，天下并争于战国，儒术既绌焉，然齐鲁之间，学者独不废也。于威、宣之际，孟子、荀卿之列，咸遵夫子之业而润色之，以学显于当世。

这段话大意是说：孔子病逝后，孔子的弟子们分散在各个诸侯国中，或者为当政者的老师，或者教授士大夫，也有的过着隐匿生活。子路生活在卫，子张在陈，澹台子羽居住在楚国，子夏在魏国的西河，子贡则终老于齐。像田子方、段干木、吴起、禽滑釐等人，都曾经是子夏这些儒者的弟子。魏文侯非常好学，曾拜子夏为老师。战国时期，天下战乱，只有齐鲁之间学者不废儒学。齐威王、齐宣王之际，又出现了大儒孟子和荀子，他们都是遵循孔夫子的儒家思想，又有个人的独创，凭借学识修养在当世扬名显达。

著名历史学家顾颉刚在《春秋时代的孔子和汉代的孔子》一文中说到：

> 孔子是一个有才干的人，有宗旨的人，有热诚的人，所以人望所归大家希望他成为一个圣人，好施行他的教化来救济天下。在孔子成名以前原已有过许多民众的中心人物，如宋国的子罕，郑国的子产，晋国的叔向，齐国的晏婴，卫国的蘧伯玉都是。但是他们一生做官，没有余力来教诲弟子。惟有孔子，因为他一生不曾大得志，他收的门弟子很多，他的思想有人替他宣传，所以他的人格格外伟大。自从孔子没后，他的弟子再收弟子，蔚成一种极大的势力，号为儒家。

是的，孔子用他的思想和人格教育和培养了一大批优秀的弟子，而孔门弟子则用自己的努力记录、传播老师的伟大思想，弘扬孔子的伟大人格。孔子及其弟子共同缔造了儒学。而儒学在后世的儒生手中，代代承传、发展，蔚为大观，成为中华文明的主干，成为中国文化的主流。

推荐书目：

1. 钱穆：《孔子传》，生活·读书·新知三联书店2002年版。
2. 徐刚：《孔子之道与〈论语〉其书》，北京大学出版社2009年版。

3. ［美］金安平：《孔子：喧嚣时代的孤独哲人》，广西师范大学出版社2011年版。

思考题：

1. 简述孔子的生平经历，并谈谈孔子一生经历带给我们的启示。
2. 结合孔子生平，谈谈孔子与孔子弟子之间互惠共生的关系。
3. 概述孔子的人格魅力。

第三讲　孔子的教育思想

孔子是中国历史上第一位伟大的教师，也是中国乃至人类历史上最伟大的教育思想家。在春秋末年的社会大变革之际，孔子以私人的名义开门办学，可以说是一个破天荒的创举。据《史记·孔子世家》记载，孔子"弟子盖三千焉，身通六艺者七十有二人"。可见其办学规模之大与办学之成功。教育是孔子一生最大的乐趣，也是他一生的主要事业。他在教学活动中，提出了系统而丰富的教育思想，对中国传统的尊师重教风尚的形成，产生了深远影响。

孔子被奉为"至圣先师"。孔子以后的历代儒家，他们也大多都既是思想家、政治家，而同时又都是杰出的教育家，为后世留下了丰富的教育思想理论。从某种意义上说，中国二千多年帝制时代的教育，基本上就是尊孔读经的儒学教育。儒家教育思想的许多积极因素，多来源于儒家人物直接的教育实践。儒家的教育思想是中国传统文化精华的重要组成部分，是中华民族的宝贵精神财富。儒家教育思想中的许多成分，在现代社会中，仍具有重大的现实意义。

一、性近习远，教育当先

孔子认为，教育对社会的发展具有重要作用，是治国理政的三大要素之一。《论语·子路》记载：孔子到卫国去，冉有为他驾车。孔子说："人口真多呀！"冉有说："人口已经够多了，还要再做什么呢？"孔子说："使他们富起来。"冉有说："富了以后还要做些什么？"孔子说："对他们进行教化。"这段话，集中体现了孔子"先富后教"的思想。在孔子看来，庶与富是立国的物质基础，而教育是长治久安的保障。因此，他主张以道德教化来治理国家。一方面，为政者要进德修身，率先垂范。他说："政者，正也。子帅以正，孰敢不正？"（《论语·颜渊》）"其身正，不令而行；其身不正，虽令不从。"（《论语·子路》）"苟正其身矣，于从政乎何有？不能正其身，如正人何？"（《论语·子路》）另一方面，要重视对百姓的道德教化。他认为："道之以政，齐之以刑，民免而无耻；道之以德，齐之以礼，有耻且格。"（《论语·为政》）刑罚虽能让人不敢为恶，但道德教化却可以使人耻于为恶，其功效更为久远。

教育的教化作用是通过对人的发展施加影响而实现的。在中国历史上，孔子是第一位对人性与教育关系问题进行论述的教育家。他明确指出："性相近也，习相远也。"（《论语·阳货》）"性"指的是先天本质，"习"指的是后天习染，包括教育与社会环境的影响。在孔子看来，人的先天本性相差无几，而人之所以有圣凡、智愚的差别，主要是由后天的教育和主观努力决定的。这里隐含着一种在先天本性上人人平等的思想，而这正是人人都需要接受教育的理论依据。由此，孔子看到了教育在人的身心发展中的巨大作用。他一生从事教育四十余年，以"有教无类"相号召，培养了三千弟子，七十二贤人，正是基于对教育作用的高度重视。

二、办学原则：有教无类

在中国教育史上，孔子首次提出了"有教无类"(《论语·卫灵公》)的办学方针。对于"有教无类"，东汉马融的解释是："言人在见教，无有种类。"皇侃疏："人乃有贵贱，同宜资教，不可以其种类庶鄙而不教之。教之则善，无本类之也。"(《论语义疏》)从孔子所招收的弟子的情况来看，体现了诸多的"不分"，如不分等级，不限门第，不分地域、国界，不限年龄，不分美丑、愚智，等等。从地域上来看，孔子弟子以鲁人为最多，也有的来自卫、齐、楚、陈等国；从出身情况来看，孔子弟子则又分属于不同的阶级和阶层，既有贵族出身的孟懿子、南宫敬叔，也有过着"一箪食，一瓢饮，在陋巷"(《论语·雍也》)清贫生活的颜回；从学生的智力方面来看，既有"闻一以知十"的颜回，也有"闻一以知二"的端木赐(《论语·公冶长》)，还有反应迟钝的高柴(《论语·先进》)；从年龄上看，孔门弟子中有小孔子6岁的颜路，也有小孔子53岁的公孙龙；从弟子的勤奋程度上看，既有"好学"如颜回者，也有"昼寝"如宰予者；就外貌特征来看，既有"堂堂乎张也"(《论语·子张》)，也有"状貌甚恶"的澹台灭明和高柴(《史记·仲尼弟子列传》)。这充分说明，孔子私学的大门向任何人都是敞开的。

子曰："自行束脩以上，吾未尝无诲焉。"(《论语·述而》)
"束脩"应是指"一小把干肉"，是孔子收徒的唯一要求。即要求弟子象征性地缴纳一点见面礼，便可成为孔子的弟子。另有一解说，"束脩"是代指十五岁，此章的意思是，只要是年龄在十五岁以上，来求教者，我没有不予以教诲的。无论如何，都可见孔子办学的开放性。

正因为如此，南郭惠子才讥讽子贡说："夫子之门，何其杂也？"(《荀子·法行》)一个"杂"字，恰如其分地概括了孔门私学"有教无类"的特点。同时，由于"有教无类"办学方针的实施，孔门弟子也有自由择师的权利，所谓"来者不拒""去者不止"。

孔子实行"有教无类"的办学方针，扩大教育范围，让平民子弟也充分享受教育的权利，打破了贵族阶级对学校教育的垄断，满足了平民入学受教育的愿望，适应了社会发展的需要，顺乎历史发展的潮流，有利于中国文化的发展和推广。"有教无类"的提出，无疑是一种进步主张。首先，它打破了"学在官府"的沉闷局面，掀起了文化下移的巨浪。孔子针对春秋以前的"有类"教育，创办私学，以"有教无类"与之相对抗，打破了贵族对教育的垄断，为平民求学参政创造了一个契机。其次，它扩大了教育的社会基础和人才来源，密切了教育同社会的关系，为中国古代知识分子阶层——"士"的壮大起了推动作用。在"有教无类"的原则下，孔子为当时社会培养了一大批人才。如善辞令的子贡，游说于列国之间，是当时著名的外交家和大商人；冉求为季氏宰，辅佐季氏治鲁；子路仕于卫，等等。他们为当时社会经济文化的发展，作出了很大贡献。再次，它打破了华夏与夷狄的族类界限，招收弟子不分种族，不分国籍，这对于加强民族团结，传播华夏族的先进文化，促进国内各民族的文化交流，都起到了一定促进作用。

孔子所提出的"有教无类"的主张，含有"教育平等"的意思以及普及教育的倾向，它比捷克教育家夸美纽斯提出的"教育平等"的原则，早了二千一百多年。近几百年来西方资产阶级教育家才敢提出的教育平等的原则，孔子早在二千多年前已付诸实施。十六七世纪，"有教无类"的思想，被来华传教士传入欧洲，为西方启蒙思想家所推崇和接受。有些西方学者曾盛赞孔子"给人类带来了教育的福音"[①]。可见，孔子"有教无类"的思想，早已跨出国门，对世界教育的发展产生了一定影响。"有教无类"的思想主张，在中国历史上更是影响深远。孔子之后"有教无类"的主张及实践，在战国时期就成为一种社会风气，广为人们所接受，并影响后世。唐宋以后形成的书院制度，也继承了"有教无类"这一传统。历代私学大师弘扬孔子的精神，大都以"有教无类"相号召，对那些立志求道的学生相教而不求资，吸引了大批有志之士纷至沓来，推动了中国古代学术的发展。历史的车轮挺进21世纪，我们认为，孔子的"有教无类"的主张仍然具有震撼力。

社会的现代化必须首先依靠人自身的现代化，人的现代化的首要标志就是全民文化素质的提高，而全民文化素质的提高，必须靠普及教育来实现。

道理很简单，在一个文盲充斥的国度里，要实现现代化，无异于痴人说梦。美国人劳伦斯曾这样列序了教育的作用，指出：第一，教育提高了个人执行规范任务和学会完成新任务的能力。第二，教育提高了个人接受和处理新信息的能力。第三，教育提高了个人与他人交流和协调行动的能力。第四，教育提高了个人估计和适应新情况的能力。第五，教育有助于消除主观上对事物认识的模糊性和不必要的忧虑，从而提高运用新技术和采取新行动的可能性。[②]

[①] 服尔德语。转引自曲阜师范学院孔子研究所编：《孔子教育思想论文集》，湖南教育出版社1985年版，第298页。

[②] ［美］劳伦斯：《教育是发展经济的最好投资》，《光明日报》1988年11月16日。

实施"有教无类"任重道远。在社会主义制度条件下,宪法赋予每一个中国人享有受教育的权利,社会主义的教育事业也取得了不可抹杀的成就。但是,由于经济发展不均衡等原因,我们国家一些地区还未能普及九年制义务教育。为了资助贫困地区的孩子上学,我们国家相继推出了一系列的"工程",如"希望工程""幸福工程""春蕾计划"等。同时,我们国家还颁布了《中华人民共和国义务教育法》,使教育走向法治的轨道,在不久的将来,全民都要受教育、全民都能受教育的目标,必将全面实现。

三、教育目的:君子不器

孔子办学,不是要把学生培养成具备某种专业知识的专门人才,就像某种器皿一样,只有一种用途,只能当成一种工具,而是要成为君子。所以孔子说:"君子不器。"(《论语·为政》)君子不应当成为这样的工具,而是要成为通识之才,成为能影响整个社会的、体现社会良知的人才。人格,指的是人的品格,涵盖了一个人的性情、素质以及能力诸方面的要求。"在一定社会制度和文化环境中,处于时代的现实需要,人们的利益、要求、期望,集中在某一楷模身上,即为理想人格。"[①]理想人格的设计,是中国历代教育思想家孜孜以求的目标。

孔子作为儒家的宗师,开理想人格设计之先河,将"君子"视为人生的人格理想、教育目标。《论语》中,"君子"一词凡107见,足见孔子对"君子"人格的重视。孔子认为,君子的标准主要体现在以下几个方面。

(一)重义轻利

义利之辨,贯穿于整个儒学的发展过程。孔子将"君子"赋予人格含义以后,便以对待义利的态度来区分人格的高低,把"小人"作为"君子"的对立面,告诫弟子说:"女为君子儒!无为小人儒!"(《论语·雍也》)从这个意义上说,义利之辨即是君子与小人之辨。

关于君子与小人的区别,孔子有诸多论述,最为明了的就是:"君子喻于义,小人喻于利。"(《论语·里仁》)"君子义以为上。"(《论语·阳货》)强调君子要"见得思义""见利思义",表现出了鲜明的重义轻利的价值取向。在孔子看来,富贵是人人都想得到的,但如果不能用正确的方法获得它,君子是不会接受的。他明确说:"饭疏食饮水,曲肱而枕之,乐亦在其中矣。不义而富且贵,于我如浮云。"(《论语·述而》)

(二)忧患意识

孔子所设计的君子人格,具有强烈的忧患意识,体现在如下两个方面。

[①] 朱义禄:《从圣贤人格到全面发展:中国理想人格探讨》,陕西人民出版社1992年版,第13页。

一是忧己身之不立。孔子说:"君子病无能焉,不病人之不己知也。"(《论语·卫灵公》)"不患无位,患所以立。"(《论语·里仁》)"人不知,而不愠,不亦君子乎?"(《论语·学而》)二是忧大道之不行。孔子强调指出:"君子忧道不忧贫。"(《论语·卫灵公》)在孔子看来,君子的忧患意识就自身而言,是基于"为仁由己"的认识,应当时时担心自己的真正才能,而不要忧虑自己的才能别人是否知道;就志向而言,君子应当担忧大道之不行,担心世风之颓毁,忧虑大同之世是否能够实现,而不是个人的贫富。孔门弟子曾子有宏论:"士不可以不弘毅,任重而道远。仁以为己任,不亦重乎?死而后已,不亦远乎?"(《论语·泰伯》)基于这种理想,自孔子始,儒家学者就表现出了一种强烈的入世精神,"知其不可而为之",其所体现的博大胸襟、远大理想和坚强毅力,曾经激励过无数志士仁人为国为民而鞠躬尽瘁。

(三)从政"行义",学仕统一

子夏曰:"仕而优则学,学而优则仕。"(《论语·子张》)也就是说,学习与做官既无目的与手段之分,当然也无先后顺序之分。做官的人需要不断学习来充实自己,学习的人也需要在实践中运用,来检验自己。此处之"优",应是"有余力""从容"的意思。过去批判孔子的"读书做官论",实际上是误读了孔子的思想。孔子认为,不能做官,则可以以君子的方式来影响社会。《论语·为政》记载:

> 子曰:"《书》云:'孝乎惟孝,友于兄弟,施于有政。'是亦为政,奚其为为政?"

孟子继承和发展了孔子重德育的思想,在中国教育史上首次提出了"明人伦"的教育主张,即"父子有亲,君臣有义,夫妇有别,长幼有叙(序),朋友有信"(《孟子·滕文公上》)。在此基础上,孟子把教育的内容概括为"申之以孝悌之义"(《孟子·梁惠王上》)。儒家重视德育,并不是完全忽视了受教育者的"才"的问题,才能问题也是儒家非常注重的一个方面。孔子说:"诵《诗》三百,授之以政,不达;使于四方,不能专对;虽多,亦奚以为?"(《论语·子路》)荀子所要求培养的大儒,则是"用百里之地,而千里之国莫能与之争胜;笞棰暴国,齐一天下而莫能倾也"(《荀子·儒效》)的人才,是既具有丰富的学识又能辅助统治者治理天下的政治家。

儒家注重德才兼备的思想,在中国历史上的影响是巨大的。如唐太宗时期的名相魏徵曾指出:"今欲求人,必须审访其行。若知其善,然后用之。设令此人不能济事,只是才力不及,不为大害。误用恶人,假令强干,为害极多。"(《贞观政要·择官》)体现了一种德才并重、以德为先的思想。在中国历史上,德才并重在不同的历史时期,往往表现为不同的形式。如明末清初的启蒙大师们,对"空谈误国"的行为深恶痛绝,同时力倡经世致用之学,他们的才德标准，即着眼于实际技能、实际知识。总之，在中国历史上，德才并重的教育思想的实施，既维护了统治秩序，也促进了历史的前进。在当今社会历史条件下，认真总结儒家的德育思想，对于建设社会主义的德育体系，也是大有帮助的。我们认为："学"也者，学做人也，"教"也者，教做人也，二者应该是辩证统一的。儒家创造了具有中华民族特色的德育方法，并且通过这种方法塑造出理想的人格典范，为全社会所追慕。所以，从某种意义上说，中华民族一代代英才的出现，都与儒家所塑造的人格范式有着直接的关系。不可否认，在我们的现实教育中，或多或少存在着重"智"轻"德"的倾向。这是一种误区，必须予以纠正。现代化的教育，必须服从于现代化建设，培养出的优秀人才，必须既有丰富的文化知识，同时又有良好的道德修养。在这一点上，儒学的主张，仍可借鉴。

四、教育内容：丰富的"六艺"

为了培养德才兼备的君子，孔子继承了"六艺"教育的传统，以"文、行、忠、信"教育学生，要求弟子"志于道，据于德，依于仁，游于艺"（《论语·述而》）。孔子在教学中，没有专门设置"行、忠、信"科目，而是将其有机地融入"文"的教学之中，把道德教育寓于文化知识教育全过程。

为提高"文"科的教学水平，孔子以"述而不作，信而好古"（《论语·述而》）的态度，整理文献典籍，编订了《诗》《书》《礼》《乐》《易》《春秋》六种著作，并将其作为教材对学生进行文化知识和思想道德教育。[①]据文献记载，孔子在日常教学活动中，也多次告诫弟子学习《诗》《书》《礼》《乐》的重要性。

《诗》，也称《诗经》，是中国最早的一部诗歌总集，收集了西周初年至春秋中叶（前11世纪至前6世纪）的诗歌，共305篇，分为风、雅、颂三大类，反映了周初至春秋中叶约五百年间的社会面貌。孔子曾概括《诗经》宗旨为"思无邪"，并教育弟子读《诗经》以作为立言、立行的标准。孔子的教学往往从《诗经》入手，认为其教育作用可以体现在：一是"可以兴"，由比喻而联想，激发人的情感意志；二是"可以观"，以诗中的生活情境来考察社会风俗的盛衰演变；三是"可以群"，利用切磋诗义的机会相互增进情谊；四是"可以怨"，利用讽刺的形式，批判不合理的政治。《诗经》对个人的品行修养和人际交往十分重要，所以受到孔子的重视。孔子曾教育其儿子孔鲤说："不学

[①] 《史记·孔子世家》说："孔子以《诗》《书》《礼》《乐》教。"《庄子·天运》也载孔子见老聃时说："丘治《诗》《书》《礼》《乐》《易》《春秋》六经。"这些材料可以说明，孔子进行研究并编著成书的典籍主要有六种。

诗，无以言。"（《论语·季氏》）先秦诸子中，引用《诗经》者颇多，如墨子、孟子、庄子、荀子、韩非子等人在说理论证时，多引述《诗经》中的句子以增强说服力。至汉武帝时，《诗经》被儒家奉为经典，成为"六经"或"五经"之首。

《书》，又称《书经》，至汉代称《尚书》（"尚"即"上"，"上古"之意），是中国古代最早的一部历史文献汇编，时间跨度上起传说中的尧舜时代，下至东周（春秋中期）约1 500多年，基本内容是古代帝王的文诰和君臣谈话内容的记录。《史记·孔子世家》称孔子"序《书传》，上纪唐虞之际，下至秦缪，编次其事"。孔子所选取的文献，符合垂世立教示人轨范的政治标准，目的是让人学习先王之道，特别是周代的文武之道。《书》原有百篇，秦始皇焚书坑儒以后，至西汉初年仅存29篇。古时称赞人"饱读诗书"，"诗""书"即指《诗经》《尚书》。

《礼》，传于后世称《仪礼》，内容记载着周代的冠、婚、丧、祭、乡、射、朝、聘等各种礼仪，其中以记载士大夫的礼仪为主。孔子认为，礼是立国的根本，"不学礼，无以立"（《论语·季氏》）。他以周礼为依据，从春秋的社会现实出发加以改良，编辑了一部士君子必须掌握的礼仪规范，用以化民成俗，训育弟子。

《乐》，又称《乐经》，是孔子所整理的乐教著作。孔子的再传弟子公孙尼子为《乐经》作有《乐记》，部分收录于小戴《礼记·乐记》之中。秦始皇焚书坑儒之后，《乐经》失传。孔子既重视礼，也非常重视乐，常常礼乐并提。他认为，乐教的作用表现在两个方面：对个人来说，陶冶情操，净化心灵，形成崇高品格；对社会来说，可以使人性情宽和质朴，移风易俗。礼乐配合，可以发挥特殊的治国安邦的功能。孔子对乐的评价，特别注重思想性与艺术性的统一，强调内容上要合乎善的标准，形式上要达到美的标准，内容与形式要和谐统一。

《易》，即《周易》，又称《易经》，内容包括《经》和《传》两个部分。《经》主要是六十四卦和三百八十四爻，卦和爻各有说明（卦辞、爻辞），相传系周人所作，作为占卜之用。《传》包含解释卦辞和爻辞的七种文辞共十篇，相传为孔子所撰。《周易》囊括了天文、地理、军事、科学、文学、农学等丰富的知识内容，是中国传统思想文化中自然哲学与人文实践的理论根源，被誉为"大道之源"。孔子晚年将《周易》作为教材，传授部分弟子。

《春秋》，是一部编年体史书，记载了从鲁隐公元年（前722）到鲁哀公十四年（前481）共242年的历史，记载了当时政治、经济、军事、天文、地理、灾异等方面的情况，是中国现存最早的一部编年体史书，相传为孔子68岁自卫返鲁后所作。孔子在《春秋》中，为了"正名"，寓意褒贬，寄托了自己的社会政治思想。

总之，上述六种教材，各有教育任务，对人的思想教育和文化教育都有重要价值。

五、教学方法：灵活多样

孔子一生从事教育几十年，积累了丰富的教育经验，总结形成了一系列的教育教学原则与方法。

（一）学思结合

学习是获取知识的重要方式。孔子基于"学而知之"的认识论，提倡"博学""好学"。他提出："多闻，择其善者而从之；多见而识之。"（《论语·述而》）孔子的教学基本形式是问答法或谈话法，能否提出问题，切中要害，对于师生双方都是非常重要的。学问千千万，起点在一问。孔子在教学过程中主张质疑问难，鼓励举一反三。他曾说："不曰'如之何，如之何'者，吾末如之何也已矣。"（《论语·卫灵公》）并告诫弟子要疑思问、不耻下问。

孔子在强调博学的基础上，也十分重视深入思考，提倡将多见与多思结合。在论述学与思的关系时，孔子说："学而不思则罔，思而不学则殆。"（《论语·为政》）学习时只贪多求快而不认真思考，就会无所适从，抓不住要领。反之，迷恋思考而不能够广泛学习，也容易误入歧途。他曾以自己的亲身经历告诉弟子："吾尝终日不食，终夜不寝，以思，无益，不如学也。"（《论语·卫灵公》）

可见，在学与思的关系上，孔子教育弟子要广泛获取知识，在此基础上积极思考，抓住事物的本质。遇到困难时，多问几个为什么，达到既知其然又知其所以然的境地。孔门弟子子夏深有体会地说："博学而笃志，切问而近思，仁在其中矣。"（《论语·子张》）

（二）知行统一

孔子不仅提倡学思结合，更强调要学以致用，将学到的知识用于社会实践之中。他以学《诗》为例，表达了这一思想。他说："诵《诗》三百，授之以政，不达；使于四方，不能专对。虽多，亦奚以为？"（《论语·子路》）学了《诗》，仅仅会背诵不行，关键是要应用于政治外交，体现在社会实践之中。如果不能应用，学得再多也没有意义。孔子十分反感言行不一，说："君子耻其言而过其行。"（《论语·宪问》）"巧言令色，鲜矣仁。"（《论语·学而》）孔子的弟子宰予，言辞美好，说起话来娓娓动听。起初孔子很喜欢这个弟子，后来发现其言行不一，竟然白天睡觉，孔子气愤地以"朽木不可雕也"斥责他，并说以后不能再"听其言而信其行"，而是要"听其言而观其行"（《论语·公冶长》）。

孔子学思行统一的主张，对以后的教育教学思想产生了深远的影响。《中庸》继承了这一思想，提出了"博学之，审问之，慎思之，明辨之，笃行之"的学习主张。

（三）启发诱导

孔子是世界上最早提倡启发式教学的教育家，主张在教学时"不愤不启，不悱不发。举一隅不以三隅反，则不复也"（《论语·述而》）。"愤"是欲知而未知的急切样子，"悱"是心已懂但还不能用言语表达出来的尴尬表情，都是内在心理状态在外部容颜神态上的表现。"启"即点拨，"发"即提示，"复"即重复。孔子认为，在教学时必须先让学生认真思考，虽已努力但仍未想通时才可以给以点拨；学生认真思考已有所得，但尚未能清晰表达出来时才可以加以提示，帮助其理清思路。教师的启发是建立在学生积极思考的基础上进行的，启发之后学生应当再思考，深入领会，把握要领。当告知学生正方形的一个角而学生不能类推其余三个角时，说明此时学生尚未进入学习状态，没有动脑筋思考，教师就不必多讲了。

孔子的启发式教学有两点甚为关键：一是教师要创设情境激发学生的求知欲，所谓变"要我学"为"我要学"；二是教师要仔细观察学生的心理状态，合理把握教学时机。对于前者，孔子惯用的方法是"叩其两端"。他说："有鄙夫问于我，空空如也。我叩其两端而竭焉。"（《论语·子罕》）"叩其两端"，就是用反问的方式，引导对方从事物正反两方面进行分析，明辨是非，进而找到解决问题的方法。在教学过程中，孔子常用这种方法训练学生观察事物和思考问题的能力。孔子曾与子贡讨论怎样评价人，子贡问："乡人皆好之，何如？"孔子答："未可也。"子贡又问："乡人皆恶之，何如？"孔子又答："未可也；不如乡人之善者好之，其不善者恶之。"（《论语·子路》）评价一个人切勿盲目从众，失去标准，而是要从正反两方面考察，只有全乡的好人喜欢他，全乡的坏人痛恨他，才能证实他是好人。这种思考方法，注意事物的对立面，在比较中作出正确判断，是合乎辩证法的。

孔子的启发式教学令弟子心悦诚服。颜渊曾赞叹说："夫子循循然善诱人，博我以文，约我以礼，欲罢不能。"（《论语·子罕》）

（四）因材施教

因材施教不是孔子直接提出的，宋代朱熹在概括孔子的教学经验时提出了"夫子教人，各因其材"的论断，于是后人便将因材施教作为孔子的教学原则。孔子在教学实践中，的确贯彻了因材施教的精神，并且卓有成效。

因材施教的第一步在于对学生要有深刻、全面的了解，正确把握学生的特点。孔子十分留意观察、了解学生，对学生的个性、特长、优缺点了如指掌。"由也果""赐也达""求也艺"（《论语·雍也》），是从品格优点方面对弟子的评价;"柴也愚,参也鲁,师也辟,由也喭"(《论语·先进》),是从品格缺点方面对弟子的评价;这种对学生个别差异的了解,才能有效提高教学的针对性。

因材施教的第二步是"对症下药",从学生的具体实际出发进行教育和教学。在日常的教学活动中,孔子对于学生所问的同一题目,常因发问者的个性、需要不同而给予不同的回答。如子路问:"闻斯行诸?"孔子答曰:"有父兄在,如之何闻斯行之?"冉有又问:"闻斯行诸?"孔子则说:"闻斯行之。"一旁的公西华听糊涂了,问曰:"由也问闻斯行诸,子曰,'有父兄在'。求也问闻斯行诸,子曰,'闻斯行之'。赤也惑,敢问。"孔子解释说:"求也退,故进之;由也兼人,故退之。"(《论语·先进》)冉求遇事谨小慎微,优柔寡断,所以孔子鼓励他;子路遇事轻率鲁莽,因此孔子要抑制他。孔子对不同年龄阶段的人也有不同的要求。"君子有三戒:少之时,血气未定,戒之在色;及其壮也,血气方刚,戒之在斗;及其老也,血气既衰,戒之在得。"(《论语·季氏》)

孔子实施因材施教,培养了一大批德才兼备的学生,他们各有所长。

德行:颜渊、闵子骞、冉伯牛、仲弓。言语:宰我、子贡。政事:冉有、季路。文学:子游、子夏。(《论语·先进》)

(五)砥砺道德自觉

孔子素以道德教育见长,将道德教育置于教育的首位,注重激发学生的道德自觉,不断提高学生的自我修养能力。

1. 立志乐道

孔子将立志作为进德的初阶,教育学生要确立远大理想,明确前进的方向,坚定必胜的信心。他以自己"十有五而志于学"(《论语·为政》)的人生经验,告诫弟子们要"笃信好学,守死善道"(《论语·泰伯》),"谋道不谋食"(《论语·卫灵公》),"忧道不忧贫"(《论语·卫灵公》),不要因为眼前的物质利益而动摇。他说:"三军可夺帅也,匹夫不可夺志也。"(《论语·子罕》)"士志于道,而耻恶衣恶食者,未足与议也。"(《论语·里仁》)孔子赞赏颜回"乐道"的精神,激励弟子要做傲立雪中的青松,要有"涅而不缁"的高风亮节。

2. 自省自克

在人际交往中如何对待自己与他人,是一个重要的道德问题。孔子一贯主张"为仁由己"(《论语·颜渊》),提倡在处理人与己的关系时要严于律己,宽以待人,不断提高道德修养的自觉性。他主张"君子求诸己"(《论语·卫灵公》),要求弟子"见贤思齐焉,见不贤而内自省也"(《论语·里仁》),并从反面激励弟子说:"吾未见能见其过而内自讼者也。"(《论语·公冶长》)在孔子的耐心教育下，孔门弟子很好地践行了这种思想。曾子自我总结说："吾日三省吾身——为人谋而不忠乎？与朋友交而不信乎？传不习乎？"（《论语·学而》）可见，自省已经成为曾子的习惯，终生不渝。

孔子还主张"自克"。颜渊问仁，孔子说："克己复礼为仁。"（《论语·颜渊》）意思是说，每个人只要时时刻刻克制自己不正确的言行，事事处处尊礼守法，就是有道德之人。克己复礼的具体内容就是"非礼勿视，非礼勿听，非礼勿言，非礼勿动"（《论语·颜渊》）。自我克制、自我监督是自我意识的重要方面，是衡量一个人道德修养能力与水平的重要内容，造就适合社会需要的人才，就不能忽视自我控制能力的培养。

3. 践履躬行

孔子在道德教育上倡导践履躬行。《论语·学而》开宗明义说："学而时习之，不亦说乎？"明确提出了"时习"的观点。这一观点，涉及德育的一个重要问题，即道德认识与道德实践的关系问题。孔子明确主张知行合一，也就是道德认识与道德实践应当同步协调发展。孔子要求弟子"言忠信，行笃敬"（《论语·卫灵公》），"讷于言而敏于行"（《论语·里仁》），并以"言过其行"及"躬之不逮"为耻。在他的严格教育之下，孔门形成了崇尚力行之风。如子路"无宿诺"（《论语·颜渊》），答应办的事从不过夜，不把事做完不肯罢休，甚至由于"未之能行"则"唯恐有闻"（《论语·公冶长》）。

4. 改过迁善

常言道：人非圣贤，孰能无过。孔子提出"过则勿惮改"（《论语·学而》），鼓励弟子要勇于承认错误和改正错误，并说："过而不改，是谓过矣。"（《论语·卫灵公》）他深有体会地说："丘也幸，苟有过，人必知之。"（《论语·述而》）承认自己也会犯错，并以有错被别人告知而庆幸。他曾提出"观过知人"的论断，认为"人之过也，各于其党。观过，斯知仁矣。"（《论语·里仁》）意思是说，不同的人所犯错误各有不同，仔细观察某人所犯之错，就可以知道他是什么样的人了。同时，他还提倡以宽厚的胸怀对待他人的过错，提出了"既往不咎"的主张，目的是为犯错之人创设一个改过迁善的宽松舆论环境。

在孔子的悉心教诲下，子路"人告之有过则喜"（《孟子·公孙丑上》），对别人的批评忠告持欢迎态度；颜渊能够做到"不迁怒，不贰过"（《论语·雍也》），有过错先从自身找原因，同样的错误不重复犯；子贡体会说："君子之过也，如日月之食焉：过也，人皆见之；更也，人皆仰之。"（《论语·子张》）君子的过错如同日食和月食，犯错误的时候每个人都看得见；更改的时候，每个人都仰望着。"小人之过也必文"（《论语·子张》），文过饰非，则就是"小人"了。可见，对待错误的态度，是区别君子与小人的重要标准之一。

六、教学相长，师德垂范

孔子热爱教育事业，敏而好学，率先垂范，积累了丰富的实践经验，培养了一大批德才兼备的学生，树立了光辉的人师风范。

（一）学而不厌，诲人不倦

孔子自称"圣则吾不能，我学不厌而教不倦也"（《孟子·公孙丑上》）。这符合孔子的基本事实。他说："三人行，必有我师焉：择其善者而从之，其不善者而改之。"（《论语·述而》）据史书记载，孔子学无常师，曾问礼于老聃，也向子产、晏平仲等人请教，"入太庙，每事问"（《论语·述而》），达到了疑思问和不耻下问的境界。到了晚年，仍然保持着"发愤忘食，乐以忘忧，不知老之将至"（《论语·述而》）的积极精神状态。孔子终生好学乐学，掌握了广博的知识，赢得了学生的叹服。颜渊曾称赞说，老师的学问"仰之弥高，钻之弥坚，瞻之在前，忽焉在后"（《论语·子罕》）。

（二）温故知新，教学相长

孔子说："温故而知新，可以为师矣。"（《论语·为政》）"故"即古，是指过去的历史知识，也指旧知识；"新"是今，指的是社会的现实问题，也指新知识。教师的职责既要让学生掌握历史知识，更要让学生认识社会现实，借鉴历史经验解决现实问题；或者在复习已有知识的基础上，努力思考，从而获得新收获。这与其学思结合、知行统一思想是一致的。

孔子主张"当仁，不让于师"（《论语·卫灵公》），体现出了真理面前人人平等的精神。孔子教学的主要方式是问答，在这一过程中，师生答疑解惑，相互切磋，不仅互有启发，学业精进，而且还增进了师生情谊。《论语》中记载了不少孔子受到学生诘难或诚恳接受学生批评的事例。

（三）无私无隐，尽人之材

孔子说："爱之，能勿劳乎？忠焉，能勿诲乎？"（《论语·宪问》）从教育的角度理解，意思是说：老师爱学生，能不为他们操劳吗？学生忠于老师，能不认真教诲吗？正是因为热爱学生，孔子对于诚心求教的学生"有教无类"，悉心教导，达到了无私无隐的地步。为了学生的成长，孔子因人施教，尊重学生的志向和个性，终使他们各有所长。从某种意义上说，尽人之材，不误人子弟，是一个教师对学生的真正关怀和爱护。

（四）严慈并济，以身作则

爱之深，责之严。孔子在教育方式上是爱严结合，严慈并济。颜渊是孔子钟爱的学生，由于他唯孔子之命是听，不敢发表自己的观点而受到孔子的批评。冉有以政事见长，深得孔子称赞，由于他施政时随意抬高赋税而遭到孔子的痛骂。宰予能说会道，也获得孔子的肯定，但因为"昼寝"受到孔子的责备,但他仍然说"以予观于夫子,贤于尧舜远矣"(《孟子·公孙丑上》)。

孔子之所以赢得学生的敬仰,是因为他做到了言教与身教的统一,要求学生做到的,他都率先垂范。"其身正,不令而行;其身不正,虽令不从。""不能正其身,如正人何?"(《论语·子路》)由于孔子重视言教与身教的结合,学生都心悦诚服,营造了孔门私学"亲其师,信其道"的和谐景象。

孔子的教育思想与教育理念是成功的,在现代社会,也是需要我们继续发扬光大的。

推荐书目:

1. 钱逊:《先秦儒学》,辽宁教育出版社1991年版。
2. 郭齐勇:《中国儒学之精神》,复旦大学出版社2009年版。
3. 王炳照等:《中国教育通史》,湖南教育出版社1996年版。

思考题:

1. 简述孔子的办学方针及其意义。
2. 简述孔子的教学方法及其意义。
3. 简述孔子教育思想的现代价值。

《论语》论"教育":

1. 子曰:"有教无类。"(《卫灵公》)
2. 子曰:"自行束脩以上,吾未尝无诲焉。"(《述而》)
3. 子曰:"君子不器。"(《为政》)
4. 子夏曰:"仕而优则学,学而优则仕。"(《子张》)
5. 子曰:"《书》云:'孝乎惟孝,友于兄弟,施于有政。'是亦为政,奚其为为政?"(《为政》)
6. 子以四教:文、行、忠、信。(《述而》)
7. 德行:颜渊、闵子骞、冉伯牛、仲弓。言语:宰我、子贡。政事:冉有、季路。文学:子游、子夏。(《先进》)
8. 子路问:"闻斯行诸?"子曰:"有父兄在,如之何其闻斯行之也?"冉有问:"闻斯行诸?"子曰:"闻斯行之。"公西华曰:"由也问闻斯行诸,子曰'有父兄在';求也问闻斯行诸,子曰'闻斯行之'。赤也惑,敢问。"子曰:"求也退,故进之;由也兼人,故退之。"(《先进》)
9. 子曰:"不愤不启,不悱不发。举一隅不以三隅反,则不复也。"(《述而》)
10. 子曰:"学而不思则罔,思而不学则殆。"(《为政》)

11. 子曰："吾尝终日不食，终夜不寝，以思，无益，不如学也。"（《卫灵公》）

12. 子曰："不曰'如之何，如之何'者，吾末如之何也已矣。"（《卫灵公》）

13. 子曰："回也非助我也，于吾言无所不说。"（《先进》）

14. 子曰："默而识之，学而不厌，诲人不倦。何有于我哉？"（《述而》）

15. 子曰："后生可畏，焉知来者之不如今也？四十五十而无闻焉，斯亦不足畏也已。"（《子罕》）

16. 子曰："当仁，不让于师。"（《卫灵公》）

第四讲 《论语》源流概说

　　《论语》是孔子及其弟子言行的语录结集，集中体现了孔子的政治主张、伦理思想、道德观念及教育原则等，是了解和研究孔子思想的首选资料。从汉代起，《论语》被尊为"五经之辖辖，六艺之喉衿"（《孟子题辞》），列于学官，设博士教授。唐代的各级各类学校均以《论语》为必修功课。到了宋代，经理学大师朱熹等人的阐扬，《论语》被视为治学的起点和德行事业的标的，与《大学》《中庸》《孟子》《诗经》《尚书》《礼记》《易经》《春秋》合称"四书五经"。自此，《论语》成为中国传统社会中士子们的必读典籍。其中的思想内容、思维方式与价值取向，对中华民族心理素质、中国语言、中国文学的发展产生了重大影响。《论语》被西方人视为中国人的"圣经"，受到极大的重视。

一、《论语》的成书

（一）《论语》的成书历程

　　《论语》不成书于一时，也不出自一人之手。《论语》从材料来源到初期的编辑再到最后的编定，大体经过了孔子的弟子和再传弟子之手。

　　《论语》的材料主要来源于孔子弟子所记。据《汉书·艺文志》载，"《论语》者，孔子应答弟子、时人，及弟子相与言而接闻于夫子之语也。当时弟子各有所记"。这说明《论语》的材料主要来源于孔子弟子对孔子当时言行的记录。此说从《论语》中可得到印证。《论语·卫灵公》载：

　　　　子张问行。子曰："言忠信，行笃敬，虽蛮貊之邦，行矣。言不忠信，行不笃敬，虽州里行乎哉？立则见其参于前也，在舆则见其倚于衡也，夫然后行。"子张书诸绅。

子张把孔子的教诲记在束腰的大带上的这一举动，足以说明孔子的弟子有随时记录孔子言行的习惯。孔子弟子这种随时笔记的习惯与孔子对弟子博闻强记的要求有着密切的关系。《孔子家语》中有如下记载：

　　　　子贡以告孔子。子曰："小子识之：苛政猛于暴虎。"（《正论解》）
　　　　孔子闻之，曰："弟子志之：季氏之妇可谓不过矣。"（《正论解》）
　　　　孔子在卫，卫之人有送葬者，而夫子观之，曰："善哉！为藏乎，足以为法也。小子识之！"子贡问曰："夫子何善尔？"曰："其往也如慕，其返也如疑。"子贡曰："岂若速反而虞哉？"子曰："此情之至者也。小子识之。我未之能也。"（《曲礼子贡问》）

　　这些材料中的"志""识"都是"记录""记住"的意思。可见，孔子对于一些重要的观点、思想是要求弟子记住的。另外《孔子家语》中，还有弟子主动要求记住或补记的记载。

　　子夏蹴然而起，负墙而立，曰："弟子敢不志之？"（《论礼》）

　　冉有跪然免席，曰："言则美矣，求未之闻。"退而记之。（《五刑解》）

　　子张既闻孔子斯言，遂退而记之。（《入官》）

这些材料说明孔子弟子对于孔子的很多嘉言懿行，已养成了随时记录或事后补记的习惯。

西汉时期，孔子第十代孙孔安国在《家语后序》中载"诸弟子各自记其所问焉"。朱熹《论语集注》载："杨氏曰：'夫子之平日，一动一静，门人皆审视而详记之。'尹氏曰：'甚矣孔门诸子之嗜学也！于圣人之容色言动，无不谨书而备录之。'"这些后世大儒也认为孔子的弟子有记录孔子言行的习惯；弟子们记载孔子的"容色言动"是为了像颜回那样紧跟圣人之道。

综上所述，《论语》材料来源于孔子弟子的各自所记，当属无疑。

《论语》材料的初次汇集当在孔子去世后众弟子奔丧期间。班固的《汉书·艺文志》载："夫子既卒，门人相与辑而论纂。"后来陆德明的《经典释文·叙录》说："夫子既终，微言已绝。弟子恐离居以后，各生异见，而圣言永灭，故相与论撰。"这些记载应是符合历史事实的。据《史记·孔子世家》："孔子葬鲁城北泗上，弟子皆服三年。三年心丧毕，相诀而去，则哭，各复尽哀；或复留。唯子贡庐于冢上，凡六年，然后去。"正是在这守丧的三年时间里，孔子弟子们才能有一次空前的大聚会，才能把平时记录的孔子言行进行汇集。孔子去世后，弟子流散四方，分门别户，再无"相与论撰"之可能。

在居丧期间，孔门弟子追忆孔子言行的材料，肯定比流传于今的《论语》中的内容要多得多，加之流传至今的《论语》中还有很多孔子去世后有关弟子曾参的言行。这说明，《论语》还有最后的编订问题。

关于《论语》的最终编订者，有人认为是孔子众弟子；有人认为是仲弓、子游、子夏；有人认为是有子；有人认为是曾子弟子。今天，学界多认为出于曾子弟子。其主要依据是《论语·泰伯》有五章关于曾子的言语记录：

　　曾子有疾，召门弟子曰："启予足！启予手！《诗》云：'战战兢兢，如临深渊，如履薄冰。'而今而后，吾知免夫！小子！"

　　曾子有疾，孟敬子问之。曾子言曰："鸟之将死，其鸣也哀；人之将死，其言也善。君子所贵乎道者三：动容貌，斯远暴慢矣；正颜色，斯近信矣；出辞气，斯远鄙倍矣。笾豆之事，则有司存。"

　　曾子曰："以能问于不能，以多问于寡；有若无，实若虚，犯而不校，昔者吾友尝从事于斯矣。"

曾子曰："可以托六尺之孤，可以寄百里之命，临大节而不可夺也。君子人与？君子人也。"

　　曾子曰："士不可以不弘毅，任重而道远。仁以为己任，不亦重乎？死而后已，不亦远乎？"

　　这些记载都尊称曾子，其中前两章显系曾子临终遗言，是其弟子于曾子死后增补的。我们从中可以窥见此一玄机：此章记录孔子生前与曾参的对话，门人不可能尊称曾参为"曾子"；守丧期间所结集的材料中也不可能有此称谓；只有在孔子逝世、曾子独立门户后，其弟子方可以"子"称师；也只有在这时候，其弟子才可能在《论语》初编里植入曾子临终言论，并统一了全书曾参的称谓。

　　对于《论语》成书于曾子弟子的说法，清朝以前的多数学者对此深信不疑。但随着近代疑古思潮兴起，学者对此各逞己说，难有定论。可喜的是，定州八角廊汉墓竹简《论语》、郭店楚墓竹简（郭店楚简）、上海博物馆藏楚竹书等儒家文献陆续问世，为人们重新认识《论语》的成书时间提供了新佐证。据研究，郭店楚简多属于《子思子》，而《礼记》中的《表记》《中庸》《坊记》《缁衣》属于《子思子》也已成为共识。《坊记》曾明引《论语》，郭店楚简中也不少引用《论语》的语句，则子思生活的时代《论语》已经成书。据研究，子思在世的时间约为公元前483年至公元前402年，则《论语》成书的下限当在公元前402年以前。另外，《论语》载曾子卒事，而曾子卒年在公元前435年，所以，《论语》成书的具体时间可以限定在公元前435年至公元前402年间的三十几年中。

（二）《论语》的名义

　　《论语》的命名当在《论语》成书之时。班固是最早持此观点者。也有不同于班固之说者。王充在《论衡·正说》中说："初，孔子孙孔安国以教鲁人扶卿，官至荆州刺史，始曰《论语》。"他认为《论语》书名是汉武帝时才由孔安国、扶卿给确定的。此说被后人否定了。原来认为成书于秦汉之际的《坊记》明确提到了《论语》，"子云：君子弛其亲之过而敬其美。《论语》曰：'三年无改于父之道，可谓孝矣'"。战国时期的《孟子》《荀子》多有孔子的引文，但都没有提名"论语"。据此，有学者认为，《论语》书名是由后儒确定的，最早在秦汉之间才被称呼使用。随着近些年大量战国竹简的出土，《论语》命名于秦汉之际的观点也被否定了。上文已经提到，学界的研究证明，《坊记》是战国时代的作品，这就说明《论语》的命名当在《论语》成书之时。

　　"论"和"语"的含义是什么？对这一问题，至今学界也是各抒己见。自汉代以来主要有下列说法：

　　（1）班固《汉书·艺文志》："《论语》者，孔子应答弟子、时人及弟子相与言而接闻于夫子之语也。当时弟子各有所记,夫子既卒,门人相与辑而论纂,故谓之《论语》。"十分明显,班固理解"语",是言语、话语;"论"是"论纂",是"门人"对"夫子之语"的"论纂",所以称作《论语》。

（2）刘熙《释名·释典艺》:"《论语》,记孔子与弟子所语之言也。论,伦也,有伦理也。语,叙也,叙己所欲说也。"按照这种说法,"论"通"伦",作"有条理、有秩序"讲,那么《论语》书名的含义就是"有条理有秩序地叙说自己的话"。这一说法,被杨伯峻先生否定了:"难道除孔子和他的弟子以外,别人的说话都不是'有条理的叙述'吗?如果不是这样,那'论语'这样命名有什么意义呢?"(杨伯峻《论语译注·导言》)所以,把"论"解为"有条理有秩序"明显不妥。

（3）北宋邢昺《论语注疏》:"论者,伦也,纶也,轮也,理也,次也,撰也。以此书可以经纶世务,故曰纶也;圆转无穷,故曰轮也;蕴含万理,故曰理也;篇章有序,故曰次也;群贤集定,故曰撰也。"邢氏释"论",以刘熙说为主,又引申出"纶""轮""理""次""撰"等说法。

后人多用班固的观点,即"论语"的"论"是"论纂"的意思,"语"是"语言"的意思。"论语"就是把"接闻于夫子之语""论纂"起来的意思。

二、《论语》的版本

（一）《论语》版本的整合

《论语》最终定稿后,经由孔子弟子及再传弟子传抄后,成为四散诸侯的弟子及再传弟子在各地授徒讲学内容的一部分。根据先秦的传世文献和近些年新出土的战国竹简中引用的《论语》的内容,我们可以断定在先秦时期《论语》就得以广布和流传。

在秦代焚书坑儒和秦末战乱的影响下,《论语》传承一度受到冲击;至汉惠帝废除挟书令后,《论语》的传承才得以复兴。

因孔门后学在传授中对《论语》的取舍不同,会有所增删,势必在各地形成不同版本的《论语》。在汉初就出现了三个版本,皇侃《论语义疏叙》引刘向《别录》:"鲁人所学,谓之《鲁论》;齐人所学,谓之《齐论》;孔壁所得,谓之《古论》。"

根据齐地儒师解说的齐版《论语》和鲁地儒师解说的鲁版《论语》的不同,名为《齐论语》和《鲁论语》。传播《齐论语》的,有王吉、庸生等人;传播《鲁论语》的,有龚奋、夏侯胜、韦贤、扶卿等人。何晏《论语集解》记载:"《鲁论语》二十篇,《齐论语》别有《问王》《知道》,凡二十二篇,其二十篇中章句,颇多于《鲁论》。"这一记载表明,《齐论语》不但多《问王》《知道》两篇,而且其他二十篇中的章句,也不完全同于《鲁论语》,而是多了很多。这种不同，自然是孔门后学在授徒讲学中增删而成的。西汉时《鲁论语》被立为官学。

汉景帝时，鲁恭王刘馀被分封到曲阜，因其喜好治宫室，在扩建王宫拆除孔子故宅时，从墙的夹壁中发现了《尚书》《礼》《论语》《孝经》等书，据传这些书是孔子后代孔鲋为躲避秦火和秦末战乱而藏在墙壁中的。因这批书都是用战国时期的文字写成的，因此被称为"古文经"，其中的《论语》称《古论语》。"《古论》出孔氏壁中，分《尧曰》下章子张问以为一篇，有两《子张》，凡二十一篇，篇次不与齐、鲁论同。"（《论语集解》）·《古论语》与《齐论语》《鲁论语》最大的不同，是"篇次不同"，不仅章节不一样，而且所编排的篇的顺序也不同。《古论语》与《鲁论语》虽然分别为21篇和20篇，但只是分合的不同，没有本质差别。《古论语》是孔壁所藏，没有在后人中传承，因此最接近《论语》的原貌。因其字为战国文字，当时难以传授，仅孔安国为之训解，后失传。

西汉末年，有一个叫张禹（？—前5年，今河南济源东人）的人，年少时拜师夏侯建，习《鲁论语》，后又师从庸生，习《齐论语》，后来张禹受朝廷重用，被封为安昌侯，成为汉成帝的师傅，他沿袭《鲁论语》篇目，把《鲁论语》《齐论语》两个本子融合为一，称《张侯论》。因张禹地位尊贵，诸儒谓："欲为《论》，念张文。"（《汉书·张禹传》）于是学习《论语》者，多采用《张侯论》，其他各家《论语》，渐渐衰落，《齐论语》《古论语》则失传，仅有后世学者辑佚文献传世。东汉灵帝时，所刻的《熹平石经》就采用《张侯论》，后世的《论语》皆沿用此本。

东汉末，著名经学家郑玄以《张侯论》为依据，参照《齐论语》《古论语》，作了《论语注》。至此，汉代流传的《论语》三种版本合而为一，并一直沿传至今。由此可知，我们现在看到的《论语》还是基本保存了由曾子弟子编订的《论语》原貌，还能真实反映孔子的精神。

（二）《论语》的注本

自汉代起儒学被立为官学，加之《论语》在儒学史上的重要地位，因此，历代不乏研习《论语》者，关于《论语》的集解、集注、正义、别裁、疏证等著作不胜枚举。自汉至南北朝的近800年时间里，注解《论语》者很多，可以考知的总计60余家，但到后来纂修《唐书·艺文志》时，只存18家；到纂修《宋史·艺文志》时，只有何晏的《论语集解》和皇侃的《论语义疏》可见，其余皆亡佚。其他的注本有北宋邢昺《论语注疏》、南宋朱熹《论语集注》、清刘宝楠《论语正义》。

何晏（？—249），字平叔，南阳宛（今河南南阳）人，三国时期魏国玄学代表人物，主持编撰《论语集解》十卷。

《论语集解》吸收了汉魏时期《论语》注释的优秀成果，是汉代以来《论语》研究的集大成之作，加之编纂者何晏等人在当时政坛和学界的实力和影响力，又多有对《论语》的新见解，因此影响深远，在我国的训诂史上，尤其是《论语》的训释史上占有非常重要的地位。《论语集解》一出，不仅为《论语》的训释和发展开辟了新的途径，而且给西汉以来经学的僵化保守造成极大的冲击，从而开创了一派清新、自由、融和的学术风气。《论语集解》为现传最早的《论语》完整注本，是研究《论语》的必读参考书。《论语集解》分序言和正文两大部分。序言部分主要介绍了《论语》的流传情况，包括汉代出现的《论语》版本，《齐论语》《鲁论语》《古论语》及《张侯论》的情况；序言最后还说，集诸家对《论语》的语言和思想内容的解释，断以己意，以助读者理解，故命名为《论语集解》。正文部分按《论语》本身的篇章结构对《论语》进行注解。何晏等人集西汉以来诸家《论语》校本及孔安国、包咸、马融、郑玄、陈群、王肃、周生烈等名家训解，考其得失，博采众长，并加以新义，即依《老子》《周易》阐发经义，旨在以"老"化"孔"，这也是《论语集解》的最大特点。

皇侃（488—545），其字不详，江苏吴郡（郡治在今江苏苏州）人，南朝梁儒者，尤明《三礼》和《孝经》《论语》。撰《论语义疏》十卷。

《论语义疏》成书于南朝梁武帝时期，后于南宋中期亡佚，直至清乾隆时期重新由日本传回。《论语义疏》在《论语集解》的基础上作疏，也是南北朝时期完整流传至今的唯一一部义疏之作，对于研究义疏体著作也有重要意义。《论语义疏叙》中对《论语》的撰集者、成书原因、"论语"二字的含义及"论"前"语"后的原因、《论语》的不同版本等问题进行了详尽的论述，既对前人的研究成果进行了系统的总结，又提出了自己与众不同的观点，发前人所未发。

邢昺（932—1010），北宋经学家，字叔明。曹州济阴（今山东曹县西北）人。擢九经及第，官礼部尚书，撰《论语注疏》二十卷。

《论语注疏》，又称《论语正义》《论语注疏解经》，其单疏本现已不传，只有注疏合刻本传世，以阮元南昌府学本为最佳，并附有校勘记，《十三经注疏》所收即为此本。《论语注疏》删除了皇疏以道家思想解《论语》的文字，返归儒学本来的义理。

朱熹（1130—1200），字元晦，又字仲晦，号晦庵，晚称晦翁，谥文，世称朱文公，祖籍徽州府婺源县（今江西婺源），出生于南剑州尤溪（今属福建尤溪）；宋朝著名的理学家、儒学集大成者，世尊称为朱子，他所编撰的《四书章句集注》成为后世钦定的教科书和科举考试的标准。

《论语集注》与义疏体《论语》注的不同在于摆脱了经、注、疏三层结构，直接注释经文，避免了义疏体的繁琐。《论语集注》广泛引用汉魏古注，主要是对经文本身以及所引注释进行补充说明，据统计，征引注释共有三十五家，引用的古注主要集中在字词训诂、名物制度以及章句大义等方面。无论是古注还是宋注，所有的引注都经过了朱熹的反复揣摩、精心编排，因此这些注释文本脱离了原注释者的著述，转而为朱熹解释《论语》服务。这些引注与朱熹自注、按语一起解释《论语》本文，同时又与《论语》本文一起构成一个有机整体。从"集注"这一注释体例上看，朱熹把《论语集注》定位为经注，是服务于《论语》本文的注释之作，而从朱熹所引三十五家注释的学派、内容以及编排次序来看，《论语集注》自觉地融合了传统经学和宋代理学的长处，丰富和加深了《论语》本意，因而能够超越所引三十五家注，成为后世注释《论语》的超越时代的经典。[①]

刘宝楠（1791—1855），字楚桢，号念楼，江苏扬州宝应人，以专治汉儒经学见长，以学行闻乡里，撰有《论语正义》等典籍。

《论语正义》在前人《论语》注、疏的基础上，指正谬误，兼采善说，考证精核，对其他诸家的佳注，也时有甄采；对清人的注解考证，更是博取众长，详加引录，据粗略统计，《论语正义》所征引的典籍达三百七十余种，数量之多，是此前的各种《论语》注本都无法匹敌的。《论语正义》不仅吸收前人的研究成果，而且能在注释中注重文字训诂、史实考订、阐发经义，尤其对典章制度、风俗礼节、历史故事及人名、地名的注释考证，更为详备，对不能定论的异说，多兼收并蓄，学有自得，重视义理阐发，成为清代《论语》学的代表作，是清朝《论语》训解的集大成者。

近代以来，有程树德编纂《论语集释》四十卷，是又一部《论语》研究的集大成之作；杨树达编纂《论语疏证》二十卷，该书强调以《论语》证《论语》，很具有方法论的意义；杨伯峻著《论语译注》，注释简明，全篇今译，书后附《论语词典》，对《论语》的研究和普及有开创之功；钱穆著《论语新解》，汇集前人注疏、集解，力求融会贯通。

三、《论语》在国外的传播

在《论语》成书后的两千多年的历史中，《论语》不仅成为中国人读书识字、提高学问修养的基本读本而广布华夏，而且越出国界走向世界，被翻译成不同的文字，传播到世界各地，对人类文明的发展产生了重大影响。

（一）《论语》在朝鲜的传播

中国大陆与朝鲜半岛紧密相连，并且从战国末期就有大量的中国人为避

[①] 周元侠：《〈论语集注〉的"集注"体例及其意义》，《中国哲学史》2013年第1期。

战乱而迁往朝鲜半岛；汉武帝时期还在朝鲜半岛北部设置行政管辖机构。由此，可以推断朝鲜应是《论语》在国外传播最早的地区。20世纪90年代，朝鲜平壤出土的约公元前45年的竹简（部分竹简记有《论语》的内容）印证了这一推断。2003年在韩国南部的金海市凤凰洞和2005年在韩国西部仁川市桂阳山发现的《论语·公冶长》木简，说明了《论语》从朝鲜半岛由北向南传播的过程。在《论语》传入朝鲜半岛的千年历史中，朝鲜的历朝历代都以《论语》中的伦理价值观念来教化民众、规范社会秩序。

朝鲜半岛的高句丽王朝是最早接受儒家思想的政权，设有五经博士制度。百济立国后也设有五经博士制度。在百济时代，《论语》的研习不局限于首都汉城，还传播到了周边地区。新罗也用儒家理论来治国安邦，借鉴《论语》中的伦理价值理念，制定了"世俗五戒"，即事君以忠、事亲以孝、交友以信、临战无退、杀生有择。新罗统一朝鲜半岛后，和唐朝的往来更加频繁，儒学在新罗的地位得到进一步的加强。新罗开始设国学，将《论语》和《孝经》指定为必修课程。这一时期，"《论语》就正式走进了朝鲜的文学作品中，其词章、义理成为文人表情达意的依据和基础，被使用的频率更多、发挥的空间更大了，《论语》的传播也随之更为广泛"[①]。

高丽王朝建立后，推动了儒学由汉唐儒学向朱子儒学的转变。忠宣王时，国学改称成均馆。高丽末年，被称为东方理学之祖的郑梦周（1337—1392）兼任成均馆学官，开始在明伦堂讲授理学，并为朱熹的《四书集注》作训解。朝鲜李氏王朝建立后，大力尊孔崇儒，宣布朱子理学为国学，历代国王都致力于儒家经典的普及与推广，《论语》是学者的必读书，科举考试的必修科目；儒学成为意识形态的指导思想。在这样的背景下，《论语》的注释得到了广泛的发展。

王阳明的心学传到朝鲜后，被郑齐斗（霞谷，1649—1736）所传承。郑齐斗成为朝鲜的阳明学集大成者，后来成立了江华岛学派，开创了朝鲜阳明学的思想体系。郑齐斗在王阳明心学思想的影响下重新解读《论语》，撰成《论语解》一书。

19世纪中叶以后，在西方文化的冲击下，儒学在朝鲜半岛也受到冲击，直到"二战"后，儒学在韩国才重新受到重视，为韩国经济的发展和科技的起飞提供了强大的精神动力。因此，韩国至今仍把儒家伦理价值观念作为其重要的生存和发展准则。现在韩国流行的主要《论语》译著有金敬琢的《论语·大学》（1956年），桂明源（音译）译注的版本（1983年）、金京拓（音译）译的版本（1984年）、金锡源译的版本（1976年）等。

---

① 王国彪：《〈论语〉在朝鲜半岛的早期传播》，《光明日报》2011年8月15日第15版。

(二)《论语》在日本的传播

对于《论语》传入日本的时间,学界尚无定论,主要有三种观点:一是在应神天皇十六年(285)的时候,由百济的博士王仁传入日本。二是百济的照古王派遣王仁来日本献《论语》十卷、《千字文》一卷,但其具体年代不清楚。三是秦始皇见赠。此三观点中多认可第一种观点。7世纪以后,因日本派遣使者到中国留学,《论语》开始直接传入日本。

《论语》传到日本后,成为教化王公贵族的主要内容。《论语》中的伦理价值理念对王室产生了重大影响。据《国史纂论》卷一记载,日本应神天皇的两个儿子受《论语·泰伯》中"泰伯,其可谓至德也已矣。三以天下让,民无得而称焉"的影响,相互谦让帝位,最后太子菟道稚郎便仿效泰伯,杀身以让位。《论语》对7世纪的圣德太子也产生了重大影响,圣德太子在施政过程中,引用《论语》原文来制定典章制度。圣德太子还要求教化贵族子弟的学堂挂孔子画像于正堂,尊孔子为"先圣",以《论语》为必修书。文武天皇大宝二年(702)规定《论语》与《孝经》是各级学生的必修课。平安时期,日本的家学兴起后都把《论语》作为主要的教科书。

幕府统治建立后,日本积极推广儒家价值理念,提高儒学的地位。德川家康时期,朱子学成为官学,《论语》等儒家典籍被大量刊行。《论语》受到极大欢迎,被称为"最上至极宇宙第一书"。

明治维新后,日本在向西方学习的同时,明确规定道德以孔子为先。日本在把《论语》作为道德教化的经典依据时,并将其应用于经商之道。涩泽荣一在这方面的贡献最大。涩泽荣一(1840—1931),被誉为"日本近代实业界之父",一生创办了500多家企业,业务遍及金融、铁道、海运、矿山、纺织、钢铁、造船、机电、保险、建筑等众多领域。涩泽荣一把其成功归功于《论语》,写成《论语和算盘》一书。涩泽荣一认为道德和经济如鸟之两翼,缺一不可,《论语》是道德,算盘是经济,二者应该一致、不可偏废。晚年的涩泽荣一致力于搜集、整理和研究《论语》,他结合自己一生的体验讲解论语算盘学说,并于1923年整理出版了《论语讲义》一书,该书被认为是一部难得的儒家资本主义经济论著。涩泽荣一的论语算盘学说,在"二战"后更是被发扬光大,被日本工商界奉为实业指南。

"二战"结束后,在日本学界出现了一大批研究《论语》的学者,出版的《论语》类著作主要有:宇野哲人《论语新释》(1950年)、诸桥辙次《论语讲义》(1955年)、竹内正夫《四书五经——中国思想的形成与发展》(1965年)、竹冈八雄《论语译注》(1970年)、《论语三十讲》(1974年)、宫崎市定《论语的新研究》(1974年)、木村英一《孔子与论语》(1974年)、平冈武夫《论语》(1980年)、吉田贤抗《论语》(1984年)、松川健二《论语思想史》

（1994年）等。时至今日，在日本民间、商界，对《论语》解读、阐释的书籍仍受欢迎。

（三）《论语》在西方的传播

《论语》在西方的传播，是由明清之际来华传教士们实现的。这些传教士翻译《论语》等儒家典籍的目的并不是传播儒家文化，而是为了了解中国文化，便于找到向中国传教的突破口。首先对《论语》进行翻译的是意大利传教士罗明坚（1543—1607）和利玛窦（1552—1610）。

儒学在欧洲获得广泛注意，得益于1687年出版的由柏应理等17位传教士用拉丁文翻译和编辑的《中国哲学家孔子》（Confucius Sinarum Philosophus）。该书出版不久就有其他语种的转译本，如法语转译本《中国哲学家孔子的道德箴言》（1688年）、英语转译本《孔子的道德》（1691年）。这些译本的刊行，推动了孔子儒学在欧洲的传播。

《论语》首次直接从汉语翻译为英语是由英国传教士马士曼（1768—1837）完成的，书名为《孔子文集》（The Works of Confucius），1809年出版于塞兰坡。西方《论语》的译介与研究到19世纪下半叶和20世纪上半叶进入发展与成熟期。其中的杰出代表是英国的理雅各、法国的顾赛芬（1835—1919）和德国的卫礼贤（1873—1930）。

17世纪初，欧洲人在北美大陆开辟殖民地，孔子及其学说也随之传播至北美。爱默生（1803—1882）盛赞孔子是"世界的荣耀"和"哲学中的华盛顿"，并认为孔子可与耶稣、苏格拉底媲美。梭罗（1817—1862）同样非常推崇孔子，他将孔子所说的"知之为知之，不知为不知，是知也"（《论语·为政》）与现实经历的精练总结（pithy crystallization）相提并论。中外学者均发现，梭罗名著《瓦尔登湖》中多处征引包括《论语》在内的儒家典籍。

20世纪后半叶"迎来了西方《论语》译介与研究的兴盛与拓展期"，"尤其是中国改革开放之后，越来越多的读者和学者注意到中国，也更为关心中国文化，因此英美国家以及全球范围内都有一股认识、深入解读代表中国文化精髓的中国典籍的热潮，孔子的《论语》更是不断被翻译出来"[①]。

《论语》在西方的传播和研究，对西方的思想文化也产生了重大影响。孔子及其《论语》中揭示的社会理性与人伦道德生活法则，是欧洲启蒙运动时期知识分子的追求目标。孔子在《论语》中提出的一系列政治法则和解决社会问题的思路，成为欧洲思想界竞相学习、研读的范本。

1945年，联合国制定的《世界人权宣言》中提到的"人各赋有理性、良知，诚应和睦相处，情同手足"，体现了《论语》中"四海之内，皆兄弟

---

① 李伟荣、梁慧娜、吴素馨：《〈论语〉在西方的前世今生》，《燕山大学学报》2015年第2期。

也""仁者爱人"的价值内涵。1974年,美国成立了由各国政要参与的孔子文教基金会,开始推动世界尊孔运动,在世界范围内推广孔子思想,希望从孔子的智慧中找到解决当代人类生存发展困境的答案。

四、《论语》的读法

在1905年废除科举制度之后,尤其是1912年废除学校读经之后,《论语》等儒家经典逐渐从学校教育的主导地位退出,甚至在20世纪下半叶的长时间内,我们的中小学课本中关于《论语》的内容寥寥无几。中国的学生脱离了与经典的接触,失去了经典的滋润。随着中华民族伟大复兴时代的到来,传统文化也逐渐得到了客观的认知,对《论语》等经典的学习渐渐受到重视。现代大儒钱穆曾强调:"我认为:今天的中国读书人,应负两大责任。一是自己读《论语》,一是劝人读《论语》。"确实,作为一个有文化自觉与文化自信意识的中国人,理应常读《论语》。

但是,如何读《论语》依然是一个没有很好解决的问题。我们在这里提出几点建议。

(一)用温情与敬意对待《论语》

其实,不管是哪个民族,对自己的民族文化经典都应该是视为神圣的,保持一种温情与敬意。但是,在近代以来"反传统的传统"影响下,很多国人失去了这一份对经典的温情与敬意,往往将经典视为糟粕,并以批判性的心态来对待《论语》,这样的读法是无法进入《论语》的经典世界的。

钱穆曾告诫说,不论任何时代,都不应当对历史文化采取一种"偏激的虚无主义"的态度,既不可妄自菲薄,更不能以为自己"站在已往历史最高之顶点",不能"将我们自身种种罪恶与弱点,一切诿卸于古人",应当对自己的历史与文化抱有一种"温情与敬意",应当尊重自己的历史文化。

我们可以举一个实例来说明读书心态的重要性。在现代新儒家第二代中有一位徐复观先生。他是一位半路出家的学者,在近五十岁的时候才开始著书立说,开启学术之路,但其一生撰写了数百万字的著述,其中《两汉思想史》《中国艺术精神》《中国人性论史·先秦篇》都已成为20世纪学术史上的经典之作。但是,徐复观的这些成就的取得,与一件他称之为"起死回生的一骂"的事件密不可分。他在《我的读书生活》中提到了这件事情。

1944年,徐复观第一次在重庆北碚金刚碑拜谒了熊十力。熊十力指示他读王船山的《读通鉴论》,数日后徐复观再去汇报读书心得,接二连三地说出许多不同意的地方。熊先生居然未听完便怒声斥骂说:"你这个东西,怎么会读得进书!任何书的内容,都是有好的地方,也有坏的地方。你为什么不先看出它的好的地方,却专门去挑坏的;这样读书,就是读了百部千部,你会受到书的什么益处？读书是要先看出它的好处，再批评它的坏处，这才像吃东西一样，经过消化而摄取了营养。"徐复观称"这对于我是起死回生的一骂"。因此他说："我决心叩学问之门的勇气，是启发自熊十力先生。对中国文化，从二十年的厌弃心理中转变过来，因而多有一点认识，也是得自熊先生的启示。"

其实，读书尤其是读经典必须有这样一种虚心的态度。有学者甚至提出，"几乎可以说，没有不可接受的经典内容，只有我们尚未理解认受的经典内容"，"凡是经典与我不一致处，都应该反身来找而且一定能找到我的肤浅、浮泛、扭曲、偏离的地方，都应当根据经典来进行一种自我'批评'"[①]。这样的话，可能很难为现代人所接受，但是大家还是应该三复斯言，本着"君子求诸己"（《论语·卫灵公》）的态度来反思自我。

（二）用生命体贴《论语》

今天很多人仅仅把《论语》当作"古文"来学习，或者当作"国学知识"来作储备，其实是远远不够的。经典蕴藏着巨大的智慧宝藏。经典实际上塑造了一个民族。今天，经典与我们之间是什么关系？我们与经典不应该是一种外在的关系，不应该停留在知识的层面，必须让经典的智慧点燃我们的智慧，让经典的生命点燃我们的生命，这就需要我们与经典和古圣先贤展开对话。当然，这种对话，应该是我们虚心的请教，而不是妄自尊大的批判和质问。

其实，《论语》这样的经典，不属于任何一门单独的学科，但是它应该成为所有学科培养学生的基石。对中国人而言，读《论语》的作用实际上就是染好生命的底色，而不仅仅把《论语》当作知识来装点门面。从古至今，有很多的《论语》学家，都把《论语》的解读当作了生命的学问，是与自己的修身养性不分离的。

所以，我们还是应该向古人学习，明了读《论语》必须与自己的生命联结起来，用生命去体贴《论语》。宋儒讲，"学能以变化气质为功"。读经典，读《论语》等儒家经典，尤其如此。朱熹在《论语集注·论语序说》中引北宋大儒程颐的话说：

> 今人不会读书。如读《论语》，未读时是此等人，读了后又只是此等人，便是不曾读。
>
> 读《论语》，有读了全然无事者，有读了后直有不知手之舞之、足之蹈之者。
>
> 颐自十七八读《论语》，当时已晓文义，读之愈久，但觉意味深长。

会读的人，读了《论语》能够感觉到生命的充沛和智慧的力量，有一种

[①] 丁纪：《论语读诠·序》，巴蜀书社2005年版，第5页。

欢欣鼓舞之情，而不会读的人，读了《论语》毫无感觉，生命境界未曾发生丁点的变化。这与未曾读是一样的，甚至不如不读。因为，这样的读书经验如果传播开来，后患无穷。

（三）知行合一地"学—习"《论语》

钱穆说："一部《论语》，重要教人并不在知识或理论上。"既然《论语》所讲的不仅仅是一种知识，而是生命的智慧，是充实自我的"加油站"，那么，我们就必须摆脱"主客二分"的态度，避免像研究自然界的动物、植物一样去面对《论语》，而应该将生命向《论语》敞开。在了解了《论语》的生命智慧之后，必须落实于生命的实践之中。气质的变化，一定会影响到行为。否则，实在是不会学、不善学。《论语·学而》中有这样一段话："子夏曰：贤贤易色；事父母，能竭其力；事君，能致其身；与朋友交，言而有信。虽曰未学，吾必谓之学矣。"即使不通过读书，能够做到德行出众，那也是一种善学。

儒家一向强调"知行合一"，强调"学而时习之"，那么，当我们了解了《论语》的精义之后，就应该将之内化于心，外化于行，通过生命的践履，不断体悟人生之道，提升自我的德性与生命境界。比如，在了解了《论语》中的孝、仁、义、礼、智、信、和等德目之后，务须有一种认知、认可与认同，认同之后付之于行动和践履。这样，《论语》才能使我们受用，我们才能真正享受《论语》带来的生命的愉悦。

（四）读《论语》，需要加强古文学习、借助古今人解读

有专家说，读《论语》要从读白文经典开始。这在古代可能是行之有效的，但是在今天有点不切实际。这个现实情况是什么？那就是我们如今的年轻人普遍没有国学的底子，很多经典如果直接读白文，而没有注疏作为疏引，根本没法真正读懂、领会！那种经历是很痛苦的。所以，建议初学者读经典从现代人的译注本开始。比如，可以选择钱穆的《论语新解》。当然还有其他的，比如杨伯峻的《论语译注》、孙钦善的《论语本解》、黄克剑的《论语疏解》、杨朝明的《论语诠解》、刘强的《论语新识》等。学力稍强一点的，不能满足于读现代译注本，而需要读古人注疏。那就要读何晏的《论语集解》、皇侃的《论语义疏》、邢昺的《论语注疏》、朱熹的《论语集注》和刘宝楠的《论语正义》，尤其是朱熹的《论语集注》是必读的。另外，民国时期程树德的《论语集释》，今人黄怀信的《论语汇校集释》，择采众家之长，汇聚众说，可以作深入研读的工具书。一个人在读经典的时候，如果有一种非要标新立异的心态，那会非常糟糕。所以，用心体贴、玩味、涵泳古人的注疏，把握古人的解释的含义的层次性，才是真正走近经典的康庄大道。否则就容易进死胡同，钻牛角尖。

推荐书目：

1. 黄怀信：《论语汇校集释》，上海古籍出版社2008年版。
2. 杨朝明：《论语诠解》，山东友谊出版社2009年版。
3. 唐明贵、刘伟：《论语研探》，中国社会科学出版社2014年版。
4. 刘强：《论语新识》，岳麓书社2016年版。

思考题：

1. 《论语》的成书对我们认识传统经典有何启示？
2. 《论语》的注本主要有哪些？
3. 《论语》的国外传播有何意义？

第五讲 《论语》中的"孝"

自古以来，中华民族就有着孝亲敬老的优良传统。从古代中国到现代社会，常把"孝"视为道德的根本、教化的源泉，作为修身、齐家、治国、平天下的基石。千百年来，孝道深深融进了中国人的日常生活，牢牢扎根在中国人心中，成为中华民族赖以生存和发展的精神力量。

孝在中国文化、伦理道德上有着特殊的作用和地位。古人云："百善孝为先。"一个"孝"字，凸显了中国文化最为突出的特色。谢幼伟在《孝与中国文化》中指出："谈中国文化而忽视孝，即非于中国文化真有所知。中国文化在某一意义上可谓为孝的文化。孝在中国文化上作用至大，地位至高。"[①]梁漱溟也强调"孝"是中国文化的"根荄所在"[②]。对中国人而言，孝是忠信廉耻等德性发展的必要条件。孝为一切品德之基石，不孝即无道德之可言。

孝文化的原点在家庭，中国人所讲的"家"，既包括家庭，也包括家族。尤其是在中华传统"家国一体"的社会模式下，孝不仅仅属于维系家庭和谐的伦理道德，也由家庭伦理延展至调节家庭之外人伦关系的社会伦理。在家尽孝，为国尽忠，凝聚着中国人对生命价值的深刻体认和理想追求。

一、孝的起源与内涵

中国文化特别强调"人伦"，把人与人之间的关系分为父子、夫妇、兄弟、君臣、朋友五种，称之为"五伦"。五伦之中，"父子"一伦无疑居于最为核心的地位，其他一切社会关系都由此衍生。每一个人的生命都来自父母，需要父母的养育和照顾，要报答父母的养育之恩，就该尽孝道。因此，中国人认为，孝敬父母，天经地义。这是每一个子女对父母义不容辞的责任和义务。

中华孝道，奠基于春秋时代的孔子。但是，孝观念的产生乃至孝意识的萌芽，则要远溯于上古时代。

（一）孝的起源

"孝"作为中华民族最古老的道德观念之一，植根于人类社会的生产和生活实践，它的产生有着深刻的社会根源，是人类文明发展到一定阶段的产物。

1. 孝源于血缘亲情

以爱亲敬老为内涵的孝观念，敬老、尊老的风尚，是随着人类文明的演

---

① 谢幼伟:《孝与中国文化》,《思想与时代》1942 年第 14 期。
② 梁漱溟:《中国文化要义》,上海人民出版社 2011 年版,第 278 页。

进和农耕生产的发展,开始兴起的。这是人类文明的一大进步。

距今五六千年以前,社会生产力进一步发展,黄河流域、长江流域的大多数氏族部落先后进入父系氏族社会,农业生产开始成为生产的主要部门和经济生活的主要来源,男子成为社会生产的主要承担者和社会的主宰。以男子为中心的家庭出现,父子血缘关系开始确立。

与此相应,家庭中出现父(母)子(女)间的"权利—义务"关系:父母率先承担了抚育子女成长的义务,自然有要求子女奉养的权利;子女享受了父母养育庇护的权利,自然要承担奉养父母的义务。在这种"权利—义务"的交织之中,血缘亲情的意识得以萌发,并逐步成为维系家庭的情感基础。

人是自然属性和社会属性的统一体。人和其他动物一样,具有延续种族的本能,但人比动物"高级"的地方在于,人类在族群繁衍的历程中,尤其到了父系氏族社会,已经形成了稳定而长久的血亲关系,进而建立了稳定的血缘亲情。伴随"父子关系"的确立这一人类由原始迈向文明时代的关键一步,以个体家庭为基础,基于血缘亲情的"孝"观念得以"破土而出"。

在中国古史传说时代的尧舜时期,已有"亲九族"的观念,九族贯穿了上至高、曾、祖、父,下至子、孙、曾、玄等九代人。郭店楚简《唐虞之道》云:"尧舜之行,爱亲尊贤。爱亲故孝,尊贤故禅。孝之施,爱天下之民。"① 大舜不仅是中国古代著名的圣王,而且还是孝感动天的孝子。相传,尧帝在考察大舜德行的时候,"闻舜孝,知其能养天下之老也"(《唐虞之道》)。而舜帝在治理天下的时候,也特别注重"父义、母慈、兄友、弟恭、子孝"五种教育,致力于向普天之下宣扬孝亲美德。孟子说:"尧舜之道,孝弟而已矣。"(《孟子·告子上》)可见,在虞夏之时,养老敬老之礼已通行于全社会,孝的观念被社会认可,得到推行。

2. 孝根于祖先崇拜

《周易》曰:"天地之大德曰生。"天地化生万物,男女合为夫妇,夫妇生育子女。人类自身的代代繁衍,使得"报本反始"意识逐渐萌发。对自我生命来源的崇拜与敬畏,构成了"孝"作为道德的信仰因素。

"无先祖,恶出?"(《荀子·礼论》)意识到这个问题,就是人们自觉地对生命来源进行追问。此时,"先祖者,类之本"(《荀子·礼论》)的观念便成了最合理的答案。我的生命源于父亲,父亲的生命源于祖父,祖父的生命源于曾祖……我的生命其实就源于祖先。尽管我们根本不认识他,甚至想象不出他的音容笑貌,但是无碍于我们对"祖先"的仰慕和敬重。

从字源上看,"孝"字出现甚早。在甲骨卜辞里,孝与老、考三字可以通

---

① 李零:《郭店楚简校读记》(增订本),北京大学出版社2002年版,第95页。

用，常用来表达"奉先思孝"的意思，体现对祖先的思念与敬重。金文中的"孝"字，字的上半部像一个须发飘飘的老人，下半部是个"子"字，整个字形就像年轻人搀扶伛偻老人之状，其中蕴含的尊祖敬老观念了然可见。

祖先崇拜，在殷商时代尤为盛行。殷人动辄设祭祀而致孝享，希望通过恭敬严肃的祭祀仪式来表达对祖先养育之恩的感谢，同时也祈望祖先的神灵能庇佑子孙、福荫后代。

国学大师钱穆曾经指出："儒家的孝道，有其历史上的依据，这根据，是在殷商时代即已盛行的崇拜祖先的宗教。"[①] 从甲骨卜辞中，我们可以看到殷商时代人们尊祖祭祖的活动记录。凡是祀神祭祖、出入征伐等国家大事，甚至立邑任官、婚姻嫁娶、田猎农作，事无巨细，都要祷告先祖，通过占卜探明神意，预测吉凶，以祈求祖先神灵的护佑。这些带有神秘化、神圣化的祖先崇拜行为，其目的无外乎祛灾、除祸、求福，表明殷商时期的孝观念仍带有浓厚的天命神学信仰色彩。

3. 宗法下的孝伦理

武王克殷，"小邦周"取代"大邑商"。中国历史上，一个礼乐文明的人文时代悄然降临。人文主义在周代的升腾，表现在制度和思想两个方面。制度上，建立了宗法制、分封制；思想上，提出了明德慎罚、敬德保民的观念。在明德、敬德思想指导下，"孝"成为占主导地位的伦理道德。

我们翻阅《诗经·大雅》，就会发现大量宣扬孝观念的诗篇。如《下武》："成王之孚，下土之式。永言孝思，孝思维则。"《既醉》："威仪孔时，君子有孝子。孝子不匮，永锡尔类。"这些诗句，字里行间无不充满着对祖先的依依深情，饱含着尊祖敬老的虔敬精神。

当孝与家庭、宗族联系在一起，其表现和实践已不仅限于父子之间，而是纵向可上溯至祖先，横向可推广于宗族。从血缘家庭的"亲亲"之情，上升扩展为全社会普遍尊崇的孝德，适用范围更为广泛。

倡导德教礼治的周代，特别注重对公卿大夫等贵族子弟进行孝德、孝行的教育，比如教以孝德，以知逆恶；教以孝行，以亲父母。据《礼记·文王世子》记载："文王之为世子，朝于王季，日三。"周文王做世子的时候，对他的父亲非常孝敬，每天都要前去看望三次。文王以善养老而名扬天下，当时人们无不盛赞文王之德，故而天下归心，贤士谋臣从之如流水。可以说，文王之盛德建立在孝的基础上。

后来，周武王侍奉文王的时候，坚持遵循文王的做法，丝毫不敢懈怠。

---

① 钱穆：《中国文化史导论》，载刘志琴编：《文化危机与展望——台港学者论中国文化》（下），中国青年出版社1989年版，第51页。

文王、武王以感人的孝德孝行，为教化民众做出了榜样，成为社会行孝的表率。

对于社会民众而言，孝德孝行也是教化的重要内容。《周礼》记载，地官大司徒的职责之一就是从德、行、艺三个方面教化民众。其中的"六行"即：孝、友、睦、姻、任、恤。孝被列为第一行。对那些"不孝不友"的子女，就要按照刑法严厉惩处。

祭享祖先是西周宗法制下孝的重要内涵。祭祖，即通过虔诚祭祀、奉献供物来缅怀祖先，颂扬祖先的功德。祖先崇拜对周人的影响是巨大的，较之殷代而言，周代的祭祀礼仪更为制度化、系统化，春夏秋冬四季的祭祀都有详尽的规范。对于祖先的祭祀，在金文中称之为"享考""享孝"或"用孝用享"。西周青铜器中，孝字出现的频率非常高，仅《三代吉金文存》《两周金文辞大系图录考释》中所见，讲孝的铭文就多达100余则。对祭祀祖先如此重视，其中的原因就在于周人把恪尽孝道视为强化宗法制度、维护继统稳定的手段。

崇奉祖先，就要存续血统，把祖先的血脉延续下去，保证祖先永不绝祀。生儿育女，延续祖先血脉，正是为了展现对祖先"生生之德"的崇敬。祭享祖先、孝养父母、传宗接代，把天地、祖宗、父母、己身、子孙贯通起来，使过去与未来成为一个生生不息的生命链条。

西周孝伦理虽带有祭祖追孝的目的，但与殷商神秘化的祖先崇拜明显不同的地方在于，它展现了神的退却和人性的张扬。在文、武、周公的大力倡导和身体力行的带动下，"孝"成为了全体社会成员必须遵行的道德规范。

（二）孝的内涵

历史发展到春秋时代，政治、经济、社会结构发生剧烈变化。随着宗法制的动摇，个体家庭由此获得独立，"善事父母"也最终成为孝德的核心内涵。尤其是随着儒家学派的出现，经过孔子及曾子等思想家系统全面的阐释，"孝德"上升至"孝道"的层面。

春秋时期，已出现了比较成熟的孝思想。如《左传·文公十八年》说："孝敬忠信为吉德，盗贼藏奸为凶德。"不仅提出了"孝敬"，丰富了孝的观念，而且将"孝敬"与"忠信"联系起来，作为吉德的重要内涵。《国语·晋语一》也称："事君以敬，事父以孝。"将"孝"确立为子对父的伦理要求。

大概从春秋末年开始，作为家庭伦理的一项要求，子女对父母的侍奉和敬养，成为孝德的主流内涵。《礼记·祭统》云："孝者，畜也。"畜，就是"养"。《说文解字》说："孝，善事父母者。从老省，从子，子承老也。"都在强调孝最主要的内涵在于侍奉和敬养父母，即通过养亲、敬亲来报答父母的养育之恩。以子承老的"孝"，形象地描述了子女与父母的亲密关系，强调了子女对父母义不容辞的责任和义务。这是个体小家庭时代的必然要求。

儒家学派创始人孔子最重一个"仁"字。《中庸》说："仁者，人也。亲亲为大。"仁就是做人的道理，也是人之所以为人的根本。而子女对父母发自内心的爱敬即孝德，是"仁"最首要的要求。所以，孔子十分重视"孝"的现实人伦道德意义，彰显"孝"作为家庭道德的伦理内涵，使"善事父母"的"孝"作为纯粹的伦理规范完全凸显出来。他进而认为"孝"可以施于政治，即所谓"孝治主义"，并最终将"孝"上升至"道"的层次，视之为"天之经也，地之义也，人之行也"（《孝经·三才章》），称其为"至德要道"。从此，孝道观念成为中国文化的突出特色，产生了极为深远的影响。

曾子继承了孔子的孝道思想。相传，《孝经》就是孔子向曾子传授孝道，由曾子及其弟子记录下来的。《孝经》开篇就提出："夫孝，德之本也，教之所由生也。"将孝看作道德的根本，教化的源泉。在此基础上，曾子更进一步，把"孝"发展成为一种抽象的、具有普遍意义的准则，提出孝就是"天之大义"，是仁、义、忠、信、礼等诸种美德的总和。从空间上看，"孝"能够充塞天地、达于四海；从时间上说，孝可为万世所共行。孝无所不包，超越了空间和时间，成为适用于社会一切领域的永恒法则。

当然，孝虽然可以被看作抽象的准则，但对于教化而言，它还需要一个朴实的界定。曾子对此作了一个简洁的概括："君子之孝也，忠爱以敬。"（《大戴礼记·曾子立孝》）"忠"指的是"中心之爱"，即发自内心的、毫不造作、毫无虚饰的爱。而与"忠"密切相关的孝，就是由心中的忠爱之情自然流露出来的行为。就如"身体发肤，受之父母，不敢毁伤"，这是孝的起始。"立身行道，扬名于后世，以显父母"，这是孝的终端。（参《孝经》）

战国中期，倡导仁政的孟子尤其强调事亲、尊亲："仁之实，事亲是也。"（《孟子·离娄上》）"孝子之至，莫大乎尊亲；尊亲之至，莫大乎以天下养。"（《孟子·万章上》）并凸显了孝的实践性，如主张"怀仁义以事其父"（《孟子·告子下》）、"君子不以天下俭其亲"（《孟子·公孙丑下》）、"颁白者不负戴于道路"（《孟子·梁惠王上》）等，无不在告诫人们，孝不是一种空洞的理论说教，而是生活之中的实际行动。而战国末期的荀子则着重指出在君臣、父子关系中，要贯彻道、义精神，他说："入孝出弟，人之小行也。上顺下笃，人之中行也。从道不从君，从义不从父，人之大行也。"（《荀子·子道》）由此可见，"孝"不仅具有调节家庭内部人际关系的作用，而且衍生出一些新的社会功能，和政治的结合也更加紧密。

但毋庸置疑的是，"善事父母"始终是儒家孝道的基本内涵。

二、《论语》中的"孝"思想

（一）孝为仁之本

"仁"是贯穿孔子儒家思想的核心。在孔子的心目中，一个人的品德修养达到"仁"的境界，就是世界上最高尚的人；人人自觉修身，克己复礼，便是"天下归仁"的大同世界。

什么是"仁"？孔子说："爱人。"（《论语·颜渊》）指出仁就是"己与人相亲爱"之意。从广义上说，仁是孝悌、忠信等众德的总称，涵括了人类全部的美德。从狭义上讲，仁即"爱人"，其核心意涵为"爱"。人与人之间，相亲相爱，团结合作，是做人的基本道理。比如，对父母师长谓之敬爱，朋友之间谓之友爱，夫妇之间谓之恩爱。孔子所讲的"爱人"，蕴含着"泛爱众"的博爱精神，正如韩愈《原道》所说："博爱之谓仁。"我们只有尽量扩充、发展自己的仁爱之心去关爱众人，才能真正领会人生的意义，达到道德的最高境界。

孔子论孝道，立足于以血缘为基础的亲情之爱，主张"立爱自亲始"（《礼记·祭义》）。也就是说，爱心的培植需要从家庭父母对子女、子女对父母的情意上培植起。子女对父母能孝，才会对其他人有亲情爱意。因而，孝悌被明确地规定为践行仁道的基础和始点：

其为人也孝弟，而好犯上者，鲜矣；不好犯上，而好作乱者，未之有也。君子务本，本立而道生。孝弟也者，其为仁之本与！（《论语·学而》）

孝不仅是仁在实践上的出发点，更是家庭生活最为推重的美德。《中庸》言天下之达道五：君臣、父子、夫妇、昆弟、朋友。五者之中，父子、昆弟尤为本根之所在。一个人如果能做到孝悌，其心必和顺柔逊，于君臣、夫妇、朋友之伦，处之必得其宜，无犯上作乱、逆理乱常之事。一言以蔽之，孝就是人之所以为人的根本。孟子云："人之所以异于禽兽者几希。"（《孟子·离娄下》）"几希"只是那极其微少的一点儿，但它却是人禽的分野，其区别就在于人有良知，能知仁义，能尽孝悌之道。《礼记·冠义》曰："孝弟忠顺之行立，而后可以为人。"故儒家主张"君子务本，本立而道生"（《论语·学而》）。一个有修养、负责任的君子，应当致力于从根本上做起。根本牢固建立后，才能够产生仁民爱物、修身治国之道。

钱穆曾说："中国人看重'父子'一伦，讲孝道，其主要用意在教人懂有'亲'。能亲自能仁，能仁自能爱。这里可以奠定人们做人的基础，养成他一种良好而高贵的心情，然后推而至于对家庭，对朋友师长，对社会国家，对于全人类，到达一个理想的'为人之道'。"①实际上，人伦的基本关系，不论是父子、夫妇、兄弟，还是君臣、朋友，能够和睦无怨，上下有序，皆与孝德相关。故孔子施教，"先之以《诗》《书》，导之以孝悌"（《孔子家语·弟子行》），使人人树立对父母的爱、敬意识，从"入则孝，出则悌"（《论语·学而》）这个基础做起，渐次外推，由己及人，由近及远，由亲及疏，施及同胞兄弟姐妹、亲戚族人、乡邻朋友，逐步接近乃至于达到爱人及物的仁的最高理想。

在中国传统社会，无论是天子、诸侯、卿大夫，还是布衣百姓，在孝德的要求上，具有高度的一致性。按照儒家的观念，"君子不出家而成教于国"（《大学》），能够出色践行家族美德的人，被认为也是能够出色践行家族外政治生活美德的人。《周易·家人》早就提出"教先从家始""正家而天下定"的主张。受此影响，中国人特别注重孝德的培养，注重"成人"教育，大力倡导"父慈、子孝、兄友、弟恭，本之本也"的观念②，以期扩充本性之善，修治众德，冀仁道之大成。

（二）孝的多维向度

中国孝道文化尤其强调"父慈子孝"，既注重父母对子女的抚养、关心和爱护责任，更凸显子女"善事父母"的敬养责任。父慈子孝，可以说是维系家庭亲睦关系的基石，也是家庭伦理最为重要的道德规范。而这种伦理规范，和孔子对孝的倡导与界定有至为密切的关系。梳理《论语》对孝的阐释，大致可以概括为如下几个方面。

1. 赡养

《论语·学而》记载了孔子这样一段话：

> 弟子，入则孝，出则悌，谨而信，泛爱众而亲仁。行有余力，则以学文。

"入则孝，出则悌"不仅是孔子对年轻人的教导，更代表了他对孝悌伦理的高度认同。那么，孔子为什么如此重视孝呢？

在我国最早的诗歌总集《诗经》当中，有一首感念父母的篇章，叫作《蓼莪》，其中写道："父兮生我，母兮鞠我。拊我畜我，长我育我。顾我复我，出入腹我。欲报之德，昊天罔极！"十月怀胎，三年乳食，终生关爱，父母对子女的爱发自肺腑，痛于肌骨，毫无功利之心，饱含无私奉献之情。古人云："滴水之恩，当涌泉相报。"我们的一生最大之恩来源于父母。作为子女，报答父母生养抚育的恩情，就不仅仅是天然的血缘情感，更是义不容辞的人生义务和道德责任。上至帝王将相，下至平民百姓，不分贫富贵贱，每一个人都应该

---

① 钱穆：《中国文化中的人和人伦》，载《中华文化十二讲》，九州出版社2011年版，第26~27页。
② 孙奇逢：《孝友堂家训》，《丛书集成初编》（第977册），中华书局1985年版，第3页。

如此。

孔子说：

> 出则事公卿，入则事父兄，丧事不敢不勉，不为酒困，何有于我哉？（《论语·子罕》）

在孔子看来，"入则事父兄"是一个人最起码的责任和义务。一个人如果连这一点都做不到，其他的也就不值一提了。

如何事亲？孔子的弟子子夏给出了一个十分简洁的答案：

> 事父母，能竭其力。（《论语·学而》）

一个"竭"字，饱含着对为人子女者无限的慰勉，无限的刻励！显然，从物质上对父母尽赡养之责，是子女回报父母养育之恩最低层面的要求，也是衡量一个人是否尽孝的最低标准。孔子的弟子子路能尽己之心，尽己之力，"百里负米"来孝养父母，就得到了孔子的高度赞誉，称赞他事奉父母真正做到了"生事尽力"。

常言道："人子事亲无穷富，当以奉养为先。"家无论贫富，身无论贵贱，只要能以发自内心的爱亲之情，切切实实地去做，不苟且，不敷衍，尽心竭力使父母过上安乐的生活，就是孝。因此，孟子明确指出好吃懒做、酗酒贪赌、爱财如命、不顾父母之养的行为即为不孝。

2. 礼敬

人不仅是一个物质存在，也是一个精神存在。美国心理学家马斯洛的需求层次理论指出，人不仅有衣食住行等生理方面的物质需求，还有情感、尊重等方面的精神需求。如果对双亲仅仅做到了物质供养，而缺乏精神情感上的关怀、尊重，在儒家看来，还称不上真正的"孝"。子游在向孔子请教孝道时，孔子强调指出：

> 今之孝者，是谓能养。至于犬马，皆能有养。不敬，何以别乎？（《论语·为政》）

所谓"敬"，指的是建立在自然亲情基础上的衷心敬爱之情。一个"敬"字，把人子养亲与养犬马的不同严格地区别开来。也告诉我们，对双亲的物质供养只是人伦之孝的初始要求，能不能做到精神方面的"敬养"，才是衡量孝德孝行的准绳。

孝敬是"孝"的更高层次。敬，是一个人道德修养的外化，这种敬意反映在爱亲、孝亲上面，具体的要求就是"居则致其敬"（《孝经》）。要做到这一点，离不开一个"礼"字。《礼记·曲礼上》开篇就严肃地说"毋不敬"。敬是礼最重要的内涵，也是孝最主要的精神。在强调"敬"这一点上，孝与礼贯通一体。事亲以礼，成为孝的基本行为要求。孔子格外注重"礼敬"之于孝道的意义，这在《论语·为政》"孟懿子问孝"章有极其明确的表达：

> 孟懿子问孝，子曰："无违。"樊迟御，子告之曰："孟孙问孝于我，我对曰：'无违。'"樊迟曰："何谓也？"子曰："生，事之以礼；死，葬之以礼，祭之以礼。"

孔子弟子孟懿子请教孝道的时候，孔子以"无违"作答。什么是"无违"？大概孟懿子也不甚了了。孔子恐其不明白，借机向弟子樊迟重申其意："生，事之以礼；死，葬之以礼，祭之以礼。"原来，"无违"就是不要违背礼制的意思。孟懿子是鲁国大夫孟僖子的儿子，也许他未能以礼事父母，有违逆之行，所以孔子教育他事父母应当以爱敬之心，遵礼而行。这当然不单单是对弟子提出的要求，而是所有人都必须遵守的基本道德规范。

事亲之礼在出行之时也有鲜明的体现。孔子说过一句非常著名的话：

> 父母在，不远游，游必有方。（《论语·里仁》）

很多人对这句话有误解，认为孔子的这一思想是禁锢人、束缚人的自由发展。这种误解，主要源于对"游必有方"的曲解。这里的"方"，和《礼记》所谓"所游必有常"的"常"是一个意思。"方"不是方向，也不是固定的去处的意思，而是指道理、合理的原因、理由。这句话的意思是说，父母在的时候，不要出远门游玩；如果一定要远行，也必须有必要的事由，比如，我们为了上学，为了戍边，为了工作，为了理想，等等。在向父母禀告之后而远行，是不在限制范围之内的。

对父母的礼敬，最难的莫过于容色和顺。子夏问孝，孔子慨叹道：

> 色难。有事，弟子服其劳；有酒食，先生馔，曾是以为孝乎？（《论语·为政》）

孔子认为，子女在父母面前时时、事事、处处都做到和颜悦色确实不容易，尤其是自己在外受了委屈，心里不高兴、不开心的时候，做到和颜悦色地对待父母就更难了。子夏性格比较直，对待父母缺少温润之色，所以孔子告诫他，不要以为父母有了事情，年轻人替他们去做；有了酒饭，让长辈首先享用，就是尽孝了。只有时时心存感恩，以诚敬的态度侍奉父母，和颜悦色地对待父母，使父母快乐无烦恼，方为可贵。

3. 谏诤

中国人谈到孝，常常提到两个词：孝敬、孝顺。对父母能不能做到"顺"，是判断一个人是否尽孝的最直观的方法。孟子曾说："不顺乎亲，不可以为子。"（《孟子·离娄上》）什么是孝顺？按照《礼记》的说法，孝顺体现为"先意承志"（《祭义》）。所谓"先意"，即应当顺适父母的心意。所谓"承志"，即"亲有未萌之意不得将也"，为子者须悉心体认。简而言之，孝顺要求子女态度上对父母和悦，事之以礼；行动上顺从父母的意志，谨遵父母的训诲和要求。现在有些人一谈到"孝顺"，马上就想到"父母之命""父叫子亡子不得不亡"的绝对顺从，这显然是片面的。

《孔子家语·六本》记载了曾子"耘瓜受杖"的故事，孔子告诉曾子一个道理，当父母有了过错的时候，如果子女一味地顺命而行，以致"陷父于不义"，那就是最大的不孝。

在以人伦关系为本位的文化视阈下，每个人都生活在层级化的社会关系网络中，承担着不同的社会角色和职分。父子、夫妇、兄弟、君臣、朋友各尽其伦，各尽其分，可谓孔子理想的人际关系状态，亦是家庭和睦、社会和谐、国家安定的前提和保障。《论语·颜渊》记载了孔子和齐景公的一段对话：

> 齐景公问政于孔子。孔子对曰："君君，臣臣，父父，子子。"公曰："善哉！信如君不君，臣不臣，父不父，子不子，虽有粟，吾得而食诸？"

孔子认为，不同的社会政治伦理关系，有不同的道德要求和规范。假如每个人都能以道德自律，各安其位，各行其职，就能实现国之大治。这里讨论的虽然是为政问题，但孔子所言"君君，臣臣，父父，子子"，不啻社会政治关系的普遍准则。他所强调的是，道德面前人人平等，无论君臣还是父子，都是双向对等的伦理关系，而不是臣、子对君、父的单向绝对服从。"耘瓜受杖"的故事，已经清楚地表明，孔子所说的孝，并没有绝对地强调父亲的权威。

人非圣贤，孰能无过？假如父母有了过错，子女应该怎么办呢？孔子主张要劝谏父母，促其改过。如何劝谏，才能有好的效果？孔子教导我们说：

> 事父母几谏，见志不从，又敬不违，劳而不怨。（《论语·里仁》）

"几"有隐微之意，引申为委婉。"几谏"就是委婉地劝阻。父母有过，既不能阿谀讨好，盲信妄从，也不能疾言厉色，直言其过。假如婉言相劝，而父母仍刚愎自用，一意孤行，子女也不应滋生怨恨之心，仍然要谨守"不违""不怨"的要求，对父母保持恭敬的态度。

孔子的这一主张，与《礼记》"父母有过，下气怡色，柔声以谏，谏若不入，起敬起孝，说则复谏"（《礼记·曲礼上》）的说法是一致的，都在强调劝谏父母时应当秉持护持亲情的原则。人如果连起码的亲情都不要了，那就是泯灭人性、违背人道的不孝行为。对此，孔子鲜明地表达了他的立场：

> 父为子隐，子为父隐，直在其中矣。（《论语·子路》）

原始儒家所提倡的仁爱，是从"亲亲"之情不断扩充而来，"亲亲"是仁爱的立足点。父母偶有失德之举，子女宜注重亲情的培护，"不称扬其过失"（《礼记·檀弓上》郑玄注），即为人道之直。

但孔子也强调，谏亲还要把握亲情维护的分寸。假若父母行事有违纲常伦理，甚至有违法之嫌，那就应当秉持维护社会正义的原则。郭店楚简《六德》也说："人有六德，三亲不断。门内之治恩掩义，门外之治义斩恩。"①已经明确地将家庭领域的亲恩与社会领域的公义区分开来。一个人只有明了"从与不从"的理性尺度，才能真正彰显谏诤的价值。

4. 丧祭尊礼

《论语·为政》载：

> 生，事之以礼；死，葬之以礼，祭之以礼。

这是孔子对于事亲的基本要求。由此而言，孝道实际上包含了"事生"和"事死"两大范畴、三个阶段：父母在世时要敬养，父母去世要安葬服丧，安葬之后要虔敬地按时祭祀。生则养，没则葬，丧毕则祭，构成了孝道实践的完整链条，三者缺一，都不是圆满的孝道。

生与死，是每个人必经的人生过程。孔子对人类命运抱有深切的同情与深刻的理解，他对子贡说："自古皆有死。"(《论语·颜渊》)面对意外死亡的可能，孔子的表现极为沉着，他说："天生德于予，桓魋其如予何！"(《论语·述而》)可见，孔子对于自己的文化使命，具有一种神圣体认和自觉意识。所以，欲重建礼乐文明秩序、拯溺天下的孔子更多地将关注点放在社会现实生活，在孝道方面，尤其凸显了对父母的敬养。

> 季路问事鬼神。子曰："未能事人，焉能事鬼？"曰："敢问死。"曰："未知生，焉知死？"(《论语·先进》)

"未能事人，焉能事鬼"，表明孔子对鬼神、生死的态度十分达观，他提倡人要在父母生前尽孝，考虑的是社会的现实的治理。但这并不意味着孔子对于丧祭之事轻忽淡漠，恰恰相反，重视道德教化的孔子，对于丧祭之事格外重视。《中庸》曰："事死如事生，事亡如事存，孝之至也。"之所以将"事死如事生，事亡如事存"视为"孝"的最高表现，是因为重视"丧"与"祭"，可以"教民反古复始，不敢忘其所由生也"(《孔子家语·哀公问政》)。中国文化对于生命的深厚人文关怀，于此得以充分展现。事生不忠厚、不恭敬，就是鄙野无礼；事死不忠厚、不恭敬，便是刻薄无恩。故荀子说："礼者，谨于治生死者也。生，人之始也；死，人之终也；终始俱善，人道毕矣。故君子敬始而慎终。"(《荀子·礼论》)

孔子关注丧葬的礼仪、情感等各项环节，对于丧葬之事，孔子是谨慎而小心的，《论语·子罕》记载：

> 丧事不敢不勉。

当父母去世，子女必须为父母准备棺、椁、衣、衾，举行小殓、大殓，陈列篚

---

① 李零：《郭店楚简校读记》(增订本)，北京大学出版社2002年版，第131页。

簋等祭器，择吉日安葬，哭泣哀送。尽管丧礼的外在表现形式如棺椁制度、丧服制度、礼器制度以及殡葬仪式等细密而繁缛，但其本质实在于表达孝子的哀戚之情、爱亲之道。

丧祭之礼，凝结着生者与死者之间的精神联系，蕴含着生者对死者的无尽哀思。《论语·子张》载曾子曰：

吾闻诸夫子："人未有自致者也，必也亲丧乎！"

每一个人都扮演着多种"社会角色"，而每一种社会角色都有相应的行为规范、社会禁忌和法律义务，所以人的真情实感往往隐藏在各种厚重的"面具"背后。假如说人的真情实感能毫无顾忌、淋漓尽致地表达出来，那一定是在父母去世的时候了！《论语·子张》载：

丧思哀。

父母的灵魂是否还在人世徘徊？是否能安眠于地下？焦虑和不安无时无刻不萦绕在子女的心头。所以，"孝子之丧亲也，哭不偯，礼无容，言不文，服美不安，闻乐不乐，食旨不甘"（《孝经》），这都是为了表达内心的哀戚之情。面对有丧者，无论是熟悉还是陌生，无论是老还是少，孔子必"作"必"变"。从《论语》中的一些记载，我们可以看出孔子对于死者及其亲属的深切同情和尊重：

子食于有丧者之侧，未尝饱也。（《述而》）

子于是日哭，则不歌。（《述而》）

子见齐衰者、冕衣裳者与瞽者，见之，虽少，必作；过之，必趋。（《子罕》）

见齐衰者，虽狎，必变。见冕者与瞽者，虽亵，必以貌。凶服者，式之。（《乡党》）

出于对父母恩情的报答，儒家大力主张"三年之丧"制度。《论语·阳货》记载了孔子对三年之丧的看法：

宰我问："三年之丧，期已久矣。君子三年不为礼，礼必坏；三年不为乐，乐必崩。旧谷既没，新谷既升，钻燧改火，期可已矣。"子曰："食夫稻，衣夫锦，于女安乎？"曰："安！""女安，则为之！夫君子之居丧，食旨不甘，闻乐不乐，居处不安，故不为也。今女安，则为之！"宰我出。子曰："予之不仁也！子生三年，然后免于父母之怀。夫三年之丧，天下之通丧也。予也有三年之爱于其父母乎！"

"子生三年，然后免于父母之怀。"一个人出生三年之后，才能渐渐脱离父母的怀抱，既然在你人生中最需要的时候，父母给了你三年的关爱，那么父母离世之后，为父母守孝三年，于情于理，都不为过。一个人连三年之丧都做不到，怎么能够称得上孝呢？又如何能够心安呢？三年之丧，至少从春秋时代开始就成为社会礼俗，一直到今天，三年之丧仍为很多人所坚持。当然，今人只是进行三年祭日之礼，与古人守墓三年的情形相比，已经大为简化，但其精神实质是一样的。

子女为父母服丧，不仅丧期有严格的规定，而且在居丧仪节方面也有一些具体的要求，如三日不食，疏食水饮，睡草垫，枕土块，不言乐，等等。但出于对生者健康的考虑，儒家也强调不能因哀痛过甚而"以死伤生"。正如《孝经》所言："三日而食，教民无以死伤生，毁不灭性，此圣人之政也。丧不过三年，示民有终也。"任何事情都有一个限度，父母辞世，孝子悲痛万分，三天不吃饭是正常的，但若是一连七八天不吃饭，身体会受不了，那就有点过分了。真正的哀思常常存在于内心深处、灵魂深处，而不是外在的仪式上，更不能哀毁伤身。如果不能持守中道，以死伤生，就很不应该了。所以，《论语》强调：

> 丧致乎哀而止。（《子张》）

这就是现代人常说的"节哀"之意。"丧思哀"，代表着儒家对孝子服丧的情感要求。"丧致乎哀而止"，则代表着儒家对孝子服丧的理性尺度。对那些"临丧不哀"的人，孔子给予了最为严厉的批评：

> 居上不宽，为礼不敬，临丧不哀，吾何以观之哉？（《论语·八佾》）

与丧葬密切相关的是祭祀。"人死为大"，只有给故去的生命以尊严，现实世界才能展现人伦的温情与魅力。

按照儒家的观念，祭祀是用来追补生时的供养、继续生前的孝道的。因此，祭祀特别注重内心的诚敬。孔子对于祭祀之事十分慎重，《论语·述而》载：

> 子之所慎：齐，战，疾。

齐，通"斋"。《左传》有言："国之大事，在祀与戎。"斋戒、战争，皆事关国家的大事。疾病，事关人的生死。这都是孔子谨慎小心的事情。就祭礼而言，如果说祭天、祭社侧重于政治和社会功能的话，那么祭祖则不仅体现了对故去亲人的哀思，更是推行伦理教化、培植孝道的基本手段，它凝聚并维系着家庭、家族乃至于整个民族的精神家园。

祖宗虽远，祭祀不可不诚。人生百世之后，虽然不见祖宗之面目，然祭祀不失其礼，就是孝。孔子曰：

> 祭如在，祭神如神在。（《论语·八佾》）
>
> 虽疏食菜羹，瓜祭，必齐如也。（《论语·乡党》）

祭祀神的时候，便好像神灵真在那里；祭祀祖先的时候，便好像祖先真在那里。哪怕是饭前疏食、菜羹和瓜祭之类的薄祭，也一定要与斋戒一样严肃恭敬。这就是《论语》所强调的：

祭思敬。(《子张》)

祭之以礼，首要在诚敬。《礼记》云："君子反古复始，不忘其所由生也，是以致其敬，发其情，竭力从事以报其亲，不敢弗尽也。"(《祭义》)父母养育之恩，铭刻在心。一旦生死殊途，天人永隔，子女尤觉悲痛难抑。祭祀也就成为思亲情感的一种寄托，也是中国人进行心理安慰的最有效方式。假若祭祀时没有诚意，态度不恭敬，无论仪式如何规整，祭品如何丰厚，都是忘本失礼的表现。

孔子虽然不言人"死后有知"，但也担心不孝子孙将父母弃而不葬，委之于沟壑；虽然常讲"未能事人，焉能事鬼"(《论语·先进》)，不把希望寄托于来世，但也强调"事死如事生，事亡如事存"(《中庸》)。其出发点无不着眼于伦理教化的开展与人伦秩序的维护。因此，儒家尤其强调按照礼的要求慎重安葬和虔敬祭祀父母祖先，曾子说：

慎终追远，民德归厚矣。(《论语·学而》)

"慎终"意为丧尽其礼，指为父母尽哀，慎重地办理父母的丧事；"追远"意为祭尽其诚，指虔诚地追祭远祖先人，以表达孝子终生萦怀之情。在慎重对待父母的丧事，以及虔诚祭祀先人的过程中，孝子会深沉地感念父母祖先，进而反思自己的立身处世，以求无愧于父母，无愧于先人。这样，就能淳化世风，使民众的道德变得淳厚。

(三) 行孝的基本原则

《论语》所言孝道，大体包括了养、敬、谏、丧祭等事亲的基本要求。同时，也涉及事亲行孝应当遵守的基本原则。

1. 及时行孝

人生百年，如白驹过隙。人子养亲，须及时行孝。随着父母年岁的增长，我们更要懂得时间的有限和珍贵。如果总觉得来日方长，尽孝的机会常有，那就大错特错了。孔子说：

父母之年，不可不知也。一则以喜，一则以惧。(《论语·里仁》)

一方面因为父母高寿而欢喜，一方面因为父母年迈而恐惧。作为人子，如果该尽孝时不尽孝，等到父母亡故，想要尽孝而不可得，那就成了无法弥补的终生遗憾。

曾子云："往而不可还者，亲也；至而不可加者，年也。是故孝子欲养而亲不待也。"(《韩诗外传》卷七)孔子之所以讲"父母在，不远游"(《论语·里仁》)，他所考虑的不外乎两个方面：一方面，"儿行千里母担忧"，不远游可以避免让父母担忧自己的安危；另一方面，当父母需要侍奉，尤其是父母年迈多病时，能够及时地陪伴在父母身边。人生在世，百年之中有小病、大病，也有幼年、老年，我们要想透那些不能再返回的事，而立足当下，及时行孝。与其等到父母百年之后才准备丰盛的礼品祭拜，还不如在双亲健在的时候诚心奉养。倘若总是贪恋功名利禄、权势尊位，期待等自己发达富贵之后，再去孝养父母，而在日常的生活中忽略了父母，遗忘了亲人，那就真的是子欲养而亲不待了。

2. 厚养薄葬

毋庸讳言，在中国古代社会，厚葬之风绵延不绝，阴阳风水之说更是大行其道。有人将这种厚葬奢靡之风归罪到提倡孝道的孔子身上。殊不知，对于社会上奢侈铺张的厚葬之风，孔子从来都是反对的。《论语·八佾》记载：

> 林放问礼之本。子曰："大哉问！礼，与其奢也，宁俭；丧，与其易也，宁戚。"

在孔子看来，礼提倡的是情感上的质朴与纯真，不在于奢侈铺张，而在于是否合乎规范，是否符合礼义。丧祭尤其如此。孔子任鲁国中都宰时，曾专门制定养生送死的礼节："为四寸之棺、五寸之椁，因丘陵为坟，不封不树。"（《孔子家语·相鲁》）主张安葬死者时用一棺一椁，棺椁不能过厚，不聚土成坟，墓地也不种植松柏。宋国有个大夫为自己造了一个巨型石椁，纹饰繁缛，工匠们忙活了三年还没完成，孔子曾经批评其"若是其靡也，死，不如速朽之愈也"（《礼记·檀弓上》）。如果都像这样奢侈，这样的人死后还不如赶快腐朽算了。

孔子曾经专门论述过治丧的标准，认为办理丧事要看家里现有东西的多少而定，家境富裕，可以办得丰盛些；家境贫穷，就应该办得简单些。富裕之家不超越丧礼的标准规格是合于礼的，而贫穷人家只要能有一套衣衾，将亲人收殓安葬，也是合于礼的。无论贫富贵贱，都要遵礼而行。《论语·先进》载：

> 颜渊死，颜路请子之车以为之椁。子曰："才不才，亦各言其子也。鲤也死，有棺而无椁。吾不徒行以为之椁，以吾从大夫之后，不可徒行也。"

> 颜渊死，门人欲厚葬之，子曰："不可。"门人厚葬之。子曰："回也视予犹父也，予不得视犹子也。非我也，夫二三子也！"

颜渊是孔子最为钟爱的弟子，他的英年早逝，使年过七旬的孔子悲恸不已，但他仍婉言拒绝了门人厚葬颜渊的请求。而对于门人厚葬颜渊的举动，孔子也极不赞成。这都表明孔子并不片面追求丧礼的隆盛，而更为崇尚精神性的悼念，注重恰当地表达对逝者的哀思之情。在孔子的心目中，厚养薄葬，遵礼而行，才是真正符合孝道的。

3. 承教继志

子女秉承父母教诲，修养德性，立身行道，就是孝。《论语·为政》载：

> 孟武伯问孝。子曰："父母唯其疾之忧。"

朱子《论语集注》曰："言父母爱子之心，无所不至，唯恐其有疾病，常以为忧也。人子体此，而以父母之心为心，则凡所以守其身者，自不容于不谨矣，岂不可以为孝乎？"想一想我们生病时，父母那种无微不至的照料，甚至情愿以身代受病痛的心情，就应当以同样的爱心回报父母的养育之恩。一个人能做到"以父母之心为心"，自然能够牢记父母教诲，谨言慎行，恪守礼法，不让父母为其行为而担忧。如此，就可以称得上是孝。所以，当弟子孟武伯向孔子请教孝道的时候，孔子说："只让父母担心他的疾病（就算是孝）。"孔子又强调说：

> 父在，观其志；父没，观其行；三年无改于父之道，可谓孝矣。（《论语·学而》）

父在之时，行事由父亲决定，故观其志，即考察其秉承父母教育所立之志向；父殁之后，子女得以自行其志，故观其行，即考察其能否遵从父母之教。孔子认为，如果三年丧期之内不改变父亲的主张，就可以说是孝了。《论语·子张》载：

> 曾子曰："吾闻诸夫子：孟庄子之孝也，其他可能也；其不改父之臣与父之政，是难能也。"

鲁国大夫孟庄子之所以得到孔子的称誉，其原因就在于孟庄子在服丧期间能用父之臣，守父之道，承父之业，不改换父亲所任用的人，也不改变父亲制定的施政纲领。

当然，"父之道"未必皆是，况且随着时世变化，旧之为是者今或为非。所以，即使是一个孝子，也不能墨守成规，死守不改。正如杨树达所言："三年无改，谓事之虽不改而无害者耳。若亲之过失，亲在尚当几谏，不当在不改之域也。"[1]但是，也不能父殁即改，有违父志。李泽厚曾说：

> 所谓"不改"，是承续父业，不轻易改动，这是氏族传统的要求；即使改作，也得慢慢来，所以要"三年"即多年之后才动。……保持本氏族的生存经验的重要性，才是"三年无改于父之道"这一传统的真正原因，这才是关键所在。[2]

必须指出的是，"孝"固然以亲子血缘关系为核心，但孝养、孝敬、孝享的对象并不仅仅局限于家庭，还包括一切具有血缘关系的先辈尊长。原始儒家格外重视孝"善事父母"的基本内涵，但也反对囿于亲子之情、家庭之爱，而要求扩充自身的仁爱之心，做到"不独亲其亲""老吾老以及人之老"。从这个意义上说，孝不仅是家庭伦理的一项基本要求，同时也是社会伦常道德的基础。中国传统文化对于孝道的重视，对于人伦关系的塑造和社会秩序的维护，

---

[1] 杨树达：《论语疏证》，上海古籍出版社1986年版，第28页。
[2] 李泽厚：《论语今读》，安徽文艺出版社1998年版，第40页。

起到了极为重要的作用。中国古代"以孝治天下"之说,即滥觞于孔子孝道与治道相通的观念,《论语·为政》载:

> 季康子问:"使民敬、忠以劝,如之何?"子曰:"临之以庄,则敬;孝慈,则忠;举善而教不能,则劝。"

孔子提出,为政之要在于使民时做到敬、忠、劝,而孝敬父母,慈爱百姓,就能培养忠诚。在孔子看来,为政者必存孝友之心,以之施于国政,必有益于国政。在这样的意义上,孔子认为孝友也是为政。《论语》记载了孔子的这一主张:

> 或谓孔子曰:"子奚不为政?"子曰:"《书》云:'孝乎惟孝,友于兄弟,施于有政。'是亦为政,奚其为为政?"(《为政》)

为国以礼、为政以德,是孔子儒家思想的一贯政治主张,而孝就是道德的基础和始点。以仁德治国,必须"推之有本,操之有要",这个"本"与"要",落实在治国的政治实践上,就是"首崇孝治"。(参《清圣祖圣训》)孔子强调说:

> 君子笃于亲,则民兴于仁。(《论语·泰伯》)

传统中国的治国纲领具有显著的德性色彩。《尚书·伊训》说:"立爱惟亲,立敬惟长,始于家邦,终于四海。"孝亲敬长不仅是修身、齐家的要道,更是治国、平天下的基石。《孝经》说:"君子之事亲孝,故忠可以移于君。"无论事亲、事君,还是立身,都可以称之为行孝。这样,就将家庭伦理与政治伦理紧密结合在一起。由此,孔子把"宗族称孝""乡党称弟"作为士人从政的资格之一。《论语·子路》载:

> 子贡问曰:"何如斯可谓之士矣?"子曰:"行己有耻,使于四方,不辱君命,可谓士矣。"曰:"敢问其次。"曰:"宗族称孝焉,乡党称弟焉。"曰:"敢问其次。"曰:"言必信,行必果,硁硁然小人哉!——抑亦可以为次矣。"曰:"今之从政者何如?"子曰:"噫!斗筲之人,何足算也?"

古人云:"孝者忠厚恺悌,廉者洁己清修,如此则能爱人守法,可以从政矣!"一个人不孝敬父母,无异于禽兽;失廉洁之义,则为国家蠹虫。从家庭到国家,是一个有机贯通的整体。家庭的和睦,国家的稳定,无不以孝为基础。在家尽孝,为国尽忠,哺育了一代又一代仁人志士、中华儿女修身、齐家、治国、平天下。

三、孝的现代意义

对每一个人来说,孝敬父母都是人之为人的道德底线。作为中华民族普遍认同的传统美德,孝在促进家庭和睦、社会和谐、国家安定,维护中华民族共有精神家园等诸多方面起到了重要作用。

20世纪以来，伴随着对传统文化"狂风暴雨"式的激烈抨击和批判，"孝"一度被视为专制政治与家族制度联结的根干，虐政愚民的帮凶，阻碍男女平等、破坏婚姻自主、摧折个性的"洪水猛兽"。在以批判封建专制、救亡图存为主要任务的时代，人们批判旧道德，揭露专制制度阻碍中国社会前进的弊病，其革命意义自然不可低估。但这种对"孝"采取简单的全盘否定的态度，却导致了中华传统孝道文化的断裂。

处于社会转型过程中的当今中国，利益关系和价值取向日益多元化，道德滑坡和失范现象较为突出，孝道在不知不觉中被漠视，不赡养父母者有之，不孝敬父母者有之，辱骂父母者有之，殴打父母者有之，虐待父母者有之，遗弃父母者有之，甚至杀害父母者亦有之，如此种种，触目惊心！这些令人愤慨的不孝之行，不断挑战我们的道德底线，也在警醒人们，弘扬中华孝道，坚守道德底线，依然是我们时代的呼唤！

（一）弘扬孝道，涵养德性

教民亲爱，莫善于孝。孝是道德的根本，是启迪善端、呈现良知的最佳途径，是社会道德教化的出发点。"中国文化的一大特点，即是让人们在对人、特别是对亲人的感情中认识人生、理解生命；儒家揭示了中国文化这样一种活的灵魂，即在无边的亲情世界中'成为人'。"[①]明人姚舜牧在其家训《药言》开篇就指出："孝悌忠信，礼义廉耻，此八字是八个柱子。有八柱始能成宇，有八字始克成人。"并进一步强调"孝"在修德成人中的基础性地位："一孝立，万善从，是为孝子，是为完人。"人怎样才能成为一个有益于家、有利于民、有功于国的忠臣孝子、道德完人？极其重要的一点，就是从小培育孩子的孝心，教育孩子明人伦，走正道，拒邪僻。

孝悌之心可以劝善，孝悌之行可以励俗。故孔子说："立爱自亲始，教民睦也；立敬自长始，教民顺也。"（《礼记·祭义》）人们奉行孝道，尊亲敬长，就会由己及人，由民及君，由家及国，将自觉遵守社会道德规范视为理所当然之事，而社会自然趋于和睦亲善。此所谓"其为人也孝弟，而好犯上者，鲜矣；不好犯上而好作乱者，未之有也"（《论语·学而》）。

百行之善，皆由爱亲生发、推扩。孟子说："孩提之童，无不知爱其亲。"（《孟子·尽心上》）从童年时代孝的培养做起，一切优秀品德均能由此而奠基，对于家庭、社会、国家，自然有莫大的益处。正因如此，孝深受中国人的重视。"百善孝为先"，突出体现了民众对孝的价值认同，也代表了中国社会与文化的真谛。

[①] 方朝晖:《"三纲"与秩序重建》，中央编译出版社2014年版，第201页。

（二）弘扬孝道，和美家风

家庭，是人生最早的学校。一个人的品性如何，大多受家庭的影响。一个家庭有良好的家教，代代传承，就会形成良好的家风。在某种程度上，家风决定着孩子的一生，也是家道昌隆、社会和谐的保障。

能不能把家庭治理好，关键在于有没有养成良好的家风。而良好家风的形成，和家训有着密切的联系。在我国历史上，家训、家范、家规、家诫之类的著述数不胜数，其涉及的内容虽然非常广泛，但大都围绕着修身、齐家而展开，强调忠孝、仁义、清廉、勤俭等道德的养成，目的在于正人伦，和家庭，扬门风。因此，孝悌成为中国历代家训的一大主题，也是良好家风的重要表征。如号称"天下第一家"的孔氏家族，其家训族规中就有"父慈子孝，兄友弟恭""崇儒重道，好礼尚德""读书明经，显亲扬名"等内容。明代东林党领袖高攀龙在家训中要求家人、子弟"做好人"，并提出了"好人"的标准：以孝悌为本，以忠义为主，以廉洁为先，以诚实为要。清代学者孙奇逢在《孝友堂家训》中，更把"父慈、子孝、兄友、弟恭"提到"本之本"的高度。

欲治其国者，先齐其家。齐家，必以孝悌仁义为先。《大学》曰："为人子，止于孝。"人必须践行孝悌之道，才能"整齐门内，提撕子孙"（《颜氏家训》），使家庭和睦，家道长久。正如曾国藩在致诸弟的家书中所言："吾细思凡天下官宦之家，多只一代享用便尽，其子孙始而骄佚，继而流荡，终而沟壑，能庆延一二代者鲜矣。商贾之家，勤俭者能延三四代；耕读之家，谨朴者能延五六代；孝友之家，则可以绵延十代八代。"孝友之家之所以能绵延久长，就是因为形成了孝顺父母、友爱兄弟的良好家风。在良好家风的熏染下，在和睦的家庭里，每一个人都能在亲属群体中享受到别处难以得到的安全感、归属感，并在此基础上，致力于光大父母、家庭、亲属和家族的声望与荣耀。

随着社会的变迁，在当今时代，数代同堂的大家庭被三口之家的核心家庭所取代，家族观念逐步淡化。即使如此，家庭作为社会群体和社会生活的基本单位，依然是中国人安身立命的"根据地"。

今天的中国人还是比较重视家庭教育的，但大多侧重于对孩子的智力、才艺和技能的培育与开发，对其道德引导、人格养成却往往重视不够。数千年来中国人优良家教、家风传统的继承和弘扬问题，已经引起了社会的普遍关注。如何结合社会变化，适应时代需求，重塑新时期的优良家风？这需要我们认真思考。

（三）弘扬孝道，淳厚风俗

礼教衰，则风俗坏；风俗坏，则人心邪；人心邪，则世道乱，自古而然。

如何倡教化以正心去邪，厚风俗以扬善除恶，可以说是古往今来的有识之士非常关注的话题。"致君尧舜上，再使风俗淳。"（《奉赠韦左丞丈二十二韵》）杜甫的这一诗句，正道出了古圣先贤、文人士大夫一以贯之的理想追求。儒家一向推崇道德教化，倡扬孝悌、忠信、礼义、廉耻之德，使社会风俗归于淳厚朴实，以达到天下太平的盛世。

自汉代倡导"以孝治天下"以来，后世多以孝为基础制定治国之策，将"孝悌"与"衣食""教化"一起视为治理国家的根本。在国家的大力提倡下，历代都涌现出大批的"孝子"。中国古代的"正史"有设立"孝子传"的传统，对有事迹可述的孝子，专门设立"孝义传""孝行传""孝友传"等进行记载表彰，凡是以"孝"名通朝廷者，即使闾巷草民，皆得书于史官，名垂青史。对孝子的表彰，在全社会起到了良好的导向作用。

崇尚孝道，尊老敬老，是中国孝文化的重要组成部分。正如《孝经》所说："教以孝，所以敬天下之为人父者也。"由家庭内部的孝亲养老扩展为全社会的尊老敬老，形成了中华民族尊老、敬老的风尚。无论在过去、现在还是将来，这种尊老、敬老的精神都焕发着绚烂的光华，温暖着人们的心灵，感召着广大民众同施爱心，共行善举。

移风易俗，虽主要由官方倡导，但民间自发的教化力量更具直接效用。乡规民约作为百姓训诫子弟、敦本善俗的一种自发行为，突出了乡民的自我教育、自我劝诫和自我约束，在推行孝道教化、旌善惩恶、维护乡村社会秩序方面，扮演着重要角色。

民俗之善恶，皆积习使然。社会风气的好与坏，直接关系到民俗的善与恶。乡规民约渗透着人伦纲常观念，最能体现中华传统文化劝善改过、治病救人的教化功夫。所谓"在朝则美政，在野则美俗"（《荀子·儒效》），敦化风俗、淳厚乡里可谓士绅、乡贤阶层的一项基本功能。作为乡村治理的一种自发秩序，乡规民约在潜移默化中使亲亲尊尊的孝道观念成为百姓遵行的"土规矩"，构建起了一方百姓和谐共处的公序良俗。

无论是办学校、育家风、任贤才，还是崇有德、敦风俗、美人伦，最终都是为了"正人心而后正天下"。而人心的朝向和社会正气的树立，需要通过价值理想来确立。孝，作为中华文明亘古相传的核心价值之一，将引领我们的人生之舟，永远朝着真善美的境界扬帆远航。

人事有代谢，往来成古今。在源远流长的文化之河中，"孝"逐渐沉淀为中华民族的精神基因，构成了中华民族独特的精神标识。在新的时代，我们更应该尊重自己的历史文化，把握文化根脉，汲取深厚的历史智慧，弘扬孝悌忠信、礼义廉耻的优秀文化传统，使中华民族走向道德与文明的光明坦途。

推荐书目:

1. 肖群忠:《孝与中国文化》,人民出版社2001年版。
2. 周海生:《孝德诠解》,中国方正出版社2017年版。
3. 许刚:《中国孝文化十讲》,凤凰出版社2011年版。

思考题:

1. 简述儒家孝道的基本内涵与现代价值。
2. 谈谈你对孝敬、孝顺的理解。
3. "父子之道,天性也。"但古人也认为,本于天性的孝,如果不加以培养涵育,也有萎缩消灭的可能,孝心一失,良知、德行等都无从谈起。中华传统文化把孝视为做人的根本、道德养成的根基,请你谈一谈在现代社会如何涵养人的孝德。

《论语》论"孝":

1. 有子曰:"其为人也孝弟,而好犯上者,鲜矣;不好犯上,而好作乱者,未之有也。君子务本,本立而道生。孝弟也者,其为仁之本与!"(《学而》)
2. 子曰:"弟子,入则孝,出则悌,谨而信,泛爱众,而亲仁。行有余力,则以学文。"(《学而》)
3. 子夏曰:"贤贤易色;事父母,能竭其力;事君,能致其身;与朋友交,言而有信。虽曰未学,吾必谓之学矣。"(《学而》)
4. 曾子曰:"慎终追远,民德归厚矣。"(《学而》)
5. 子曰:"父在,观其志;父没,观其行;三年无改于父之道,可谓孝矣。"(《学而》)
6. 孟懿子问孝。子曰:"无违。"樊迟御,子告之曰:"孟孙问孝于我,我对曰,无违。"樊迟曰:"何谓也?"子曰:"生,事之以礼;死,葬之以礼,祭之以礼。"(《为政》)
7. 孟武伯问孝。子曰:"父母唯其疾之忧。"(《为政》)
8. 子游问孝。子曰:"今之孝者,是谓能养。至于犬马,皆能有养。不敬,何以别乎?"(《为政》)
9. 子夏问孝。子曰:"色难。有事,弟子服其劳;有酒食,先生馔,曾是以为孝乎?"(《为政》)
10. 季康子问:"使民敬、忠以劝,如之何?"子曰:"临之以庄,则敬;孝慈,则忠;举善而教不能,则劝。"(《为政》)

11. 或谓孔子曰:"子奚不为政?"子曰:"《书》云:'孝乎惟孝,友于兄弟,施于有政。'是亦为政,奚其为为政?"(《为政》)

12. 林放问礼之本。子曰:"大哉问!礼,与其奢也,宁俭。丧,与其易也,宁戚。"(《八佾》)

13. 祭如在,祭神如神在。子曰:"吾不与祭,如不祭。"(《八佾》)

14. 子曰:"居上不宽,为礼不敬,临丧不哀,吾何以观之哉?"(《八佾》)

15. 子曰:"事父母几谏,见志不从,又敬不违,劳而不怨。"(《里仁》)

16. 子曰:"父母在,不远游,游必有方。"(《里仁》)

17. 子曰:"父母之年,不可不知也。一则以喜,一则以惧。"(《里仁》)

18. 颜渊、季路侍。子曰:"盍各言尔志?"子路曰:"愿车马,衣轻裘,与朋友共,敝之而无憾。"颜渊曰:"愿无伐善,无施劳。"子路曰:"愿闻子之志。"子曰:"老者安之,朋友信之,少者怀之。"(《公冶长》)

19. 子食于有丧者之侧,未尝饱也。(《述而》)

20. 子之所慎:齐,战,疾。(《述而》)

21. 子曰:"出则事公卿,入则事父兄,丧事不敢不勉,不为酒困,何有于我哉?"(《子罕》)

22. 虽疏食菜羹,瓜祭,必齐如也。(《乡党》)

23. 见齐衰者,虽狎,必变。见冕者与瞽者,虽亵,必以貌。凶服者式之。(《乡党》)

24. 子曰:"孝哉闵子骞!人不间于其父母昆弟之言。"(《先进》)

25. 颜渊死,门人欲厚葬之,子曰:"不可。"门人厚葬之。子曰:"回也视予犹父也,予不得视犹子也。非我也,夫二三子也。"(《先进》)

26. 季路问事鬼神。子曰:"未能事人,焉能事鬼?"曰:"敢问死。"曰:"未知生,焉知死?"(《先进》)

27. 叶公语孔子曰:"吾党有直躬者,其父攘羊,而子证之。"孔子曰:"吾党之直者异于是:父为子隐,子为父隐。——直在其中矣。"(《子路》)

28. 子贡问曰:"何如斯可谓之士矣?"子曰:"行己有耻,使于四方,不辱君命,可谓士矣。"曰:"敢问其次。"曰:"宗族称孝焉,乡党称弟焉。"曰:"敢问其次。"曰:"言必信,行必果,硁硁然小人哉!抑亦可以为次矣。"曰:"今之从政者何如?"子曰:"噫!斗筲之人,何足算也?"(《子路》)

29. 宰我问:"三年之丧,期已久矣。君子三年不为礼,礼必坏;三年不为乐,乐必崩。旧谷既没,新谷既升,钻燧改火,期可已矣。"子曰:"食夫稻,衣夫锦,于女安乎?"曰:"安!""女安,则为之!夫君子之居丧,食旨不甘,闻乐不乐,居处不安,故不为也。今女安,则为之!"宰我出。子曰:

"予之不仁也！子生三年，然后免于父母之怀。夫三年之丧，天下之通丧也。予也有三年之爱于其父母乎！"（《阳货》）

30. 子张曰："士见危致命，见得思义，祭思敬，丧思哀，其可已矣。"（《子张》）

31. 子游曰："丧致乎哀而止。"（《子张》）

第六讲 《论语》中的"仁"

"仁"是中国传统道德的核心概念，也是儒家伦理思想的基本内容之一。作为孔子思想体系核心范畴的"仁"在整个中华传统文化中占有举足轻重的地位。从小处说，对于个人有止恶扬善，修身养性的作用；从大处讲，对于社会有着安邦定国，实现国家富强文明和谐的作用。因而，对我国传统社会、经济、政治、文化等方面产生了持久、深远的影响。而当代仁学，则从全球化、民主化、多元化的时代背景出发，对确立当代社会主义核心价值观提供了思想资源，在提升公民素质，实现中华民族伟大复兴"中国梦"的伟业中将再次起到重要作用。

一、仁的起源

"仁"是先秦哲学最重要的观念，它发端于商周，兴盛于春秋，并对整个中国古代社会产生重大影响。但是，"仁"是怎样产生的，它和远古社会生活有什么联系，其内涵是什么？这些基本问题值得进一步探讨。

（一）仁的字源学意义

由于历史资料的局限，我们不能不通过古文字来探讨"仁"观念的起源。《说文解字》说："仁，亲也，从人从二。""从人从二"的"仁"字，最早见于甲骨文，但是个孤例。学术界的主流意见是甲骨文中并无"仁"字，最具代表性的意见是认为甲骨文中的"仁"字形右侧的"二"其实是"卜兆的次数"。

"从人从二"的"仁"字，见于西周、春秋、战国时期的金文。西周晚期的《夷伯夷簋器铭》、春秋早期的《鲁伯俞父簋铭》、战国时期的中山王墓铜器铭文中皆出现"仁"字，其结构形态可谓一脉相传。

现代学者研究认为，从字源学上来讲，"仁"字的起源与东夷文化密不可分，"仁"字来源于东夷族的物质生活和精神生活，是东夷族古老风俗习惯的抽象化反映。《说文解字》所谓"夷俗仁"，就概括出了"仁"与东夷风俗习惯的内在联系。从传世文献考证，仁和人、夷，可以通用。章太炎曾经指出："仁，古文作 ⺉，与古文夷同，盖古文仁、夷同字也。"王献唐认为："人和夷是一个字。所谓'仁道'即是'人道'，'人道'又是'夷道'，因而秦汉以来，有'夷人仁'和'君子国'的记述。"庞朴的观点与王献唐类似，即从尸从二的古"仁"字，与"尸方"（夷方、人方）文化有关，古"仁"字从尸实系从夷，而从夷之所以为"仁"，当是夷风尚仁，风名从主的缘故。有关"夷风尚仁""夷俗仁"的记载,在《山海经》《论语》《礼记》《风俗通》《世本》《说文解字》等文献中,多有证验。王国维曾言:"自五帝以来,政治文物所自出之都邑,皆在东方。"王国维所说的"东方",就是《后汉书·东夷列传》所说的"东方曰夷"的"东方"。夏商制度文明不仅多源自东夷,甚至核心观念"仁"也出于东夷。

从造字规律来看,"仁"的本质特征是"相人耦",即人与人相互对应匹配。段玉裁《说文解字注》解释说:"按人耦犹言尔我亲密之词,独则无耦,耦则相亲,故其字从人二。""仁"乃人与人之间的真情厚意,是一种发于内心,反映自我意识的情感,质朴而原始;"仁"也是人际社会性的内在规定因素,人与人之间可以通过"仁"实现彼此之间的沟通与融合。

郭店楚简出土后,学者们进一步意识到所谓"仁,从千心",其实是从身从心的变形,也就是"㝒"。对此,白奚认为"上身下心"的构形说明"身"与"心"交互,从"心"表明该字应该与思考或者情感有关;从"身"则意味着思考活动的对象是人自身的躯体,即以人之本身为思考对象。梁涛则援引《尔雅·释诂下》对"身"的解释来证明"㝒"的仁字结构表示心中想着自己、思考着自己。孟子说:"无恻隐之心,非人也;无羞恶之心,非人也;无辞让之心,非人也;无是非之心,非人也。"(《孟子·公孙丑上》)孟子论仁,重视人心,并且以根于心之仁义为人与禽兽的区别,这一点与郭店楚简中从心的"㝒"字相吻合,这说明当时人们已经开始思考人的本性问题,并试图将人与禽兽区别开来。

(二)先秦典籍中仁的思想

"仁"字在孔子之前就已经出现了,但是其具体指代"仁"的思想还有一个发展历程。探寻"仁"的发展脉络,掌握先秦典籍中"仁"思想的历史演变,对进一步理解孔子"仁"的思想有所裨益。

周武王在消灭了殷商后的第二年生了大病,于是周公旦为之祈祷。《尚书·金縢》中有"予仁若考"一句,意思为"我在容貌气质方面很像祖先",这里的"仁"显然是精神气质的意思。

在《诗经》中"仁"字有两见,分别为《诗经·郑风·叔于田》"洵美且仁",《诗经·齐风·卢令》"其人美且仁"。这两处"仁"都和"美"连用。"美"在《诗经》中多指容貌之美,显然这里与之并用的"仁",应当强调的是可与容貌相并论的男子所具有的气概。

随着历史的发展,仁的外延不断扩展。根据王钧林的统计,"仁"字在《国语》中出现了24次,在《左传》中出现了33次,并且已经具有道德方面的含义了。比如,《左传·僖公三十三年》记载:"臣(白季)闻之,出门如宾,承事如祭,仁之则也。"出门就好像去会宾客,做承担的事情就好像去参与祭祀。换句话说，为人要"敬"，做事要"忠"，这是仁的准则。《国语·晋语一》记载："为仁与为国不同。为仁者，爱亲之谓仁；为国者，利国之谓仁。"这里的"仁"，又包含了"爱亲""利国"等意思。《左传·定公四年》引郧公辛的话说："《诗》曰：'柔亦不茹，刚亦不吐，不侮矜寡，不畏强御。'惟仁者能之。违强凌弱，非勇也；乘人之约，非仁也。"软的不欺，硬的不怕，不欺负老弱幼小，不畏强暴，这只有仁爱的人才能做到。逃避强大，欺凌弱小，这不是勇；乘人之危，这不是仁。可见，春秋前期的人们已经把尊亲敬长、关爱民众、忠于君主等美德都称为仁。

孔子之前，"仁"字在先秦不同思想中表达的内涵各有侧重和变化，这种侧重和变化直到孔子在其思想中确立了"仁"的内涵与外延，才表现出相对的稳定性。孔子继承和发展了"仁"的思想，进一步提出了其伦理道德的含义，并使之成为儒家的核心思想。

（三）孔子之后仁思想的发展

孔子之后，身处不同时代的儒家学者站在自己时代的高度，不断对孔子"仁"的思想进行改造和发展，使孔子的仁学思想体系更加完善和壮大。

1. 孟子对"仁"的继承与发展

第一，孟子把"心""性"的概念引入仁学思想。孟子提出"性善论"，是说人心有善的本性。在孟子看来，性在于心，人心的本然状态决定了人性的基本内容，即仁义礼智，而仁义礼智最初是以萌芽的形式根植于人们心中的："恻隐之心，仁之端也；羞恶之心，义之端也；辞让之心，礼之端也；是非之心，智之端也。"（《孟子·公孙丑上》）"仁义礼智，非由外铄我也，我固有之也，弗思耳矣。"（《孟子·告子上》）因此，孟子希望尽力扩大人的善良本性，使其能够成为真正的人，从而达到儒家所推崇的理想人格。孟子还认为，通过充分发挥人的道德主体功能，巩固人心中固有的仁义礼智的本性，扩大人心中的善端，也就体现和认识了天命。孟子赋予天以道德属性，沟通了人的心性与天之间的联系，把天作为善的最终根源，使自己的性善论获得终极依据，也就证明了"仁"的最终来源是天。

第二，孟子提出仁政及"仁民爱物"的思想。孔子主张施行德政，而孟子则进一步提出仁政的思想。孟子认为，统治者施行"王道"还是施行"霸道"，是其"仁"与"不仁"的具体体现。孔子的德政只是一种"内圣外王"的境界，孟子的仁政已经是一种明确的"行仁"的目标和路径。

另外，孔子虽然对自然万物也有仁爱之心，但他并没有提出系统而完整的观点和理论。孟子在孔子"亲亲""仁民"思想的基础之上，提出"仁民爱物"的系统观点，主动自觉地把人的道德意识由人类扩大到包括天地万物的整个自然和宇宙。

2. 董仲舒对仁思想的改造

秦汉之际,法家专制思想和道家黄老学说先后占据了统治地位,儒学一度衰落。后来汉武帝推行"独尊儒术"的政策,并在教育制度和官吏选拔制度上贯彻尊儒政策,从而使儒学得以复兴。董仲舒继承孔孟的仁学思想,以"天人感应"学说为基础,杂糅了阴阳家的"阳尊阴卑"说,五行家的"五行相克"说以及黄老道家的"刑德相养"说,对仁学进行了改造。

第一,董仲舒将"天"与"仁"相结合,使"仁"获得合理性和神圣性。孟子也曾提到"尽心养性"的终极目标是"知天",但孟子把心性确定为仁的基础,注重的还是人自身道德完善过程中的自我内心的介入,没有对"天"进行过多的阐述。但董仲舒明确地把"天"当作"仁"的源泉。他认为,"天"即是"至上神",是整个宇宙的中心,操控着万物,但"天"又兼有伦常的意义,因而,人的仁德自然也就是从"天"那里得到的,最终"仁"具有了神秘化的趋向。

第二,董仲舒把神秘化了的"仁"融入到政治思想当中,创新出"天人感应"论。他认为,君王是"天"的儿子,其权力是"天"赋予的,因此,天子应该按照"天"的意志去做事。天命是不长久的,只有拥有好品德的人才能拥有天命。董仲舒的"天人感应"论,一方面给民众灌输天子的权力是上天赋予的思想,要求人们顺应天意,服从天子的统治;另一方面,他又强调天子必须敬畏上天,爱护人民,不然天就会顺乎民意,改变天命。

3. 宋明理学对仁思想的拓展

魏晋以来,儒学渐衰而佛道二教勃兴,形成对儒学的严重挑战。为了重振儒学,宋明理学家续六经,倡道统,开创了儒学发展的黄金时代。以周敦颐、张载、程颢、程颐和朱熹为代表的理学家把《易传》的"生生"学说与儒家的"仁"相结合,系统诠释了"仁即生生"的观点,把儒家的"仁"学由伦理范畴提高到哲学本体的高度,推动了儒学的发展和创新。

第一,宋明理学家认为,"仁"是天地生生之理,因而其思想中都蕴含着"万物一体"的思想。程颐认为"一人之心,即天地之心;一物之理,即万物之理"(《程氏遗书》);王守仁也认为"夫人者,天地之心,天地万物本吾一体者也"(《答聂文蔚》)。由此可见宋明理学家认为人与世界上的万事万物同为一体,同为一理,仁和天地实现了一气相连和相互贯通。"万物一体"说的出现,为仁的思想找到了本体论的基础。

第二,宋明理学家认为"仁"是天地生生之理,因而"仁"的本质是天地生物之心。"仁"是造化生生不息之理,从人世间的父子兄弟之爱到"仁民"再到"爱物",其进程就如同万物从"抽芽"到"发干"再到"生枝生叶"以至于生生不息。

第三，宋明理学家力图把人心与天理契合起来。宋明理学家认为，要达到天理与人心的契合，就必须改变气质。为了让自己的本心重新回归到本然状态，就应该做到"存天理，灭人欲"。

4. 近代学者对仁的扬弃

对于中国来说，20世纪可谓是大转折的时期。在动荡频仍、变革接踵的历史背景下，形形色色的思潮开始登上中国的政治舞台。在此期间，中国思想文化领域始终围绕着"古今中西之学"而展开"体用"之争。学者们试图突破传统儒学"内圣外王"的思想模式而又继承其仁爱思想，尝试融合西方的自由、平等、博爱、科学的精神，建立一套与传统儒学迥然不同的、以综合吸纳古今中西之学为宏愿的"新仁学"。

第一，以康有为、谭嗣同为代表的维新变法派，强烈主张"变"的思想。他们尝试改造儒学的旧体旧用，使之转化为新体新用。他们批判了董仲舒"天不变，道亦不变"的思想，肯定了整个世界都是处于不断运动、变化和发展之中，他们尝试通过"托古改制"来把儒学变为同当时社会相适应的国教。他们在学习国外学者本体论的基础上，指出世界的本原是仁，整个世界都在仁的作用下存在和发展。

第二，"现代新儒家"抱有中国文化本位主义立场，但又力图通过吸纳、融合西方文明而重建儒家道德形上学，试图以"本内圣开出新外王"之说，寻求中国现代化的理想之路，但其在本质上是继承和发展孔子仁学的根本精神的。

二、《论语》中的"仁"思想

"仁"在孔子学说中占有重要的地位，据杨伯峻的统计，在《论语》20篇中，"仁"字出现了109次。在《论语》中，孔子谈论仁的地方很多，虽然没有给仁一个明确的定义，但是给了仁一个丰富完备的概括和庞大的内涵。"仁"是孔子最高的理想人格，是道德修养的最高境界。在天下推行仁，是孔子的最高理想；品德修养达到仁的境界，在社会上被称为仁人的人，是世界上最高尚的人；天下归仁，人人都具有"仁"的道德情操，那便是天下为公，世界大同。

（一）仁者爱人

在《论语》中，孔子针对不同提问者的具体情况，对仁虽然有不同的回答，但中心思想只有一点，那就是"爱人"。这是孔子对仁的最基本规定，也是仁最核心的内容。这一观点在《论语》中最典型、最明确的表述，就是《颜渊》中的记载：

樊迟问仁。子曰："爱人。"

这个答案简单而明确，但是，这里"爱人"到底指的是爱什么人呢？

> 子曰："弟子，入则孝，出则悌，谨而信，泛爱众，而亲仁。行有余力，则以学文。"（《论语·学而》）

由此可见，孔子说的"爱人"就是"泛爱众"，要爱一切人。因此，孔子的"爱人"具有一定的普遍性。

仁虽然是一种普遍的人类之爱，但并不是说要对所有的人都不加区别地给予同等程度的爱，而是要有主次、先后、轻重、厚薄之分。一般来说，血缘关系越近，"亲"和"爱"的程度就越强；反之，血缘关系越远，"亲"和"爱"的程度就越弱，这是"爱有差等"的原则。孔子虽然没有明确地提出"爱有差等"的概念，但他的思想中的确包含了这种原则。

孔子认为，虽然仁的本质规定是"爱人"，但是这个爱必须从自己的亲人那里开始，首先要满足亲情的需要。所以他说："立爱自亲始。"（《礼记·祭义》）"爱"要从自己的亲人开始，这又叫作"亲亲"。在孔子的仁学中，"亲亲"是一个首要原则，所以"仁者人也，亲亲为大"（《礼记·中庸》）。这是仁的起点，也是做人的起点。

在孔子生活的春秋时代，经常发生骨肉相争、兄弟相残乃至父杀子、子弑父等乱伦事件。在春秋末年社会大动乱的背景下，要安定社会，不能不整顿社会伦理关系，而整顿社会伦理关系，必须先整顿最重要、最基本的父母与子女的关系。孔子也把孝悌作为做人的首要内容。

"亲亲"之孝是一种真实原始的自然情感，是人类共有的真情实感，孝只是这种真情实感的最初表达。

> 有子曰："其为人也孝弟，而好犯上者，鲜矣；不好犯上而好作乱者，未之有也。君子务本，本立而道生。孝弟也者，其为人之本与！"（《论语·学而》）

有子的这句话实际上反映了孔子的思想。孝悌是人人具有的一种真实情感，而这种情感正是仁的根源所在。这也从孔子与宰我关于"三年之丧"的一段讨论中可以确证。

> 宰我问："三年之丧，期已久矣。君子三年不为礼，礼必坏；三年不为乐，乐必崩。旧谷既没，新谷既升，钻燧改火，期可已矣。"子曰："食夫稻，衣夫锦，于女安乎？"曰："安。""女安，则为之！夫君子之居丧，食旨不甘，闻乐不乐，居处不安，故不为也。今女安，则为之！"宰我出。子曰："予之不仁也！子生三年，然后免于父母之怀。夫三年之丧，天下之通丧也。予也有三年之爱于其父母乎！"（《论语·阳货》）

在孔子看来，"三年之丧"的依据不是对祖先灵魂的畏惧或者祈求，而是对父母抚育之恩的怀念。幼儿三年方可脱离父母之怀，因此才要守孝三年来报答父母的养育之恩。孔子从内心的"安"与"不安"提醒宰我，要他从孝的自然情感中发现仁、体验仁。可是宰我认为在居丧期间可以安于食稻衣锦，完全失却了孝之心，所以孔子说宰我不仁。

孔子的仁学从亲情之爱开始，孝是仁的起点。有了这一个规定，孔子的"仁"就有了源头和立足点，并在人自身找到了内在的根据，因而"仁"不再是春秋初期那样的一种外在的道德伦理。

孔子的仁爱从爱父母、爱亲人开始，但又不仅仅局限在亲情之内，而是要"不独亲其亲，不独子其子"，由家庭扩展到社会，从亲亲推广到"泛爱众"。

有学者曾经曲解孔子说的"爱人"只指爱贵族，不包括社会下层的老百姓。为什么说是曲解呢？我们来看一个例子：

> 子贡曰："如有博施于民而能济众，何如？可谓仁乎？"子曰："何事于仁，必也圣乎！尧舜其犹病诸！"（《论语·雍也》）

"博施于民而能济众"，用现代的语言来表述，就是为广大民众谋福利，能够做到这一点，在孔子看来，不仅仅是"仁"，那简直就是圣人了。

> 厩焚。子退朝，曰："伤人乎？"不问马。（《论语·乡党》）

在当时，一匹马相当于四个劳动力的价值，但孔子首先关心的是人，而不是马，可见他对人的重视。

另外一个例证，在春秋时期，以人殉葬的现象已经减少了，普遍是以制作的木俑、陶俑来殉葬，但孔子对这种做法也坚决反对：

> 仲尼曰："始作俑者，其无后乎？"（《孟子·梁惠王上》）

用木俑、陶俑代表人来为死者殉葬与以人作为殉葬品，相比较而言，应该是进步多了，但在孔子仍然是不能容忍的，并且骂始作俑者"无后"，断子绝孙，这不仅是在古代，而且在现代也是很恶毒的骂人的话。孔子的气愤之情由此可见一斑。孔子为什么会这么痛恨呢？就是因为木俑陶俑很像人形，是对人的不尊重。在孔子看来，人不能任意地作为物来殉葬，因而他对此现象提出了严肃的批评。由此可见，孔子的"爱人"就是"泛爱众"的博爱思想，唐代韩愈也认为"博爱之谓仁"。

孔子的这种思想不是凭空产生的，而是原始社会人与人之间关系的延续。在原始社会，人们必须协作才能从事狩猎等较大规模的生产活动，必须亲密团结、互助才能抗御猛兽和异族的侵害，这种人与人的关系产生了原始的人道主义。在阶级分化之后，奴隶们被剥夺了人的权利。但是，在孔子的时期，人的价值重新受到尊重。孔子"爱人"的思想正是这种社会思潮的反映，也是原始人道主义的延续。

孔子的"仁"就是"爱人"，就是博爱，就是承认人的人格，承认人是社会群体的成员，应该获得赖以生存的物质生活资料，应该传宗接代而使人类延续，应该具有道德文化而异于禽兽。郭沫若说孔子的仁学是"人的发现"，是极有道理的。

"仁者爱人"，是博爱精神，但博爱不是无原则地什么人都爱，在孔子那里还表现出以仁为原则的"能恶人"。

子曰："唯仁者能好人，能恶人。"（《论语·里仁》）

虽然好恶之心每个人都有，但要做到真正的好恶是需要能力的。孔子说"知者利仁"，仁者不仅拥有高尚的德性，而且还具备洞察他人的智慧，所以不会人云亦云，所以只有仁者才有正确判断好人恶人的能力，才能正确地喜爱一个人，厌恶一个人。

子贡曰："君子亦有恶乎？"子曰："有恶：恶称人之恶者，恶居下流而讪上者，恶勇而无礼者，恶果敢而窒者。"曰："赐也亦有恶乎？""恶徼以为知者，恶不孙以为勇者，恶讦以为直者。"（《论语·阳货》）

面对子贡"君子亦有恶乎"的提问，孔子说君子憎恶那种宣扬别人坏处的人，居下位而诽谤上级的人，勇敢却不懂礼节的人，果敢而顽固不化的人。子贡也说明自己所恶，是讨厌那种以抄袭他人为聪明的人，以不逊无礼为勇敢的人，以攻击别人隐私为直率的人。可见，君子所恶的主要是那些没有"依于仁"的伪善违礼、虚智假勇之人。

仁者心底无私，秉诸公理仁道，能够明辨是非，因而，他所好，必是可好之人；所恶，也必是可恶之徒。所以，黄宗羲在《宋元学案》中说："小人好恶以已，君子好恶以道。"

子曰："我未见好仁者，恶不仁者。好仁者，无以尚之；恶不仁者，其为仁矣，不使不仁者加乎其身。有能一日用其力于仁矣乎？我未见力不足者。盖有之矣，我未之见也。"（《论语·里仁》）

好仁者一定能恶不仁，恶不仁者一定知道仁之好。知道仁之好，必定能做到"不使不仁者加乎其身"。因此，孔子反对无原则的爱。

子贡问曰："乡人皆好之，何如？"子曰："未可也。""乡人皆恶之，何如？"子曰："未可也；不如乡人之善者好之，其不善者恶之。"（《论语·子路》）

孔子认为"乡人皆好之"不一定是有仁德的人，而"乡人之善者好之，其不善者恶之"才是真正有仁德的人。孔子认为"乡愿"，也就是那些在乡里因为伪善欺世而受到欢迎的好好先生，他们看似忠厚，实则奸猾；看似诚信，实则伪诈；看似有德，实则乱德害德，因而孔子称之为"德之贼"（《论语·阳货》）。由此可见，"仁者"不仅表现为爱人，与人为善，而且要禁邪止恶。

在人与人之间的关系上,"爱人"之仁,必须从抽象的道德理想转化为具体的道德品德。孔子对仁爱表现与践行仁的主体自身的品德作了具体的规定。

  子张问仁于孔子。孔子曰:"能行五者于天下为仁矣。""请问之。"曰:"恭,宽,信,敏,惠。恭则不侮,宽则得众,信则人任焉,敏则有功,惠则足以使人。"(《论语·阳货》)

庄重、宽厚、守信、勤敏、恩惠这五种品德,贯穿着人与人之间既要自尊自重又要互尊、互爱、互信的基本精神。孔子认为,一个人如果能够践行恭、宽、信、敏、惠五种品德,就是在践行仁道。

由此,我们就不难理解孔子为什么把某些主要不是体现人与人之间友爱关系的品德,如刚毅等,称之为"近仁"。

  子曰:"刚、毅、木、讷近仁。"(《论语·子路》)

刚、毅、木、讷这些品德都是主体自身的修养,而没有体现人与人之间的关系,所以在孔子看来它们只能"近仁"而不能直接说它们有仁的属性。

当然,"仁爱"还有更为广泛的内涵,就是将爱心扩及自然。

  子钓而不纲,弋不射宿。(《论语·述而》)

孔子不仅钓鱼,还打猎,但是孔子不用渔网捕鱼,不射杀休息的鸟兽。如果没有对鱼鸟的一片爱心,这是很难理解和想象的。这句话描述了孔子平时行事富有仁德。短短九个字,却表达了圣人德行。从此可见孔子仁爱万物之心。

孔子主张"学诗",除了"兴、观、群、怨"以外,还要多认识花鸟鱼虫之名。这不仅仅是为了获得知识,更重要的是为了认识动植物品种的多样性,使大自然和生命被珍惜和爱护。孔子认为人的德性之高尚,在于关心和爱护一切自然生命,不在于凌驾于其他生命之上而随意施暴和践踏。

  子曰:"知者乐水,仁者乐山;知者动,仁者静;知者乐,仁者寿。"(《论语·雍也》)

这种"乐"是人与自然和谐相处的最高境界。在仁者看来,只有当大自然的蓬勃生机与人融为一体时,人才能体会和享受到生命的快乐和真谛。

(二)克己复礼为仁

克己复礼为仁是孔子思想中一个重要的命题。

  颜渊问仁。子曰:"克己复礼为仁。一日克己复礼,天下归仁焉。为仁由己,而由人乎哉?"颜渊曰:"请问其目。"子曰:"非礼勿视,非礼勿听,非礼勿言,非礼勿动。"颜渊曰:"回虽不敏,请事斯语矣。"(《论语·颜渊》)

"克己复礼,仁也"(《左传·昭公十二年》),是春秋时代已经流行的话,不是孔子的发明创造。"克己复礼",包含了"克己"与"复礼"两个方面的内容。

"克己"主要侧重于人们在面对种种自身欲望和外在诱惑时能修己求仁,主要体现的是行为主体的道德自觉。但是孔子从不否认人的合理欲求,所以"克己"不是禁欲,而是通过克己、反省、反求等方式把个人的欲望控制在合乎"仁"的范围内,同时也使个人脱离私欲的束缚,而能够肩负起恢复礼乐精神文化的责任。《论语·泰伯》载:"士不可以不弘毅,任重而道远。仁以为己任,不亦重乎?死而后已,不亦远乎?"表达的也正是这种思想。

"复礼"主要指向仁礼关系,侧重于人们在社会生活中必须遵循社会道德规范的"礼",才能确保良好的社会秩序和生活和谐,最终实现"天下归仁"。

在儒家看来,礼能使人有别于禽兽,能培养人的道德意识,能维持社会秩序,能使国家政治安定清明。由此我们可以明白孔子为什么非常重视礼,并积极提倡礼。但是,孔子所提倡的"礼",是以"仁"为统帅的道德规范,主要体现内在的精神自律。

春秋时期是一个礼坏乐崩的时代,礼只剩下外在的形式与制度,而丧失了它内在的精神生命。因而,孔子一方面提出"克己复礼为仁",要求克制自己使之合于礼,按照礼的规定去践行仁。但是,在另一方面,他又提出,礼必须以仁为内容。

子曰:"礼云礼云,玉帛云乎哉?乐云乐云,钟鼓云乎哉?"(《论语·阳货》)

孔子质问,礼的本质就是那些在各种礼仪场合摆放的玉帛和演奏音乐所需要的钟鼓吗?显然不是。那么礼的本质是什么呢?

子曰:"人而不仁,如礼何?人而不仁,如乐何?"(《论语·八佾》)

礼的本质不在于礼仪活动的排场,而在于参加礼仪活动的人的心理情感。孔子强调外在的礼乐形式都应该以内在心理情感"仁"为真实的凭依,否则只是空壳而已。换句话说,孔子认为"仁"是"礼"的根本;如果一个人没有仁心,那么他所行的礼仪也就没有任何意义。当然,孔子并不是对作为习俗的"礼"的否定,而是为礼找出存在的理由和根据,使人们自觉遵守社会规范,从而达到仁与礼的统一。

林放问礼之本。子曰:"大哉问!礼,与其奢也,宁俭;丧,与其易也,宁戚。"(《论语·八佾》)

其实,孔子本来是主张"哀而不伤",感情不过分的,但与其铺张浪费,就宁肯悲哀过度了。由此可见,孔子虽然十分重视礼仪,却反对形式主义的排场,而强调内心和感情上符合礼仪要求。

子曰:"居上不宽,为礼不敬,临丧不哀,吾何以观之哉?"(《论语·八佾》)

孔子认为,仅仅把礼作为一种仪式,是没有意义的。对待下属不宽厚,参加礼仪不严肃，参加丧礼不悲伤，仅仅做做样子给人看，这都是他坚决反对的。礼，必须以内在的仁为根本，失去仁作为礼的本源，礼就会沦为没有灵魂的外在的表现形式。在仁、礼关系中，孔子认为仁比礼更根本。

> 子夏问曰："'巧笑倩兮，美目盼兮，素以为绚兮。'何谓也？"子曰："绘事后素。"曰："礼后乎？"子曰："起予者商也！始可与言《诗》已矣。"(《论语·八佾》)

孔子以"绚"比喻仁之质，以"素"比喻礼之文，子夏竟然能由这个比喻领悟"礼后"的道理。"礼后"，就是仁先礼后，先质后文。但这并不意味着仁与礼的对立，也不意味着二者时间上的先后，而恰恰体现了二者由内而外，由外而内的联系。

另一方面，孔子又认为礼为仁之表征。棘子成与子贡的一段对话，清楚地显示出仁与礼的这种关系。

> 棘子成曰："君子质而已矣，何以文为？"子贡曰："惜乎，夫子之说君子也！驷不及舌。文犹质也，质犹文也。虎豹之鞟犹犬羊之鞟。"(《论语·颜渊》)

在棘子成看来，君子只要有好的本质（仁）就可以了，不必计较外在的仪节（礼），子贡认为内在的本质与外在的仪节同样重要。如果将虎豹和犬羊两类兽皮的文采都去掉，那么这两类皮革在外在的表象上就看不出什么区别了。由此可见，外在的文采是呈现内在本质不可缺少的条件。礼不能没有仁的浸润，但仁也不能失去礼的呈现。所以，在孔子那里，仁是礼的实质内容，礼是仁的表现形式。

当然，礼不只是仁的表现形式，同时也是仁的一种规范和约束。孔子说："君子博学于文，约之以礼，亦可以弗畔矣夫！"(《论语·雍也》)"恭而无礼则劳，慎而无礼则葸，勇而无礼则乱，直而无礼则绞。"(《论语·泰伯》)恭、慎、勇、直都是仁之显用，都是仁之一端，但是没有礼的规范和约束，就会表现为劳顿、畏惧、盲乱和急切等偏差。因此，礼在一定程度上规范着仁的发用。

因此，"克己复礼为仁"，就是人们在社会生活中，必须遵循道德规范"礼"，确保良好的社会秩序和生活和谐，最终实现"天下归仁"。

（三）推己及人

仁爱尽管是有差等的，是从亲亲开始的，但又可以施及众人。在孔子的仁学中，爱亲和爱众是有机地统一在一起的，是一个过程的起点和终点。出了家门，到社会上如何处理人际关系，孔子提出了一些非常重要的途径、方法和准则。孔子认为，道德思维并非遵循某种既定的外在原则，而是尽心，扩充本心，把自己本性中固有的道德推广于外，在与对象的关系中获得其现实性。这就是孔子的推己及人的道德思维方法。孔子的弟子曾子把它概括为"忠恕"。

> 子曰:"参乎!吾道一以贯之。"曾子曰:"唯。"子出。门人问曰:"何谓也?"曾子曰:"夫子之道,忠恕而已矣!"(《论语·里仁》)

朱熹解释说"尽己之谓忠,推己之谓恕"。

"忠"是从推己及人的积极一方面来讲的,就是尽己之心。孔子说:

> 夫仁者,己欲立而立人,己欲达而达人。能近取譬,可谓仁之方也已。(《论语·雍也》)

在孔子看来,一个有仁心的人,自己想立得住,同时也希望别人立得住;自己想行得通,同时也希望别人行得通。这就是"忠"。这是在满足自己某种需要的同时,也推己及人地帮助别人满足其需要,是一种与人共好的境界。孔子仁的思想是一种博爱,这种爱不是排他的,而是发自内心,设身处地地为他人着想,奉献自己。这是能近取譬的"仁之方"。

为仁在于立人达人,尽己致忠。在《论语》中,君子之"仁"首先表现在"主忠信",忠诚于己而守信于他人,不自欺也不欺人。经常反思自己"为人谋而不忠乎"(《学而》),"爱之,能勿劳乎?忠焉,能勿诲乎"(《宪问》)。这样才能胸怀广阔,与众人和谐相处,从而做到"言忠信,行笃敬"(《卫灵公》),"居处恭,执事敬,与人忠"(《子路》),从家庭生活的"孝悌"延伸到社会生活的"忠信",从而实现家国天下的安定和谐。

"己欲立而立人,己欲达而达人"这一思想的另外一种表述,就是"己所不欲,勿施于人",这就是"恕道",也就是包容、宽容、理解别人,与别人交往的时候将心比心。

> 子贡问曰:"有一言而可以终身行之者乎?"子曰:"其恕乎!己所不欲,勿施于人。"(《论语·卫灵公》)

子贡问孔子有没有一个字可以终身奉行的,孔子回答说大概是"恕"吧,可见,"恕"既是仁的基本内涵,也是行仁的基本方法。恕,就是自己所不想要的,绝不要强加给别人,强调的是尊重和包容的精神。

> 仲弓问仁。子曰:"出门如见大宾,使民如承大祭。己所不欲,勿施于人。在邦无怨,在家无怨。"仲弓曰:"雍虽不敏,请事斯语矣。"(《论语·颜渊》)

仲弓问什么是仁,孔子说,第一是出门工作就像会见外宾,意思就是要有诚敬之心;第二是治理百姓像承担重大祭典,就是态度要谨慎;第三是自己不想得到的诸如疾病、灾难、饥饿等不幸和困厄,也不要给予别人。这样在诸侯国,在大夫之家都不会使人有所怨恨。"出门如见大宾,使民如承大祭"是讲"敬","己所不欲,勿施于人"是讲"恕"。能以"敬"来要求自己,以"恕"来对待别人,自然不会招来怨恨,自然"在邦无怨,在家无怨",仁就在其中了。

与"己欲立而立人,己欲达而达人"相比,"己所不欲,勿施于人"从理论上讲比较容易做到。但在子贡自认已达到这一要求时,孔子却没有认同:

> 子贡曰:"我不欲人之加诸我也,吾亦欲无加诸人。"子曰:"赐也,非尔所及也。"(《论语·公冶长》)

在孔子那里,恕道为先,主张推己及人,反求诸己,而不是外求诸人。子贡言"不欲人之加诸我也",实际上就含有先人而后己之意在内,所以孔子不赞同他。由此可见,尽己是推己的前提,正己然后才能正人,自己善,然后才能与人为善。而另一方面,推己是尽己的目的。与道家不同,儒家不仅追求独善其身,而且更主张兼善天下。总而言之,孔子推己及人的道德思维方式要求人们待人如己,以对待自己的行为作为对待他人的行为范式。

(四)为仁由己

孔子认为,施行"仁爱"是个人的事情,因此在"为仁"的实践中,孔子强调人的主观能动性,提出"为仁由己"的命题。

> 颜渊问仁。子曰:"克己复礼为仁。一日克己复礼,天下归仁焉。为仁由己,而由人乎哉?"(《论语·颜渊》)

"为仁由己",就是一个人是否能成为仁人,取决于自己的主观努力,也就是说仁内在于每一个人的主体之中。在此,孔子充分肯定了道德实践的主体性原则。子曰:"苟至于仁矣,无恶也。"(《论语·里仁》)立志于仁,就不会做坏事了。"人能弘道,非道弘人"(《论语·卫灵公》),强调了求仁弘道的主体能动性和主观自觉性。

仁虽然是理想人格,却不是高不可攀、遥不可及的。

> 子曰:"仁远乎哉?我欲仁,斯仁至矣!"(《论语·述而》)

人们想要"成仁",关键在于能否"欲仁",能否"行仁"。"欲仁"是"行仁"的前提,没有内心对于"仁"的渴望与追求,在现实中就不会有"仁"的行动。只要意识到为仁的道德价值并且身体力行,随时都可以做到仁。只要有行仁的愿望、勇气和毅力,那么他就一定可以践行仁。

在孔子看来,一时做到仁并不难,难的是持之以恒。

> 子曰:"有能一日用其力于仁矣乎?我未见力不足者。"(《论语·里仁》)

孔子再次肯定了为仁的关键就是身体力行,坚持不懈。正如毛泽东所说的,一个人做一件好事并不难,难的是一辈子做好事,不做坏事。

> 子曰:"譬如为山,未成一篑,止,吾止也。譬如平地,虽覆一篑,进,吾往也。"(《论语·子罕》)

为仁就如同平地堆山,为山九仞,功亏一篑,土堆高已至九仞,只差一筐土而没有成功，是谁造成的？孔子回答：是自己。虽然只在平地倒一筐土，离成功之路还相差很远，但如果持之以恒，最终大功告成，这是谁造就的？孔子回答：还是自己。是进是止，成功失败完全取决于自己的自由选择。这就告诉人们，仁德的实现首先在于人的主观意志，在于道德认知基础上的自觉追求与把握。

因此，仁者应当自觉地时时处处实行仁德，以此作为自己的责任。

> 子曰："富与贵，是人之所欲也；不以其道得之，不处也。贫与贱，是人之所恶也；不以其道得之，不去也。君子去仁，恶乎成名？君子无终食之间违仁，造次必于是，颠沛必于是。"（《论语·里仁》）

富贵是人人所盼望的，但是不用正当的手段去得到它，君子不接受；贫贱是人人所厌恶的，不用正当的手段摆脱它，君子也不接受。仁要靠身体力行，一点一滴去做，持之以恒，即使是在吃完一顿饭的短暂时间里，也不离开仁德，在仓促匆忙、颠沛流离的时候，也与仁德同在。

孔子的学生曾子发挥孔子的仁学思想，说："仁以为己任，不亦重乎？死而后已，不亦远乎？"（《论语·泰伯》）他认为，要以仁为己任，任重道远，死而后已。

孔子倡导"为仁由己"，也就是道德自律的主张。他曾这样认为：

> 君子求诸己，小人求诸人。（《论语·卫灵公》）

君子反省自己，小人要求和责备别人。他还说：

> 射有似乎君子：失诸正鹄，反求诸其身。（《礼记·中庸》）

就是说，射箭就像君子行事一样，如果没有射中靶子，就应该从自身去查找原因。反求诸己的目的是自律和自我提高，是使外在竞争的压力化为通过个人努力改变自身命运的内在动力。曾子就深明此道，并以"吾日三省吾身"（《论语·学而》）而闻名于世。

孔子认为，生而知之者只是少数人，大部分人都只是普通人，因此后天的学习就成了人们提高自身修养进而达到理想人格境界"仁"的重要途径。孔子指出："好仁不好学，其蔽也愚。"（《论语·阳货》）不学就不能了解事理，不能明辨是非，不能明白如何正确处理问题，品格都会出现弊端。孔子的学生子夏，能够体会和发挥孔子的本意：

> 子夏曰："博学而笃志，切问而近思，仁在其中矣。"（《论语·子张》）

博学各种知识，坚定志向，恳切提问，思考当前的问题，仁就在其中了。只有通过不断地学习，才能提高知识水平和认识水平，才能真正有效地去实行仁德。

（五）杀身成仁

在孔子看来，一个人如果有求仁的志向，那么就会在内心有一种精神力量去支持他乐观地面对人生，树立一种积极向上的人生观，做到"三军可夺帅也，匹夫不可夺志也"（《论语·子罕》），当为了仁必须有所牺牲的时候，他提出了"杀身以成仁"的境界和目标。

> 子曰："志士仁人，无求生以害仁，有杀身以成仁。"（《论语·卫灵公》）

如何对待生死，也是对一个人的最大考验。人的生命只有一次，而且这只有一次的生命确实是其他一切可能性得以开展的前提和基础。但是，孔子却提出杀身成仁，可见，孔子认为仁是比生命还要重要的东西，它显示了儒家的生命价值取向。

儒家的生命价值取向，首先是希望能够得其正而死。《礼记》中记载了曾子临终时的一段话：

> 吾何求哉？吾得正而毙焉，斯已矣。（《礼记·檀弓上》）

把得其正而死看作善终。孟子也说：

> 尽其道而死者，正命也；桎梏死者，非正命也。（《孟子·尽心上》）

能尽力行道而死的人，就是正命而死，而那些因犯罪遭受刑戮而死的人则是死于非命。在儒家看来，人要有完美的人生结局，"尽其道"的人生才是完美的人生。

此外，儒家还追求精神的不朽。死亡是任何人都无法逃避的。儒家重视的是一个人在后世留下的影响，认为人的价值、人生的意义应该体现在后世，即人死之后人们对这个人的肯定和承认。孔子称：

> 齐景公有马千驷，死之日，民无德而称焉。伯夷、叔齐饿于首阳之下，民到于今称之。其斯之谓与？（《论语·季氏》）

齐景公是一国的诸侯，但即使他有权有势，他死的那天，因为他没有高尚的情操，也没有人称道他。伯夷、叔齐是商朝时的贤人，因周得天下是采用暴力，他们反对这种方式故而不食周粟，饿死在首阳山下。他们高尚的情操至今被民众称道。被民众称道的人不一定是有钱有权的人，只有拥有高尚情操优秀品德的人才能流芳百世。因此，儒家面对必然降临的死亡，提出了"显身扬名"的主张。流芳千古，不仅是对生命价值的回报，更是对死亡的一种超越。

> 子曰："君子疾没世而名不称焉。"（《论语·卫灵公》）

因此，《孝经》要人"立身行道，扬名于后世"。在儒家看来，赢得生前身后名是比什么都重要的事情，如果一个人生前未为人所知，死后不被后世称道，那真是没有什么价值了。

> 子曰："后生可畏，焉知来者之不如今也？四十、五十而无闻焉，斯

亦不足畏也已。"(《论语·子罕》)
与这一思想相承，孟子提出："君子创业垂统，为可继也。"(《孟子·梁惠王下》)君子追求以求道为目标的死而后已的使命人生，是为了获致不朽的结果。他们追求道正是为了追求不朽，认为死而不朽才是最好的死亡方式。

其实在现实生活中，有几种方式可以实现对死亡的超越，做到死而不朽。第一种方式，是通过子孙、家族的嗣续来达到不朽。这是一种几乎所有人都能做到，通过人们的生理行为就可以实现的，是一种大众的肯定生命留存的方式。第二种方式，是通过重生安死来达到对死亡的超越。这是通过对儒家思想的体认来达到的一种精神境界，是大多数人只要想做就可以达到的。第三种方式，是通过立德、立功、立言来达到不朽。这一种方式对人们的要求很高，也最难达到。用一句时髦的话说就是一种精英的价值观。儒家"显身扬名"的愿望就是靠立德、立功、立言的"三不朽"来支撑，得以名称于世的。有了这样的人生价值理想，就有了人生的奋斗的动力。"三不朽"精神的实质，是要求人们跳出"生"的限囿，在"生"前就立于"死"后来观照人生，用死后的精神性、观念性的所得来促使自己放弃生前物质性诱惑的追求。

因此，尽管人的生命非常重要，但在儒家看来，肉体的生命并不具有至高无上的地位。儒家认为道德属性才是人的基本属性。所以，维护道德的尊严，就是维护做人的尊严。

后来，孟子对孔子的杀身成仁的思想进行了发展，他说：

  鱼，我所欲也；熊掌，亦我所欲也；二者不可得兼，舍鱼而取熊掌者也。生，亦我所欲也；义，亦我所欲也；二者不可得兼，舍生而取义者也。生亦我所欲，所欲有甚于生者，故不为苟得也；死亦我所恶，所恶有甚于死者，故患有所不避也。(《孟子·告子上》)

儒家两位圣人的经典论述被后人概括为"杀身成仁""舍生取义"。需要明确的是，并不是说只有杀身、舍生才能行仁、成义，如果是那样的话，仁义就没有了载体，也不会推行下去了。这句话的意思是说，当维持生命的存在有损于仁义，二者之间不可得兼的时候，必须做出一个选择，儒家给出的选择答案就是成仁取义、杀身舍生。儒家在这里提倡的，不是"杀身"，而是"成仁"，这里所要传述的是一种"仁"的至高境界，究其底是一种以"仁"为发端的，有所为的自觉行为意识。"杀身"的目的，不是就名趋利，而是"仁"这样一个自觉的行为意识。

儒家的"杀身成仁""舍生取义"是人生的一种冲突状态下的选择。选择死亡，不是对生命的蔑视，而是因为生命中出现的矛盾唯有死亡才能消解。人们的生命是由信念和道义支撑的，当自己恪守的生命原则被某种不可抗力冲破时，生命便成了唯一的负担，生存的意义和价值因为生存本身而不复存在。此时唯有死亡才能解脱，才能使生命的意义不致泯灭。选择不死亡，以生的方式存在下去，是因为生命中的矛盾不值得用生命去消解，生命的存在可能会带来希望和奇迹。当生命可以带来更多的收获，实现更大族群的利益时，唯有存在才能使生命更有意义，使生活更精彩。儒家为人们的生命价值设定提供了一种选择，一种道德理想主义的选择。

孔子的这句话，对于培养道德修养的自觉性和弘扬民族正气曾起过深刻的熏陶哺育作用。司马迁说得好："人固有一死，或重于泰山，或轻于鸿毛。"(《报任安书》)是不是杀身成仁，决定于为什么而死。仁者爱人，是爱人民；为人民利益而奋斗献身，才是杀身成仁。

综合起来看，仁最终的追求，就是让一心之仁充之四海，实现"老者安之，朋友信之，少者怀之"的理想社会。

> 颜渊、季路侍。子曰："盍各言尔志？"子路曰："愿车马衣轻裘与朋友共，敝之而无憾。"颜渊曰："愿无伐善，无施劳。"子路曰："愿闻子之志。"子曰："老者安之，朋友信之，少者怀之。"(《论语·公冶长》)

在这里，孔子用"老者安之，朋友信之，少者怀之"非常简洁地为我们描绘了一幅和谐有序的社会景象，这就是孔子所追求的四海之内皆兄弟、天下归仁的大同理想社会。

三、"仁"的现代意义

回顾历史，旨在现实。今天，在全球经济一体化的大背景下，我们面对工具理性的扩张和商品意识的泛化，面对人类价值迷茫和自我丧失，人们不能不提出这样的问题：什么是人？人生的价值到底是什么？如何找回真正的自我？如何构建人类生存的人文环境和自然环境？要回答这些问题，除了从现实社会中寻找答案外，还可以通过对儒家的"仁学"思想进行深刻反思和重新诠释，从而获取有益的文化资源和人生智慧，为构建和谐社会、和谐世界提供思想和理论依据。

（一）仁为己任，塑造崇高人格

孟子说"人之所以异于禽兽者几希"(《孟子·离娄下》)。其实，除了吃穿住行等物质需求以外，人跟动物的差别仅仅在于人有精神自觉、精神需求。面对世事的变迁，人需要终极关怀，需要建立健全的人格，安顿自己的心灵，否则人就会迷失和困惑。而在现实中，价值体系可能会失衡和混乱，即物质的、技术的、功利的追求在人生中占据了压倒一切的统治地位，而人的精神与心灵却不断地被压抑，被扭曲，被异化。在这种情况下，一切潜在的道德底线荡然无存，最终表现为整个社会的道德沦丧，失却了正确的人生观、价值观、荣辱观和权力观。人们的物质生活虽然得到了较大的提高，但幸福指数和快乐指数却大为下降，人们失去了心灵上的真正快乐，造成了物质生活与精神生活的严重失衡，人的精神家园的失落是现代社会不争的事实。

党的十九大报告指出："人民有信仰，国家有力量，民族有希望。"孔子的"仁学"思想作为立人立德之学，关乎人的道德生命和精神生命的挺立，势必能建立现代人的理想人格。

儒家的仁爱之学，首先是以"自爱""自尊"为内容的为己之学，也就是要求君子自修其身，自爱其身，将自己修养成品德高尚的君子，做到自身"心"与"身"的和谐统一。

孔子认为，"自爱""自尊"是获得他人"爱"与他人"尊"的前提。要想得到他人的爱心，首先要自爱；要想得到他人的尊敬，首先要自尊。孔子认为，一个人"群居终日，言不及义，好行小慧"（《论语·卫灵公》），想要得到他人的敬与爱，是非常难的。汉代扬雄曾经说过："人必其自爱也，然后人爱诸；人必其自敬也，然后人敬诸。自爱，仁之至也；自敬，礼之至也。未有不自爱、敬，而人爱、敬之者也。"（《法言·君子》）

儒家提倡的"自爱""自尊"的"为己之学"是超越功利主义的道德境界，"仁学"中所蕴藏的真、善、美，可以为现代人的"心灵环保"提供精神资源，为"心"与"身"的和谐提供有益的启示。这才是人类获得真正价值和人生快乐的精神源泉。

因此，孔子仁学非常强调个人的道德修养，强调"为仁由己"，一个人要想成为一个有德行的人，光靠外在的强制约束是远远不够的，自己的主观自觉性是非常重要的。同时还要克己自律，自觉自愿地遵守道德规范，合理调控自己的欲望。

在日常生活和社会工作中，我们也要不断提高自身的修养。这就要求继承和弘扬以"自爱""自敬"为核心的"修己之学"，以仁为己任，切实加强道德修养，提高思想觉悟、道德水准、文明素养，树立正确的历史观、民族观、国家观、文化观，激励我们向上向善、孝老爱亲、忠于祖国、忠于人民，成为具有崇高人格和远大理想的人，彰显人性中的真、善、美。

（二）仁者爱人，增进社会友善

"仁"的思想产生于以家庭为本位的文化土壤里，这与西方以个人为本位的文化大异其趣。在一个以家族为单位的世界中，儒家所谓的父子、夫妇、兄弟、君臣和朋友"五伦"，是每个人必须面对的最基本的人际关系。构建和谐社会，既是建设社会主义现代化国家的内在要求，同时也是全党全国人民的共同愿望。要实现和谐社会的目标，就必然要求社会内部的人与人之间做到和谐相处。

生活在现实社会中的人，尤其是生活于当下竞争激烈的市场经济环境之中的中国人，不仅需要亲情的温馨来慰藉，同时也需要友谊，需要和那些与自己生命相契合的人的生命交融。所以五伦之爱，对于当下社会仍然具有十分重大的现实意义。

在现代社会中，许多人在独立走上工作岗位之后，由于工作压力和激烈竞争，似乎就不得不整天为其事业的成功，为自己的物质家园，如购房、买车、追求高档物质享受等，从早到晚忙个不停。经过多年的奋斗，事业可能成功了，却常常失去了人生最珍贵的东西——亲情。因此，现代社会存在着"虐待老人""啃老族"以及"代沟"等现象，说明现代家庭成员之间的关系出现了问题。儒家强调在自己"自爱""自敬"的基础上，把爱和敬推展到爱、敬自己的父母兄弟和家族邻里。孔子认为，一个人与自己最亲近的人都没有仁爱之心，又怎么能有仁爱之心去对待他人？一个在家不孝敬父母、不慈爱兄弟和妻儿的人，在社会上不可能尊敬师长和朋友。

我们在现实生活中时时刻刻约束自己的言行，提高自身的道德修养，严以律己，宽以待人；在家庭生活中做到孝敬父母、尊敬兄长、关心子女，形成父慈子孝、兄友弟恭和夫义妻柔的关系，就可以构建平等而和谐的家庭氛围，从而使现代人重新找回珍贵的人间亲情。

每个人既是个体的，也是群体的，个体不可能独立于社会和他人之外而单独生活。所以在与人交往的过程中，对待别人能做到恭、宽、信、敏、惠，怀着推己及人之心，善于理解别人，经常设身处地为他人着想，邻里、朋友之间真诚相待，互帮互助，在别人遇到困难时能伸出援助之手，人与人之间才能彼此友爱，和睦相处，从而有利于良好社会风尚的形成，使我们的生活到处充满阳光和爱。

（三）仁政爱民，推动官德教育

儒家的仁爱思想，进一步贯彻到治国当中，就是孔子提出的"为政以德"的治国理念。

中国共产党人的初心和使命，就是为中国人民谋幸福，为中华民族谋复兴。因而全党永远与人民同呼吸、共命运、心连心，永远把人民对美好生活的向往作为奋斗的目标。但是，在市场经济的刺激之下，一些官员由于纵欲主义和享乐主义的极度膨胀，把自己塑造成了物质世界的富有者，精神世界的贫血儿，他们贪污腐化、利欲熏心、道德败坏，没有正确的人生观、价值观、荣辱观和权力观。他们什么都不缺，就缺一个"德"字。

孔子的"君子谋道不谋食"（《论语·卫灵公》）的人生价值取向，敦促国家官员遵循"喻于义"的君子之道，教育官员要常修为政之德，常怀律己之心，切实加强道德修养，提高拒腐防变的能力，真正做到权为民所用，情为民所系，利为民所谋。

孔子还主张举贤才，认为"举直错诸枉，则民服；举枉错诸直，则民不服"(《论语·为政》)。党的干部是党和国家事业的中坚力量。习近平总书记指出，要建设高素质专业化干部队伍，"要坚持德才兼备、以德为先，坚持五湖四海、任人唯贤，坚持事业为上、公道正派"，坚持正确选人用人导向，匡正选人用人风气，加强对权力运行的制约和监督，让人民监督权力，让权力在阳光下运行，把权力关进制度的笼子里，让干部知敬畏、存戒惧、守底线，习惯在受监督和约束的环境中工作生活。保证干部清正、政府清廉、政治清明，才能确保国家的长治久安。

（四）民胞物与，提升生命境界

人与自然是生命共同体，人类必须尊重自然、顺应自然、保护自然。党的十九大报告指出，我们要建设的现代化是人与自然和谐共生的现代化，既要创造更多物质财富和精神财富以满足人民日益增长的美好生活需要，也要提供更多优质生态产品以满足人民日益增长的优美生态环境需要。

科技和生产力的提高，极大地推动了整个社会的发展，但与此同时也出现了一系列的问题。现代人类私欲的极度膨胀，以及西方"天人二分""主客对立"的思维模式和人类中心论的错误引导，破坏了人与自然之间的和谐，造成了自然环境的严重污染，我们面临着失去自己美丽家园和立足之地的困境。因此，建设生态文明成为中华民族永续发展的千年大计。党的十九大报告指出："必须树立和践行绿水青山就是金山银山的理念，坚持节约资源和保护环境的基本国策，像对待生命一样对待生态环境。"

要改变目前的生活习惯和行为方式，就必须改变我们的思想认识和思维习惯。儒家"以仁爱物"的生态环保思想，对构建天人和谐具有重要的启示意义。《周易·坤卦》曰："地势坤，君子以厚德载物。"天地和而万物生，天是万物之父，地是万物之母，而天地之间万物靠大地生长，大地母亲以广厚之德承载与包容着万物。所以，君子应当效法"地势坤"的美德，以深厚仁慈的态度来化育万物、爱护万物。

儒家主张取物顺时，人如果要与天地合其德，与四时合其序，就要做到树木以时伐焉，禽兽以时杀焉。儒家还主张取物不尽物，竭力反对人类对生态资源的疯狂掠夺，以防止动植物的灭绝，从而保证自然万物的持续发展。因此，我们应该遵循自然规律，与大自然保持和谐，自觉珍惜和保护自然环境，构建人与自然和谐相处的生态文明。要统筹山水林田湖草系统治理，实行严格的生态环境保护制度，形成绿色发展模式和生活方式，坚定走生产发展、生活富裕、生态良好的文明发展道路，建设美丽中国，为人民创造良好生产生活环境，为全球生态安全作出贡献。

北宋大儒张载指出:"民,吾同胞;物,吾与也。"(《西铭》)张载认为,人与天地之间的关系不是征服者与被征服者的关系,而是民胞物与、仁者与天地万物一体的平等和谐关系。人类不再为了满足自己膨胀了的私欲,过度地向大自然索取,而是以平等的朋友关系,真正做到王阳明"山川草木鬼神鸟兽也,莫不实有以亲之"的境界。不管是《论语》中的"曾点之乐",还是《醉翁亭记》中的"山林之乐",都是一种超越功名、利禄、得失而回归自然的自得之乐,是一种天人和谐的理想境界。

推荐书目:

1. 冯友兰:《中国哲学简史》,北京大学出版社2012年版。
2. 朱贻庭:《中国传统伦理思想史》,华东师范大学出版社2003年版。
3. 牟钟鉴:《新仁学构想》,人民出版社2013年版。

思考题:

1. 简述《论语》中"仁"的基本内涵。
2. 简述"仁"与"礼"的关系。
3. 简述"仁"的现代价值。

《论语》论"仁":

1. 有子曰:"其为人也孝弟,而好犯上者,鲜矣;不好犯上,而好作乱者,未之有也。君子务本,本立而道生。孝弟也者,其为仁之本与!"(《学而》)

2. 子曰:"巧言令色,鲜矣仁!"(《学而》)

3. 子曰:"弟子,入则孝,出则悌,谨而信,泛爱众,而亲仁。行有余力,则以学文。"(《学而》)

4. 子曰:"人而不仁,如礼何?人而不仁,如乐何?"(《八佾》)

5. 子曰:"里仁为美。择不处仁,焉得知?"(《里仁》)

6. 子曰:"不仁者不可以久处约,不可以长处乐。仁者安仁,知者利仁。"(《里仁》)

7. 子曰:"唯仁者能好人,能恶人。"(《里仁》)

8. 子曰:"苟志于仁矣,无恶也。"(《里仁》)

9. 子曰:"富与贵,是人之所欲也;不以其道得之,不处也。贫与贱,是人之所恶也;不以其道得之,不去也。君子去仁,恶乎成名?君子无终食之间违仁,造次必于是,颠沛必于是。"(《里仁》)

10. 子曰:"我未见好仁者,恶不仁者。好仁者,无以尚之;恶不仁者,

其为仁矣，不使不仁者加乎其身。有能一日用其力于仁矣乎？我未见力不足者。盖有之矣，我未之见也。"（《里仁》）

11. 子曰："回也，其心三月不违仁，其余则日月至焉而已矣。"（《雍也》）

12. 樊迟问知。子曰："务民之义，敬鬼神而远之，可谓知矣。"问仁。曰："仁者先难而后获，可谓仁矣。"（《雍也》）

13. 子曰："知者乐水，仁者乐山；知者动，仁者静；知者乐，仁者寿。"（《雍也》）

14. 子贡曰："如有博施于民而能济众，何如？可谓仁乎？"子曰："何事于仁，必也圣乎！尧舜其犹病诸！夫仁者，己欲立而立人，己欲达而达人。能近取譬，可谓仁之方也已。"（《雍也》）

15. 子曰："志于道，据于德，依于仁，游于艺。"（《述而》）

16. 子曰："仁远乎哉？我欲仁，斯仁至矣。"（《述而》）

17. 曾子曰："士不可以不弘毅，任重而道远。仁以为己任，不亦重乎？死而后已，不亦远乎？"（《泰伯》）

18. 子曰："知者不惑，仁者不忧，勇者不惧。"（《子罕》）

19. 颜渊问仁。子曰："克己复礼为仁。一日克己复礼，天下归仁焉。为仁由己，而由人乎哉？"颜渊曰："请问其目。"子曰："非礼勿视，非礼勿听，非礼勿言，非礼勿动。"颜渊曰："回虽不敏，请事斯语矣。"（《颜渊》）

20. 仲弓问仁。子曰："出门如见大宾，使民如承大祭。己所不欲，勿施于人。在邦无怨，在家无怨。"仲弓曰："雍虽不敏，请事斯语矣。"（《颜渊》）

21. 樊迟问仁。子曰："爱人。"问知。子曰："知人。"樊迟未达。子曰："举直错诸枉，能使枉者直。"樊迟退，见子夏曰："乡也吾见于夫子而问知，子曰，'举直错诸枉，能使枉者直'，何谓也？"子夏曰："富哉言乎！舜有天下，选于众，举皋陶，不仁者远矣。汤有天下，选于众，举伊尹，不仁者远矣。"（《颜渊》）

22. 樊迟问仁。子曰："居处恭，执事敬，与人忠。虽之夷狄，不可弃也。"（《子路》）

23. 子路曰："桓公杀公子纠，召忽死之，管仲不死。曰：未仁乎？"子曰："桓公九合诸侯，不以兵车，管仲之力也。如其仁！如其仁！"（《宪问》）

24. 子贡曰："管仲非仁者与？桓公杀公子纠，不能死，又相之。"子曰："管仲相桓公，霸诸侯，一匡天下，民到于今受其赐。微管仲，吾其被发左衽矣。岂若匹夫匹妇之为谅也，自经于沟渎而莫之知也。"（《宪问》）

25. 子曰："君子道者三，我无能焉：仁者不忧，知者不惑，勇者不惧。"子贡曰："夫子自道也。"（《宪问》）

26. 子曰："志士仁人，无求生以害仁，有杀身以成仁。"（《卫灵公》）

27. 子曰："民之于仁也，甚于水火。水火，吾见蹈而死者矣，未见蹈仁而死者也。"(《卫灵公》)

28. 子曰："当仁，不让于师。"(《卫灵公》)

29. 子张问仁于孔子。孔子曰："能行五者于天下为仁矣。""请问之。"曰："恭、宽、信、敏、惠。恭则不侮，宽则得众，信则人任焉，敏则有功，惠则足以使人。"(《阳货》)

30. 子夏曰："博学而笃志，切问而近思，仁在其中矣。"(《子张》)

第七讲 《论语》中的"义"

"义",作为儒家伦理学范畴之一,常与"仁"并举。它是儒家的核心德目,也是历代儒生自律与教人的恒定坐标。

一、"义"的起源

"义"是中国思想史和儒家思想中与"仁"相提并论的一个核心概念。"义"字出现得比较早,见于殷商甲骨文,仅作地名,字义不明。两周金文"义"多用作威仪之"仪",如西周《叔向簋》"秉威仪"、《虢叔钟》"皇考威仪",春秋《蔡侯盘》"威仪游游";有时也用作人名,如西周《仲义父鼎》《义伯簋》,春秋《徐王义楚盘》等。《说文解字》"义"字篆文与甲骨文、金文"义"字字形一脉相承,均从"我"从"羊"。两周金文"义"的"威仪"之义,也被《说文解字》采用。许慎《说文解字》:"义,己之威仪也。从我羊。""己之威仪"有两种含义:

第一是仪仗、礼节、仪式。《尚书大传》卷一下记载:"尚考太室之义,唐为虞宾。"郑玄注:"义当为仪。仪,礼仪也,谓祭太室之礼,尧为虞宾也。"祭祀是商周时代国家的两件大事之一,祭祀时有严格的礼仪制度,如《周礼》云:"凡国之大事,治其礼仪。"

第二是仪容、仪表、风度。这就是礼仪之"仪"包含了"仪容"的意思。此含义在金文中使用比较多,成为常用义。根据《金文语料库》进行统计,仅"威义"一词,就有23条记录,说明这个意义的使用在周代已经非常普遍。比如《叔向父禹簋》:"共(恭)明德,秉威义(仪)。"就是恭敬地奉行光明之德,保持威严的仪容。

殷周以至春秋时期的"义"虽然并未产生"仁义""正义"的意思,但已经引申出"善""美好"的含义。这个含义在金文中主要用来描述过世的先人,但在春秋以后,应用逐渐普遍。比如《诗经·大雅·文王》:"宣绍义问。"毛亨传:"义,善也。"此句的意思是,明白地宣扬美好的名誉。《礼记·缁衣》:"章义瘅恶。"至今成语当中还有"彰善瘅恶"和"章义瘅恶",可为异文。

"义"由本义扩张,引申为"宜",适宜的意思。《释名·释言语》说:"义,宜也。"这方面的例子非常多,比如西周《师旂鼎》"义(宜)播诸厥不从",春秋《者汈钟》"勿有不义(宜)"等。

在出土战国文献所见古文中,"义"继承了殷商甲骨文和两周金文的形体,大都写作上"羊"下"我"。在意义上,除继承了前代人名、地名、"威仪"和"宜"的意义之外，还产生了"仁义""正义"的含义。楚简中"义"字作"仁义""正义"解的，首见于长沙子弹库楚帛书丙篇一〇·三"除去不义"和一一·四"戮不义"两例。而在郭店楚简和上博竹书中，"义"除了单作"仁义""正义"的"义"之外，还常常跟仁、德、礼、理、圣、智、信、情等表示儒家道德、德性的词并举或对举，比如郭店楚简《老子》丙篇简3"焉有仁义"，《成之闻之》简31"制为君臣之义"，《唐虞之道》简8"仁而未义也"；上博简《容成氏》简9"笃义与信"，《融师有成氏》简1"仁义智信"等。"仁义""正义"的含义，在郭店楚简和上博竹书中，已经超过了"义"的其他用法而成为主要含义。

战国楚简中表示"仁义""正义"含义的"义"，还写作"𢡆"，这应该是在战国时期"义"的含义已经基本完成由"威仪""仪态"转指"仁义"之后，特地创造出来的一个专门表示内在德性、心性的"义"字。在中国思想史上，对仁、义的内外之争曾形成三种典型的仁义观，那就是告子的"仁内义外论"，孟子的"仁义内在论"和董仲舒的"仁外义内论"。孟子认为，仁义等道德都是根植于人心的本性，是人心固有的天性，因而是内在的。战国楚简"义"写作"𢡆"，着意突出"义根于心"以区别于源自外表仪态之"义"。"𢡆"从心，说明"义"不仅仅是外在的行为表现，更是人内在的德性、心性，这是孟子"仁义内在"思想在文字中的生动体现。

二、《论语》中的"义"思想

在孔子思想学说中，虽然"仁"与"礼"具有核心的地位，但是"义"也同样不可忽略。《论语》中共有20处提到"义"，由此可以看出，"义"在孔子思想学说中的真实内涵及其意义。

《论语》中的"义"淘汰了之前"义"观念中本有的仪容、仪式等内容，衍生出一个以"义利之辨"为中心，以"修己""治民"为主要方向和范围的道德规范。

（一）义之与比

在《论语》中，"义"指做事要符合应该遵循的道理和原则。《礼记·中庸》也解释"义者，宜也"，指思想和行为要遵循和符合标准。《论语·里仁》记载孔子的话说：

君子之于天下也，无适也，无莫也，义之与比。

这里的"义"就是"宜"，即合理、恰当的意思。君子行事，无适无莫，无可无不可，并没有一个统一不变的标准，只以"义"为遵从的标准，要因时、因地、因人、因事、因势制宜，经权结合，唯义所从。孔子的弟子问仁，孔子没有相同的回答，体现了孔子根据学生的具体情况作出最合理、最恰当应答的做法。再比如，子路和冉有两个人都问"闻斯行诸"这一问题，而孔子给出的回答恰好相反，公西华感到疑惑，就问其中的缘由。孔子回答："求也退，故进之；由也兼人，故退之。"（《论语·先进》）另外，孔子是主张积极入世、为理想而奋斗不息的人，但同时他也注意引导人们审时度势，反对作无谓的牺牲。

子曰："笃信好学，守死善道。危邦不入，乱邦不居。天下有道则见，无道则隐。"（《论语·泰伯》）

子曰："邦有道，危言危行；邦无道，危行言孙。"（《论语·宪问》）

子谓南容，"邦有道，不废；邦无道，免于刑戮"。以其兄之子妻之。（《论语·公冶长》）

这些论述的主旨在于，一个人既要坚守道义，保持自己的人格操守，又要审时度势、根据环境和条件决定个人的进退行止，不能鲁莽行事或作无谓的牺牲。他称赞他的弟子南容在这方面的表现，并因此将侄女许配给南容，说明孔子是极其看重这种处世才能的。这些例子都表现了孔子无适无莫、义与之比的做法与态度。

当然，作为一定标准和原则的"义"，总是与一定的社会伦理秩序相联系。孔子所处的春秋末期，是礼坏乐崩的时代，各种非礼、违礼的行为随处可见，无论是天下局势，还是各诸侯国国内的政治，都在随着人们对现实利益的追逐而陷入混乱和无序。在这个背景下，孔子提出"礼以行义，义以生利，利以平民，政之大节也"（《左传·成公二年》），集中表达了礼以行义的思想。

在孔子看来，周礼是经过数代总结和损益的文明规则，是理想的、唯一可靠的社会伦理制度。

子曰："殷因于夏礼，所损益，可知也；周因于殷礼，所损益，可知也。其或继周者，虽百世，可知也。"（《论语·为政》）

因此周礼在当时仍然是最为先进的社会制度，是孔子可以利用的最先进的制度资源，所以他曾经感叹"周监于二代，郁郁乎文哉！吾从周"（《论语·八佾》）。孔子面对变化了的社会矛盾，提出礼以行义的思想，就是想通过具体的政治行动来落实"礼"的要求，使"礼"的规则约束转变为"义"的具体行动，突出"义"的实践性特征。

在孔子的政治思想中，不乏以礼行义的具体事例。

子路曰："卫君待子而为政，子将奚先？"子曰："必也正名乎！"子路曰："有是哉，子之迂也！奚其正？"子曰："野哉，由也！君子于其所不知，盖阙如也。名不正，则言不顺；言不顺，则事不成；事不成，则礼乐不兴；礼乐不兴，则刑罚不中；刑罚不中，则民无所错手足。故君子名之必可言也，言之必可行也。君子于其言，无所苟而已矣。"（《论语·子路》）

此处孔子集中论述了关于正名的政治伦理思想。"正"谓正定,"名"谓名分,实即礼乐等级制度。春秋时期,礼坏乐崩,社会急剧变化,呈现了名实相怨即名不副实的矛盾。当时卫国父子争位,父不像父,子不像子,孔子认为即源于名之不正。所以治理卫国,必须从正名开始。正名的要求,即"君君,臣臣,父父,子子"(《论语·颜渊》),以维护等级伦理制度,恢复礼治。《礼记·文王世子》:"正君臣之位、贵贱之等焉,而上下之义行矣。"也就是人们要按照符合宗法等级制度中所处的地位和名分的"礼"来说话做事,各得其宜,就是"义",反之就是越礼,就是不义。

(二)君子喻于义

在伦理法则上,义还是道德修养的标准。"义"字的繁体写作"義"。《说文解字》说"義""从我羊"。段玉裁注:"从羊者,与善、美同意。"由此可知,"义"就是善与美的标准。在《论语》中,其实质就是"仁"。尽管达到仁的方法很多,却都有一个共同之处,那就是都要行"义"。《礼记·礼运》曰:"仁者,义之本。"在孔子那里,任何一种道德行为都出自"仁"。作为道德主体的"仁",必须要通过一个中介进行转化才能表现出来,这就是"义"。可以说,义自"仁"而出,不仁也就不义,韩愈的"博爱之谓仁,行而宜之谓义"(《原道》),就表明了这一点。

在孔子的心目中,所有德行虽然以"仁"为根源,却表现在对"义"的直接践履上。《论语·卫灵公》中记载:

> 子曰:"群居终日,言不及义,好行小慧,难矣哉!"

可见,孔子特别要求对"义"的直接践履,并认为言不及义的人只会看到小恩小惠,是很难教导的。

虽然"仁"是"义"的根源,"义"由"仁"而出,但另一方面,孔子还认为"义"对"仁"有规定和制约的作用。《朱子语类》卷六:"义者,仁之断制。"这句话表明了确定一个人的行为是否符合"仁"时,"义"具有判断标准的地位。《论语·颜渊》记载:

> 子张问:"士何如斯可谓之达矣?"子曰:"何哉,尔所谓达者?"子张对曰:"在邦必闻,在家必闻。"子曰:"是闻也,非达也。夫达也者,质直而好义,察言而观色,虑以下人。在邦必达,在家必达。夫闻也者,色取仁而行违,居之不疑。在邦必闻,在家必闻。"

在孔子看来,表面上爱好仁德,实际行为却并非如此,在做官和居家的时候,一定会骗取名望。因此,孔子认为,"仁"必须要由"义"表现出来,体现在实际行动上。比如,在父子之间体现为父慈子孝,在兄弟之间体现为兄友弟恭,在朋友方面体现为友善忠信,等等。同时,"义"制约"仁",使其施加于亲疏不同、尊卑不一的对象上时,也有不同的尺度和分寸,从而使仁者之爱呈现出差等性质。

子路曰:"不仕无义。长幼之节,不可废也;君臣之义,如之何其废之?欲洁其身,而乱大伦。君子之仕也,行其义也。道之不行,已知之矣。"(《论语·微子》)

生活在春秋时代的孔子,为了实现以民众利益为首的政治理想,强调了对从政者,特别是对上位者严格的道德要求。孔子特别强调用"义"来培养上位者的君子品格,认为君子应当"义之与比""义以为上",把"义"赋予"君子",使其成为"君子"的特质。

子谓子产,"有君子之道四焉:其行己也恭,其事上也敬,其养民也惠,其使民也义"。(《论语·公冶长》)

孔子认为春秋时郑国丞相子产之所以能居高位而且执政有方,是因为他具有四种合乎君子之道的行为:立身行事能谦恭,侍奉君上能恭敬,养护民众能慈惠,使用民力能合义。

子路曰:"君子尚勇乎?"子曰:"君子义以为上。君子有勇而无义为乱,小人有勇而无义为盗。"(《论语·阳货》)

朱熹《论语集注》说:"君子为乱,小人为盗,皆以位而言者也。"只有合乎"义"的勇才是值得提倡的,不合乎义的勇,非乱即盗。

樊迟请学稼。子曰:"吾不如老农。"请学为圃。曰:"吾不如老圃。"樊迟出。子曰:"小人哉,樊须也!上好礼,则民莫敢不敬;上好义,则民莫敢不服;上好信,则民莫敢不用情。夫如是,则四方之民,襁负其子而至矣。焉用稼?"(《论语·子路》)

孔子批评樊迟"小人哉",并非道德上的贬抑。孔子言下之意,君子治理国家,不可能百工之技样样精通,稼穑种植事事亲为,应当致力于"务民之义"的上层建筑的设计、价值系统的营造。因此,孔子要求学生,必须要有大的担当和关怀,而不要斤斤计较于细枝末叶。君子治国临民,当在更高的价值追求上率先垂范,礼、义、信皆能好之,如此则人民自然信服,近悦远来。

孔子不厌其烦地讲君子与小人的区别,其中一个重要目的,就是要为统治阶层贴上"义"的标签,通过他们的道德自觉,使天下回归到"有道"即和谐有序状态。

但是,孔子也逐渐意识到,在现实生活中,仅仅通过居上位的"君子"来确立"义"的理性原则,已经行不通了。所以,他开始另辟蹊径,打破传统的身份等级限制,通过教化提高个人的修养,塑造新的君子群体,最终使"义"能够根植于人的心灵深处。

子曰:"非其鬼而祭之,谄也。见义不为,无勇也。"(《论语·为政》)

这句话的意思是说,见到应该挺身而出的事情,却袖手旁观,是怯懦的,不是君子所为。真正的君子应该仗义行善、见义勇为。

(三) 见利思义

在孔子的思想体系中，义利关系是非常重要的内容。孔子试图通过个体修养的提高，由点到面，形成天下归仁的文明社会。

孔子对人性问题进行了反思，提出"性相近也，习相远也"(《论语·阳货》)的命题。在孔子看来，相近的人性中，就包括求利的欲望，他说：

> 富与贵，是人之所欲也。(《论语·里仁》)

孔子说富贵，是人人所希望得到的。对利益的追求和资源的占用，是人的本能，这是无可厚非的。他把趋利避害视为每个人都具有的情感，是符合实际的，这被许多后世学者所认同。经常与孟子辩论的告子就认为"食色，性也"(《孟子·告子上》)。荀子也明确指出："凡人有所一同：饥而欲食，寒而欲暖，劳而欲息，好利而恶害，是人之所生而有也，是无待而然者也，是禹桀之所同也。"(《荀子·荣辱》)所谓"无待而然者"，也就是无需费时教化就自然如此。儒家经典《礼记·礼运》也同样认为："饮食男女，人之大欲存焉。"汉代司马迁说得更直白："天下熙熙，皆为利来；天下攘攘，皆为利往。"(《史记·货殖列传》)这些认识与孔子的看法是一脉相承的。

孔子虽然强调人的利欲追求要以其道得之，但他承认这种追求的普遍性而且没有对这种追求本身予以否定，这一点是可以肯定的。更能进一步体现孔子这一思想认识的，是他的一段自白：

> 富而可求也，虽执鞭之士，吾亦为之。(《论语·述而》)

孔子的这段话是一种假设，意在表明，如果能合理地求得财富，即使是地位卑微的执鞭之士也要去做。可见，孔子并不掩饰自己对财富的追求。

而在实际生活中，孔子的选择是学以致其道，并试图通过跻身统治阶层，推行自己的政治主张。他相信自己的为政能力，曾明确宣称："苟有用我者，期月而已可也，三年有成。"(《论语·子路》)就是说，假如有用孔子主持国家政事的，一年可初见成效，三年可大见成效。

可见，孔子对致富达贵的心理不仅没有否定，而且认为是包括他本人在内的所有人的正常欲望。把物质利益视为人的行为选择的基本动力，是孔子对人和人性认识的重要组成部分，并成为他推行自己政治、伦理和道德思想主张时始终关照的轴线。

孔子将对功名利禄的追求视为多数人具有的正常欲望，因此在他认为这些物质利益可"以其道得之"的时候，给予了积极的支持。他曾明确指出：

> 邦有道，谷。(《论语·宪问》)
>
> 邦有道，贫且贱焉，耻也。(《论语·泰伯》)

就是说，在国家政治清明的时候，应该做官得俸禄；如果国家政治清明而自己却贫穷下贱，是一种耻辱。

在孔子的政治思想中，他认为统治者不能只为自己谋福利，更不能与民争利。为此，他在古之贤圣中推重禹，他说：

> 禹，吾无间然矣。菲饮食而致孝乎鬼神，恶衣服而致美乎黻冕，卑宫室而尽力乎沟洫。禹，吾无间然矣。(《论语·泰伯》)

孔子认为禹是一位伟大得无可挑剔的君主。禹生活简朴，礼敬鬼神，并把人民的福祉摆在首要的地位。孔子说"君子喻于义，小人喻于利"(《论语·里仁》)，他在这里的根本出发点是告知统治者律己与待人之分。统治者应该以"义"律己，以"利"待人。

春秋时期，社会政治动荡不安，人民的经济利益往往会受到忽视。为此，孔子着力突出了民众的经济利益。当时由于战争的需要，各诸侯国都在设法增加税额，以谋求生存。但在孔子看来，增加税额是不利于人民的生活的。

> 季氏富于周公，而求也为之聚敛而附益之。子曰："非吾徒也。小子鸣鼓而攻之，可也。"(《论语·先进》)

季氏比天子的宰卿周公还要富得多，但他仍感不足，要向民众加征赋税。孔子的弟子冉求做季氏家宰，替季氏聚敛，以增加其财富。孔子责备自己的学生冉求"非吾徒也"，弟子们可以鸣鼓而攻之。鸣鼓是声讨，让人皆知之。这就是要上位者治民时要考虑到民的相对利益，顺民之利而治之方才有效。

生活在春秋时代的孔子，为了实现以民众利益为首的政治理想，强调了对从政者特别是对上位者严格的道德要求。在孔子的设想中，一个有较高道德修养的统治者制定政策，自然会把民众的利益放在首位。

对于上位者，孔子的要求是"修己以安百姓"(《论语·宪问》)。在孔子的政治思想中，人民应该接受上位者的管理，但是，每提及这个问题，孔子总是把上位者的典范作用以及民众的切身利益放在首位，以此作为人民接受统治的前提。在孔子看来，君富、民富有着内在的统一关系。他的学生有若明确提出了这一观点。

> 哀公问于有若曰："年饥，用不足，如之何？"有若对曰："盍彻乎？"曰："二，吾犹不足，如之何其彻也？"对曰："百姓足，君孰与不足？百姓不足，君孰与足？"(《论语·颜渊》)

鲁哀公因为年成不好，费用不足，咨询有若应该怎么办。有若说，何不用"彻"呢？"彻"是周朝的税法，规定农民缴十分之一的税，这也是当时天下的通法。鲁国自宣公十五年改变税制，征税十分之二，此制直到哀公未曾再改。现在有若建议哀公恢复"彻"法，所以哀公说："二，吾犹不足，如之何其彻也？"有若回答说，你减税以后，使国民的生活安定，社会增加了生产能力，老百姓富足了，还怕国家不富足？国家当然会富足。假使加重税收，老百姓越来越吃不消，经济只有越来越萧条，那时离心离德，到哪里去征税呢？

一般说来，"义"是用来"教民"，"利"是用来"养民"的。由于孔子常言教化，所以人们多认为在孔子的思想中，"教民"重于"养民"。但是，真的如此吗？我们来看这样一段话：

> 子适卫，冉有仆。子曰："庶矣哉！"冉有曰："既庶矣，又何加焉？"曰："富之。"曰："既富矣，又何加焉？"曰："教之。"（《论语·子路》）

在这里，孔子答冉有之问，先说"庶矣"，然后"富之"，最后才"教之"，前二者显然都是"养民"，最后才是"教民"，其先后顺序，一目了然。由此看来，孔子把"义"属之于"君子"，要求他们遵循；而将"利"归之于"小人"，让劳动者能够生存发展。

孔子没有从一般意义上去否定人的求利欲望和求利行为，但也不主张以追求个人私利为唯一目的。孔子看到，如果这种追求完全依照个人欲望而不顾及他人和社会的利益，就会产生矛盾和冲突，影响社会的正常秩序，因此，孔子倡"仁"隆"礼"，提出了"见利思义"的道德原则，建立了比较系统的义利关系学说。

孔子主张"见利思义"，就是说，在看到利益的时候，要考虑是否应该追求和获取。例如，他本人虽然也怀有致富达贵的愿望，但同时表明：

> 饭疏食，饮水，曲肱而枕之，乐亦在其中矣。不义而富且贵，于我如浮云。（《论语·述而》）

这里孔子所说的"乐亦在其中"，不是乐贫，而是乐道，是一种穷不失志的精神境界。孔子说自己吃粗粮，喝冷水，弯着胳膊作枕头也有乐趣，表达的是对"不义而富且贵"的轻蔑。他把通过不正当手段获得的富贵看得如浮云一样，强调的是人格操守，是对道义的追求和维护，是对以追求个人利益为唯一目的的唯利是图的否定。他称赞颜回：

> 一箪食，一瓢饮，在陋巷，人不堪其忧，回也不改其乐。（《论语·雍也》）

这绝非赞赏颜回能安于贫困而不图改变，而是肯定他的穷不失志的精神。

但另一方面，孔子认为符合"义"的"利"，是一定要得到的。

> 子问公叔文子于公明贾曰："信乎，夫子不言，不笑，不取乎？"公明贾对曰："以告者过也。夫子时然后言，人不厌其言；乐然后笑，人不厌其笑；义然后取，人不厌其取。"
>
> 子曰："其然？岂其然乎？"（《论语·宪问》）

当孔子听说有名的公叔文子并非如人们所传的"不取"私利，而是"义然后取"，而且"人不厌其取"时，他深表赞许："其然？岂其然乎？"因此，"义然后取"虽不是孔子本人的原话，却可以代表孔子的观点。

既然可以"义然后取"，符合道义的，取之无妨，所以孔子主张人们应当主动地、积极地去谋求合于义的利。孔子认为"义"和"利"不是对立的，而是相生相承的包容关系。

趋利避害是人的天性，孔子虽然肯定这一点，但同时主张互利，反对损人利己。他推崇"己欲立而立人，己欲达而达人"（《论语·雍也》）的原则，就是一种兼顾自己和他人利益的主张。对于损人利己的行为，孔子极为反对：

> 子曰："鄙夫可与事君也与哉？其未得之也，患得（当作"不得"）之。既得之，患失之。苟患失之，无所不至矣。"（《论语·阳货》）

与患得患失的人在一起共事，的确是一件很困难而且很危险的事情。他们为了争得或保护自己的名位和利益，什么事情都会做出来。所谓"无所不至"，就是无所不用其极，这是患得患失的必然结果。

孔子认为对利益的追求要理性恰当，同时也要具备相应的眼界和智慧。孔子的学生子夏向其请教为政的方法，孔子回答说：

> 无欲速，无见小利。欲速，则不达；见小利，则大事不成。（《论语·子路》）

快速实现自己追求的目标，当然是人人希望的。但如果客观条件不具备，盲目求快，通常会适得其反。孟子评价孔子说："可以仕则仕，可以止则止，可以久则久，可以速则速。"（《孟子·公孙丑上》）其中的"可以"二字，考虑的就是客观条件。孔子既反对不顾条件地急功近利，又反对被眼前的蝇头小利所迷惑而影响大目标的实现。孔子在教育其弟子成就事业和功名的时候，就始终坚持了这样的原则，如"人无远虑，必有近忧""小不忍则乱大谋"（《论语·卫灵公》）等。

孔子虽然把"义"作为取利的指导原则，但是孔子的义利观并不以小义小利的结合为特点，而以大义大利的结合为旨归。

在孔子看来，"义"作为一种普遍的道德原则，总是超越了个人利益的狭隘性而具有普遍意义，是体现着社会整体利益的公利，是天下的大利。对于公利而言，"利"即是"义"，"义"即是"利"，"义""利"统一。孔子认为，行大利大义之举就是仁义之举。例如孔子批评管仲这个人既不知礼又不节俭。《论语》中记载：

> 子曰："管仲之器小哉！"或曰："管仲俭乎？"曰："管氏有三归，官事不摄，焉得俭？""然则管仲知礼乎？"曰："邦君树塞门，管氏亦树塞门。邦君为两君之好，有反坫，管氏亦有反坫。管氏而知礼，孰不知礼？"（《论语·八佾》）

孔子说管仲器小，正是说他好奢侈而不知礼。管仲如此好奢侈而不知礼，但孔子仍赞许他为仁义之人。

> 子贡曰:"管仲非仁者与?桓公杀公子纠,不能死,又相之。"子曰:"管仲相桓公,霸诸侯,一匡天下,民到于今受其赐。微管仲,吾其被发左衽矣!岂若匹夫匹妇之为谅也,自经于沟渎而莫之知也!"(《论语·宪问》)

子贡拿个人的人格来看管仲,可以说他是不仁不义。齐桓公杀了公子纠,管仲本来是追随公子纠的,照理也应该殉死,他却不能以死尽忠,后来反而更进一步,投降齐桓公,居然贪富贵做相,就更不对了。孔子说,管仲投降了齐桓公以后,帮助齐桓公在诸侯中称霸,把当时那么乱的社会辅正过来,对历史的贡献,对国家民族社会的贡献太大了。管仲虽然死了,但是到现在,我们这些人都受了他的好处,今天社会能够安定,各个诸侯的国家能够安定,都是他的功德所赐。假使当时没有管仲,那我们就已经变成野蛮民族了。孔子告诉子贡,管仲对历史、对社会有如此大的贡献,在这种情形下,就不能拿管仲来与普通人相比较了。普通人一碰到失败就自杀,毫无价值,好像倒在山沟里,就这样一死了之,又有什么意义呢?春秋时期,"无义战",不知要经过多少次血流漂杵、尸积如山的恶战,而管仲竟能"九合诸侯",化干戈为玉帛,使天下黎民百姓免遭涂炭,这是最大的利,也是最大的义。可见,孔子在处理国家利益和个人利益的问题上是何等的积极、开放和有气魄。这表明孔子义利观上的重要特征是把公利看作大义,体现了孔子社会哲学思想中的民本主义特色。

通过以上分析可以看出,孔子的义利观是与当时社会的政治、经济和文化状况相伴而生的,同时又有着自己独特的视角,是相对完整的认知体系。

三、"义"的现代价值

(一)义利兼修,拥有幸福人生

人作为一种兼具理性感性的存在,既有物质的欲求,也有精神满足的需求。人既要不断地追求物质利益来获得物质生活的满足,也要不断地追求更有意义的生活来满足其精神需求。儒家虽然注重精神价值,注重道德修养,但并不否认物质利益对个人生存的必要性。在经济生活中,孔子大力提倡"富民""利民""养民""惠民"的主张。

今天,我们党和国家一直把人民的利益摆在至高无上的地位,朝着全体人民共同富裕的目标不断迈进。党的十九大报告指出:"增进民生福祉是发展的根本目的。"因此党和国家多谋民生之利、多解民生之忧,促进社会公平正义,在幼有所育、学有所教、劳有所得、病有所医、老有所养、住有所居、弱有所扶上不断取得新进展。

但是,人们在追求物质利益的时候,容易片面强调功利主义的原则。在过度的物质欲求的驱使下,人们的行为活动都指向了利益最大化,而忽视了行为价值之应当。现实社会出现食品安全问题、环境问题、官员贪腐问题、流俗文化泛滥问题等一系列社会问题,都是人们放纵物欲、道德沦丧的反映,道德的重建已经成为现代化进程中的一个重要内容。因此,我们既要积极追求物质享受,又要注重精神修养,义利兼顾,才能拥有幸福的人生。如果我们自觉遵守并维护当行之"义",那么我们的社会将更加和谐。

(二)公私兼顾,维护社会整体利益

人具有双重属性,即自然属性和社会属性。"利"的具体内容与人的自然属性密切相关,个人要生存与发展,就需要获得并满足一定的感性欲求,这种感性欲求就表现为个人利益。"义"与人的社会属性紧密相连,人要与他人共存,就需要对自己的感性欲求进行自我调节与克制,这种调节和克制就体现为道德。人类社会生活需要道德来维持。个人的利益是社会道德的基础,而社会道德则是个人利益的保障。

在现代社会中,要公私利益兼顾。就个人而言,公民的个人利益只要符合道德和法律的要求,那也必然能获得道德的支持和法律的保护。就社会利益而言,社会公共利益是保障和拓展个人利益的前提和条件,公民在谋求个人利益的时候,不仅要尊重他人的合法权利,更要自觉维护社会公共利益。在个人利益与国家利益发生矛盾时,应当先求公利,再谋私利,甚至在特殊情况下舍弃个人利益,以维护国家和社会的整体利益。

儒家的这种义利观,积淀成为一种崇高的民族气节,"先天下之忧而忧,后天下之乐而乐"和"国家兴亡,匹夫有责"等思想都散发着爱国主义光华。我们应当继承和发扬这种优良传统,坚持为公为民的价值观,维护民族和国家利益,反对见利忘义、唯利是图的行为和思想,形成健康的社会和生活规范。

(三)见利思义,提升道德境界

先秦儒家的"义"是人对道德价值的自觉追求和践行,彰显了人的道德自觉。现代社会以法律来维持社会秩序,调节社会关系,而对人的道德境界的提升不作硬性要求,这就产生了一系列的社会问题。在市场经济条件下,受利益的驱使,有些人放弃了道德追求,越过了道德底线,疯狂追名逐利。因此,儒家对道义的维护、尊重与自觉担当,及其在此过程中展现的独立自主、刚毅坚定的人格精神,对于当代中国具有不可或缺的现实意义。

推荐书目:

1. 陈乔见:《公私辨》,生活·读书·新知三联书店2013年版。
2. 崔海鹰:《义德诠解》,中国方正出版社2017年版。
3. 张岱年等:《中国观念史》,中州古籍出版社2005年版。

思考题：

1. 简述孔子所说的仁、义之间的关系。
2. 简述孔子的义利观。
3. 谈一谈"不义而富且贵，于我如浮云"这句话包含了什么思想。

《论语》论"义"：

1. 有子曰："信近于义，言可复也。恭近于礼，远耻辱也。因不失其亲，亦可宗也。"（《学而》）
2. 子曰："非其鬼而祭之，谄也。见义不为，无勇也。"（《为政》）
3. 子曰："君子之于天下也，无适也，无莫也，义之与比。"（《里仁》）
4. 子曰："君子喻于义，小人喻于利。"（《里仁》）
5. 子曰："德之不修，学之不讲，闻义不能徙，不善不能改，是吾忧也。"（《述而》）
6. 子曰："饭疏食饮水，曲肱而枕之，乐亦在其中矣。不义而富且贵，于我如浮云。"（《述而》）
7. 子张问崇德辨惑。子曰："主忠信，徙义，崇德也。爱之欲其生，恶之欲其死。既欲其生，又欲其死，是惑也。'诚不以富，亦祇以异。'"（《颜渊》）
8. 子张问："士何如斯可谓之达矣？"子曰："何哉，尔所谓达者？"子张对曰："在邦必闻，在家必闻。"子曰："是闻也，非达也。夫达也者，质直而好义，察言而观色，虑以下人。在邦必达，在家必达。夫闻也者，色取仁而行违，居之不疑。在邦必闻，在家必闻。"（《颜渊》）
9. 樊迟请学稼。子曰："吾不如老农。"请学为圃。曰："吾不如老圃。"樊迟出。子曰："小人哉，樊须也！上好礼，则民莫敢不敬；上好义，则民莫敢不服；上好信，则民莫敢不用情。夫如是，则四方之民襁负其子而至矣。焉用稼？"（《子路》）
10. 子路问成人。子曰："若臧武仲之知，公绰之不欲，卞庄子之勇，冉求之艺，文之以礼乐，亦可以为成人矣。"曰："今之成人者何必然？见利思义，见危授命，久要不忘平生之言，亦可以为成人矣。"（《宪问》）
11. 子曰："君子道者三，我无能焉：仁者不忧，知者不惑，勇者不惧。"子贡曰："夫子自道也。"（《宪问》）
12. 子问公叔文子于公明贾曰："信乎，夫子不言，不笑，不取乎？"公明贾对曰："以告者过也。夫子时然后言，人不厌其言；乐然后笑，人不厌其笑；义然后取，人不厌其取。"子曰："其然？岂其然乎？"（《宪问》）
13. 子曰："君子义以为质，礼以行之，孙以出之，信以成之。君子哉！"

(《卫灵公》)

14. 子曰："群居终日，言不及义，好行小慧，难矣哉！"（《卫灵公》）

15. 孔子曰："君子有九思：视思明，听思聪，色思温，貌思恭，言思忠，事思敬，疑思问，忿思难，见得思义。"（《季氏》）

16. 子路曰："君子尚勇乎？"子曰："君子义以为上。君子有勇而无义为乱，小人有勇而无义为盗。"（《阳货》）

17. 子路从而后，遇丈人，以杖荷蓧。子路问曰："子见夫子乎？"丈人曰："四体不勤，五谷不分。孰为夫子？"植其杖而芸。子路拱而立。止子路宿，杀鸡为黍而食之，见其二子焉。明日，子路行以告。子曰："隐者也。"使子路反见之。至，则行矣。子路曰："不仕无义。长幼之节，不可废也；君臣之义，如之何其废之？欲洁其身，而乱大伦。君子之仕也，行其义也。道之不行，已知之矣。"（《微子》）

第八讲 《论语》中的"礼"

国学大师钱穆在接受美国学者邓尔麟的采访时说:"在西方语言中没有'礼'的同义词。它是整个中国人世界里一切风俗行为的准则,标志着中国的特殊性。"他告诉邓尔麟:"要了解中国文化必须站到更高来看到中国之心。中国的核心思想就是'礼'。"① 另外一位近代国学大师柳诒徵也强调:"礼者,吾国数千年全史之核心也。"②

那么,什么是礼呢?

在中国传统文化中,就社会而言,礼代表秩序;就人际而言,礼代表尊重;就个人而言,礼代表教养;就心灵而言,礼还蕴含着信仰。礼的根本精神在于"敬",表达了人们对和谐秩序的渴望,对高贵素养的追求,对终极价值的敬畏。因此,人生在世就必须学礼、知礼、守礼。如果一个人不知礼守礼,就违逆了主流价值,很难在社会上立足。

中国古称华夏。唐代孔颖达解释说:"中国有礼仪之大,故称夏;有服章之美,谓之华。"(《春秋左传正义·定公十年》)华夏之称,与礼仪典章、衣冠服饰关系密切。如果简单地比较,可以说,古代中国是伦理型社会,靠德与礼来维系,而传统欧洲则是宗教型社会,靠神和法来维系。这恐怕是中西文化的最大差异。传统中国,完全可称得上尚礼的社会。而中国人对于礼的重视,对于礼的理解,大都与孔子有关。可以说,孔子对礼的诠释,奠定了之后中国礼文化的基本精神。

一、礼的起源与内涵

孔子自谓"述而不作,信而好古"(《论语·述而》),体现了他对古老文明的崇敬与向往,也反映了他重视传承的文化立场。就《论语》而言,孔子所"述"之"古"主要体现在尧舜及三代的文明,其中礼乐文明无疑是重中之重。礼乐文明,奠定于西周初年的周公,滥觞于更早的尧舜时代,甚至还要更早。

礼的起源非常早。如果追溯起来,可以说,自从人类社会产生,礼也就萌芽了。社会学家费孝通的英国老师马林诺夫斯基曾说,文化的萌芽,就包含着对本能的抑制。就是说,抑制本能是人的文明特征,是人与动物的根本区别之一。

---

① [美]邓尔麟:《钱穆与七房桥世界》,社会科学文献出版社1998年版,第8、9页。
② 柳诒徵:《国史要义》,商务印书馆2011年版,第11页。

当远古的先民们有了人与动物不同这样一种观念,有了"羞耻"的意识,懂得用树枝、树叶或者兽皮遮住身体的隐私部位,以自别于禽兽,文明的意识就出现了,礼也就有了产生的前提。用《礼记·曲礼上》的话说就是:"是故圣人作,为礼以教人,使人以有礼,知自别于禽兽。"文明的"人"应该懂得"节"制自己的情感欲望,不再以天然的动物本能来行事,否则会被视为野蛮的"禽兽"。礼的出现,正是人对动物本能的一种抑制,也是人的文明意识的觉醒。

这种文明意识的自觉,同时导致了人类对于秩序——包含天人秩序、社会秩序、心灵秩序等——的自觉。这种自觉意识,是伴随着人类社会的产生而产生的。在中国文化中,这种秩序的自觉表现为礼的产生。在中国,礼的产生虽然非常之早,但也经历了漫长的发展和丰富的过程,才形成了厚重的中国礼文化。

(一)礼的起源、发展及其种类

当我们在大汶口文化、龙山文化遗址中发现墓葬中陪葬的各种"奢华"陶器、玉器时,当我们在良渚文化、红山文化遗址发现那些神秘祭坛和各种精美玉器时,悠远古朴的礼文化已经呈现在我们面前。

1. 中国礼的起源

当人类意识到自我的"类"存在时,他们便初步形成了区分人与天地、自然、鬼神的观念。在广袤的大地之上、浩渺的星空之下,远古人类的生活极端艰苦。对人而言,自然界充满了神秘力量。因此,在人类文明的初期,原始的宗教意识占据着人们的头脑。人们通过各种仪式来处理、协调人与天地自然的关系,实现与鬼神的友好相处。这种仪式,便是礼的原始形态。我们还可以从原始人的岩画中,隐约窥见那充满神秘的礼乐仪式;也可以从原始部落那里,寻觅远古祭神仪式的遗迹:人们载歌载舞,虔诚事神,祈求神灵的保佑。

这一点,通过"礼"(禮)字的字形就可以清楚地加以了解。

《说文解字》这样解释"禮"字:"禮,履也。所以事神致福也。从示从豊,豊亦声。"其实,带偏旁"礻"(示,表示祭祀)的禮字是后起的。《说文解字》的"豊"部记载说:"豊,行礼之器也。从豆,象形。"在甲骨文中已经出现了"礼"字,字形可直接隶定为"豐",后来写作"豊"。那么甲骨文的"豐"表示什么意思呢?

古文字学家告诉我们,"豐"上部象征两串玉放置在器皿中,而下部的"豆"原是"壴",其实是"鼓"的象形。因此,豐是会意字,从玨(两串玉)从壴(鼓的象形)。古人祭祀必用礼乐,行礼演乐必用玉帛与钟鼓,如《论语·阳货》所载孔子说:"礼云礼云,玉帛云乎哉?乐云乐云,钟鼓云乎哉?"因为古代人将玉器视为通神的神物,故祭祀等活动均使用玉器。"豐"就是描述古代祭祀之礼的情形：一边奉献玉器，一边击鼓奏乐，以便与神沟通，进而获取神的保佑。

当然，"礼"字的产生要比礼本身的产生晚得多。不过，"礼"这个字还是基本上保留了人们对于"礼"的宗教功能的原始记忆。从"礼"的字形来看，可以印证《说文解字》的解释："禮，履也。所以事神致福也。"礼与事神活动也就是与宗教活动有关，表达先民祈求福报的原始心理。这一点得到了人类学和考古学的印证。只是，初期的人类礼仪活动，未必像后来那样"玉帛""钟鼓"齐备，想必是极为简陋粗疏的，但其中蕴含着人对于确立天人秩序的诉求，则是确然无疑的。

人一方面要处理好人与天地鬼神的关系，另一方面更要协调人与他人的关系。前者是天人秩序，后者是社会秩序。也就是说，人不仅要关注如何与鬼神相处的问题，更需重视如何与他人相处的问题。这种社会秩序的确立同样需要礼。

正是因为人具有了社会性，所以才能够克服种种困难，不断成长壮大。这就是古人所强调的"群"的意识。很显然，人在很多方面的能力是比不上动物的，正如荀子所说，论力量，"力不若牛"，论速度，"走不若马"，但是牛马都为人类所用。其中的奥妙何在？荀子给出了答案："人能群，彼不能群也。"（《荀子·王制》）也就是说，人具有组织协调能力，组成了社会，这是动物所难以企及的。

社会秩序的确立，是人类生存发展的内在需要。大脑的发育，使得人不再像动物那样依靠本能生存。人意识到单靠个人的力量，难以在充满危险的自然界中生存，于是结群成了必然趋势。但是，"群"如何维持？古人通过漫长时间的摸索，终于找到了答案：确立秩序。

那么，靠什么来确立和维护秩序呢？秩序的最大威胁又是什么？

荀子提出："人生而有欲，欲而不得，则不能无求；求而无度量分界，则不能不争；争则乱，乱则穷。先王恶其乱也，故制礼义以分之，以养人之欲，给人之求，使欲必不穷乎物，物必不屈于欲，两者相持而长，是礼之所起也。"（《荀子·礼论》）在荀子看来，人生下来就有欲望，欲望得不到满足，就会去追求。如果追求起来缺乏规则，就会出现争夺。争夺就会生乱，生乱就会导致困乏。古代圣王厌恶这种争乱，于是制礼以规范之，从而调和节制人们的欲望，使物质的产出能够满足人民的欲求。

表面上看，荀子强调的是"节欲"，其实他强调的是"秩序"。他认为，人类社会的秩序，有一个最大的挑战，那就是人的欲望，确切地说是不受限制的欲望。如何既能满足人们的基本欲望和需求，又能防止社会陷入争乱失序？荀子认为，那就要靠"圣王"来制定规则——礼。

当然，荀子所谓的"圣王"，并不一定是某个人，而是这样一类人物：他们具有卓越的才能、高尚的品质和崇高的威望。卓越的才能，可能表现为魁伟的身材，强大的力量，保护社群的本领。高尚的品质，可能体现在敢为人先，冲锋陷阵，先人后己，公而后私。崇高的威望，则来自神权。在远古时期，社会的领袖，往往同时就是巫师，也就是掌握神权的人。只有这样的人，才有权力去制定礼。也只有这样制定的礼，才能得到人们的认可和遵守。

荀子的认识符合历史唯物主义。我们知道，进入阶级社会之后，人类社会分化为不同阶级，过去的原始民主制度不复存在。私有制、等级制的存在成为普遍状态。如何避免纷争、维护秩序，便成为人们尤其是统治者必须考虑的问题。那些群体领袖通过考察"人情"，借助"祭祀"垄断神权，将社会等级分化及私有制予以制度化、合法化，进而使其成为全体社会成员必须共同遵守的规则。这便是古人所说礼"因人之情而为之节文"的产生过程。

综合考虑人与自然的关系及人与社会的关系，可以看出礼的复杂性：它既有制度的性质，又有仪式的性质。那么如何看待礼的不同含义或不同层面呢？不妨以今天习用的礼俗、礼制、礼法、礼仪（节）、礼貌、礼物这六个词语来进行考察。

其中，最初产生的是"礼俗"，就是先民在社会生活中总结出的有利于族群发展的一切约定俗成。最初这些约定俗成是不成文字的，也没有明确的概念和指代，只是人们默认遵守的行为习惯。随着社会的发展，逐渐有人将这些默认、流行的约定俗成规范起来，形成了具有明确指代的社会规范，这便是"礼制"，如商代的"昭穆制"、周代的"宗法制""分封制"都属于这一范畴。更准确地说，一切社会制度都属于"礼"的范畴。而文字的出现进一步将其明确化，成为流传后世的"礼经"文本。除此之外，礼还具有"法"的功能。"法"是保证"礼"（或称为"制度"）得以长期发挥社会效力的手段。打个比方说，在原始社会，杀了人同样会受到惩罚，因为杀人这个行为已然触及了保障社会有序发展的约定俗成。之后，法又成了维系"礼制"正常运转的手段。在《左传》中，经常可以看到某诸侯国因触犯"礼制"而遭到其他国家的群起攻之，即法律保障礼制的体现。也就是说，法的前身就是维系社会运行的约定俗成的一部分；在"礼"将约定俗成规范化、明确化之后，它又成了"礼"的一部分。

那么礼的"礼节""礼仪"含义又是怎样产生的呢？这仍要从约定俗成谈起。约定俗成有一个形成过程。比方说，有个家庭，夫妻关系非常融洽，"夫义、妇听"，使得这一家生活很和谐，而且有更多时间投入生产，人们便开始纷纷效仿，最终使建立和谐夫妻关系成为整个族群共同遵守的一个约定俗成。当然，不是每一项约定俗成都形成得这么容易，其实，很多约定俗成是具有先见之明的管理者强化的结果。强化的手段便是通过"巫术"的种种复杂环节增强人们对该规范的重视。不难理解，具有复杂仪式感的过程会增加人们的重视程度，正如今天在奥运赛场上冠军领奖时会奏响国歌，而在场的每一位国人都会受到爱国意识的强烈冲击。实际上，原始社会时期产生的对自然神的崇拜、对天和四时的崇拜、对祖先的崇拜等都是通过这一方式强化到每一位族群成员心中的。而这些与天和鬼神相关的巫术最终发展成为周代祭祀天地、先祖等的"仪式"，其具体执行过程便是各种复杂的仪式，也就是"礼仪"了。孔子感慨"礼云礼云，玉帛云乎哉"，说明在春秋末期，人们仅仅注重礼节本身，而往往忽略了"礼义"，即礼作为约定俗成时的最初含义或者是这种含义体现的伦理、道德意义。明白了礼仪的性质，我们便可知道"礼貌"最初很可能是巫术执行过程中类似"祭神如神在"的一种精神状态，后来才发展为形容人的文明程度的词。至于"礼物"，便是那些用于各类仪式的物品，前文讲到的那些考古遗址中出现的装饰品恐怕都是用于仪式的。

可以说，随着社会的发展、文明的进步，礼也变得越来越系统，越来越完备。男女、长幼、内外、上下之别的意识与规则——出现，饮食、服饰、宫室皆有规矩，成人、婚姻、丧葬皆有礼制。礼就在人生、社会的不同层面都出现了。

2. 礼文化的奠基人——周公

夏代的历史，由于文献与文物的匮乏，我们知之甚少。殷商时代，礼文化得到巨大发展，但是殷人尚鬼，巫术盛行，礼文化中的宗教色彩过盛，这一点从甲骨文中能够得到印证。大概到了周代，礼除了体现在祭祀方面，在社会、人生的各个层面也都越发突出。即便在祭祀活动中，宗教色彩也日益淡化，人文精神则愈发凸显。春秋战国时期，人文性的礼文化完全确立。这些差异可以用《礼记·表记》的话来总结："夏道尊命"，"殷人尊神"，"周人尊礼"。所以著名历史学家范文澜将三代文化分别命名为"尊道文化"、"尊神文化"和"尊礼文化"。

当今哲学史家陈来曾指出："礼根本是一个无所不包的文化体系。"[①]而这个"无所不包的文化体系"，人们一般称之为"礼乐文明"。周代礼乐文明的发展，得益于周公和孔子两位"圣人"对于礼的诠释和阐扬。

在今天曲阜的周公庙，有两块坊额，其中之一便是"制礼作乐"。这自古以来便被视为"元圣"周公的最大功绩。西周初年，周公以其伟大的创造力，在继承唐虞夏商文明的基础上，因革损益，制礼作乐，形成了一套完善的礼乐制度，包括宗法制度、分封建国制度等，奠定了中国礼乐文明的基本格局。

[①] 陈来：《古代的宗教与伦理》，生活·读书·新知三联书店2009年版，第244页。

周公突出了礼所蕴含的道德含义，提出敬德思想，将礼作为表现德的外在规范。可以说，在西周时，德与礼含义相通。《诗经·大雅·民劳》有"敬慎威仪，以近有德"的诗句，可知威仪和德是相通的，而威仪就是礼的外在形式。《诗经·大雅·抑》也有"抑抑威仪，维德之隅""敬慎威仪，维民之则"等诗句，可见威仪是德的属性，也是民众的行为规范。正如思想史学家杨向奎指出的，周公对于礼的加工改造，在于以德说礼，减轻了礼物之商业交换的意义，宗教上的含义也同时减轻。这种将礼乐与德行联系的观念，遍布西周以降各种文献之中。[①]直到今天，我们依然将守礼与否视为有无德行的重要衡量标准。德是内核，礼是形式。德治礼序的国家社会管理模式得以奠基。这也使周王朝得以延续八百年之久，成为中国历史上最长寿的王朝。

如果说周公是中国礼乐文明秩序的奠基者，那么孔子就是中国礼乐文明精神的塑造者。周公与孔子，前后辉映，将礼确立为中国文化的核心。儒家重礼，法家重法。战国时期，礼治受到严重挑战，法治则备受青睐。秦始皇统一中国，使得法家思想成为主流，但是秦朝的二世而亡，使后来的统治者意识到，单靠"刑、法"而忽视了"德、礼"，统治是无法长久的。从汉代开始，"礼法合治"的模式正式确立，而"德治礼序"也渐趋成型。

3. 礼的种类

根据文化学的理论，文化可以分为三个层面：物质文化、制度行为文化和精神文化。物质文化包括衣食住行，制度行为文化包括政治法律、婚丧嫁娶等礼俗仪节，精神文化则涵括宗教、艺术和哲学等。礼，在文化的三个层面都有体现。礼，可分为礼俗、礼仪、礼制、礼义等，上可以起到法律制度的作用，有如今宪法的地位，下可深入体现在人们生活的方方面面，无处不在。

古代礼仪纷繁复杂，所谓经礼三百、曲礼三千，不过就其大端而言，主要分为五种：吉礼、凶礼、军礼、宾礼和嘉礼。

吉礼是五礼之冠，主要是对天神、地祇、人鬼的祭祀典礼。如祀天神：祀昊天上帝；祀日月星辰；祀司中、司命、雨师。祭地祇：祭社稷、五帝、五岳；祭山林川泽；祭四方百物，即诸小神。祭人鬼：祭先王、先祖；禘祭先王、先祖；春祠、秋尝；享祭先王、先祖。凶礼是哀悯吊唁忧患之礼。军礼是师旅操演、征伐之礼。宾礼是接待宾客之礼，如朝聘之礼。关于聘礼，大家比较熟悉，其实它有两层含义，一是诸侯朝聘之礼，二是婚礼之一环。大家都知道第二个含义。其实聘礼最早主要指宾礼。第二个含义是后起的，在古代叫"纳征"，属于嘉礼。嘉礼是和合人际关系，沟通、联络感情的礼仪。主要有饮食之礼；婚礼、冠礼；宾射之礼；飨燕之礼；贺庆之礼等。

---

① 杨向奎：《宗周社会与礼乐文明》(修订本)，人民出版社1997年版，第335页。

不同的礼俗、礼节和礼制体现了不同的礼义。比如祭祀，是要表达对神灵或祖先、先哲的追思和尊崇以及纪念；冠礼，即成人礼，是要说明一定年龄的人即将踏入社会，要独立担负一定的社会责任和义务；婚礼，是要表明两姓的结合，期盼爱情和婚姻的美满永恒；丧礼，是要安葬去世的人，使其得以安息，并表达亲属的哀思，等等。因此，可以说，礼是中国文化的最大特征，是中西文化最大的区别。

19世纪法国汉学家范尚人（Joseph Marie Callery）归纳了中国古典文献中礼的用法：

> 我尽可能地将"礼"字译为"rite"，其含义十分广泛；但必须指出，根据其使用的环境，这个字可以指礼仪[ceremonial]、仪式[ceremonies]、典礼[ceremonial practices]、规矩[etiquette]、彬彬有礼[politeness]、文雅[urbanity]、谦恭[courtesy]、诚实[honesty]、良好的举止[good manners]、尊敬[respect]、有学识[good education]、有教养[good breeding]、礼节[the proprieties]、常规[convention]、有礼貌[savoir-vivre]、端正[decorum]、庄重体面[decency]、个人尊严[personal dignity]、德行[moral conduct]、社会法则[social laws]、义务[duties]、权利[rights]、道德[morality]、等级规范[law of hierarchy]、祭祀[sacrifice]、习俗[mores]和风俗[customs]等。

正如钱穆所说，礼，这个字在西方字典里没有可以完全与之对应的词。这从一个侧面印证了中国文化中礼的内涵的丰富性与重要性。

（二）礼的价值与内涵

孔子继承周公之礼并进行了创造性的转化，提出了"礼乐教化"的思想。可以说，礼（包括乐）是孔子思想非常重要的组成部分。在儒家十三经中，就有三部经典与礼有关，即《周礼》《仪礼》《礼记》，代表了儒家关于礼的系统看法。关于礼的价值与内涵，著名礼学家彭林教授曾经作了精到而系统的分析，现在其基础上予以阐释。

第一，在儒家看来，礼是人类区别于动物的标志，也是从野蛮进入文明的标志。《礼记》上说："人之所以为人者，礼义也。"（《冠义》）"夫唯禽兽无礼，故父子聚麀。是故圣人作，为礼以教人，使人以有礼，知自别于禽兽。"（《曲礼上》）礼就是人与禽兽相区别的标志。可以说，如果人不知礼，就可以称为"衣冠禽兽"，就不能称其为人了。人能脱离动物界，靠的是礼；人类从野蛮进步到文明，也需要礼。孔子说过一段夸赞管仲的历史功绩的话："微管仲，吾其被发左衽矣。"（《论语·宪问》）什么是"被发左衽"？这是当时中原人与四夷的区别所在，当时的中原文明人束发、戴冠，衣襟向右，而蛮夷则披头散发，衣襟向左，这在当时被认为是文明与野蛮的差异。在孔子看来，中原华夏当然代表了礼乐秩序，是文明的。可以看出，礼是何等重要啊！一个人或一个社会，只有有了礼，才能算是一个文明人、文明社会。因此，孔子和儒家格外重视礼。

第二，礼可以关系到国家典章制度。《左传·隐公十一年》："礼，经国家，定社稷，序民人，利后嗣者也。"《周礼》就是关于国家制度的书，后来历代都修礼，将礼置于律之上，因为它是关涉国家运作的根本原则。比如祭祀上天、封禅、即位、册立皇后、册立太子等都要遵从礼制。

第三，礼规定社会的伦理秩序。《礼记·曲礼上》："夫礼者，所以定亲疏、决嫌疑、别同异、明是非也。……道德仁义，非礼不成。教训正俗，非礼不备。分争辨讼，非礼不决。君臣、上下、父子、兄弟，非礼不定。"人是社会关系的动物，儒家将人的社会关系分为父子、夫妇、兄弟、君臣和朋友五种，称为五伦。人们处于五伦之中，负有不同的责任义务，比如"父子有亲，君臣有义，夫妇有别，长幼有叙（序），朋友有信"（《孟子·滕文公上》），等等。

第四，礼是社会活动的准则和行为规范。礼包括很多仪节和形式要求，其中就涵括通常所谓的礼貌。比如不同的场合要采取不同的礼节，祭祀时要保持庄严肃穆，婚礼要体现喜庆和谐，宴会要体现对客人的尊敬，等等。又比如见了长辈打招呼，坐公交车给老人孕妇让座，等等，虽然很琐细，却体现了一个人的修养和素质，是一个人乃至一个社会形象的展示，不可不慎也！

二、《论语》中的"礼"思想

孔子生活在鲁国。而鲁国曾被誉为"周礼尽在鲁"，是一个礼义之邦。孔子自幼受到礼乐的熏染。《史记·孔子世家》记载："（孔子）为儿嬉戏，常陈俎豆，设礼容。"《论语》记载他对于礼乐的热爱与痴迷："子入太庙，每事问。"有人讥讽说："孰谓鄹人之子知礼乎？入太庙，每事问。"孔子知道后，说："是礼也。"（《论语·八佾》）孔子在齐闻《韶》，三月不知肉味，曰："不图为乐之至于斯也！"（《论语·述而》）经过自身的努力，孔子终于成为一代礼乐大师。

孔子精通于"礼"。他说："夏礼，吾能言之，杞不足征也；殷礼，吾能言之，宋不足征也。文献不足故也。足，则吾能征之矣。"（《论语·八佾》）可见，孔子对于三代之礼，基本上都是熟悉的。正是在这样的基础上，孔子才能将礼确立为自己学说的重要组成部分。

孔子对"礼"非常重视，对礼的阐释非常多，大都被记录在《论语》《孔子家语》《礼记》等典籍中。仅就《论语》而言，"礼"字出现的次数就有70多次。如果再加上那些虽未直接出现"礼"字但确属言说"礼"的章句，则"礼"在《论语》中的出现的频率并不在"仁"之下。可以说，"礼"和"仁"

一样，是孔子最为重视的道德范畴。

《论语》中的礼，涉及礼的诸多方面。大体上可以分为几个方面来分析。

（一）礼是社会秩序和规范

在《论语·季氏》中，有一章记载了孔子教子。

> 陈亢问于伯鱼曰："子亦有异闻乎？"
>
> 对曰："未也。尝独立，鲤趋而过庭，曰：'学诗乎？'对曰：'未也。''不学诗，无以言。'鲤退而学诗。他日又独立，鲤趋而过庭，曰：'学礼乎？'对曰：'未也。''不学礼，无以立。'鲤退而学礼。闻斯二者。"
>
> 陈亢退而喜曰："问一得三，闻诗、闻礼，又闻君子之远其子也。"

这个典故记载了中国古代最有名的"家训"。在曲阜孔庙还有一座阔大的建筑，名曰"诗礼堂"，即源于此。

"不学礼，无以立。"这不仅是孔子对儿子的谆谆教诲，而且也是他对礼之于人的意义的普遍认识。在《论语·尧曰》的最末一章，也记载着孔子"不知礼，无以立也"的训诫。这两句话的意思，其实是在强调，礼对于一个人而言，不可或缺，学礼和知礼是人立足于社会的重要前提。那么，为什么礼如此重要呢？那是因为礼是人类社会的基本秩序和规范，这也正是礼的最基本内涵。

《论语·学而》记载：

> 有子曰："礼之用，和为贵。先王之道斯为美，小大由之。有所不行，知和而和，不以礼节之，亦不可行也。"

社会秩序的和谐，需要用礼来维护和调节。周公以降，礼乐制度的不断完善，使礼具有了治国理政功能。一旦"礼坏乐崩"，那么，政治秩序和社会伦理就会遭到严重破坏，和谐也就无从谈起了。所以，孔子对春秋时代的"礼坏乐崩"局面深感痛心。《论语·季氏》记载：

> 孔子曰："天下有道，则礼乐征伐自天子出；天下无道，则礼乐征伐自诸侯出。自诸侯出，盖十世希不失矣；自大夫出，五世希不失矣；陪臣执国命，三世希不失矣。天下有道，则政不在大夫；天下有道，则庶人不议。"

礼坏乐崩，就意味着"天下无道"，意味着秩序崩塌，伦理败坏，价值混乱。我们知道，礼的一个重要特征就是强调等级和名分。随着周王室的式微，各种僭越的事件层出不穷。正如《公羊传·昭公二十五年》所载子家驹之言："诸侯僭于天子，大夫僭于诸侯，久矣。"孔子对此充满了忧虑和愤慨。《论语·八佾》开篇就记载孔子批评鲁国执政者季孙氏的话：

> 孔子谓季氏："八佾舞于庭，是可忍也，孰不可忍也。"

谓，就是评论的意思。八佾本是"天子之礼乐"，作为鲁国大夫的季孙氏只能用四佾，所以"八佾舞于庭"分明是僭越行为。所以孔子说："季孙氏连这样的事都忍心去做，还有什么不忍心的呢？"接下来第二章，同样是孔子对鲁国三桓——季孙、孟孙和叔孙三大贵族的僭越礼制行为的无情讽刺和批判：

  三家者以《雍》彻。子曰："'相维辟公，天子穆穆'，奚取于三家之堂？"

祭祖结束时，演奏《诗经·周颂》中的《雍》诗，是天子的做法。诸侯、大夫用之，就是僭越。所以，孔子进行了讥讽："《雍》诗中说：'诸侯皆来助祭，天子主祭时端庄肃穆。'在三家的庙堂中哪里能看得出呢？"

孔子认为，面对着如此严峻的形势，想要挽救礼乐制度不被摧毁，必须"正名"。《论语·子路》有这样一段精彩的对话：

  子路曰："卫君待子而为政，子将奚先？"
  子曰："必也正名乎！"
  子路曰："有是哉，子之迂也！奚其正？"
  子曰："野哉，由也！君子于其所不知，盖阙如也。名不正，则言不顺；言不顺，则事不成；事不成，则礼乐不兴；礼乐不兴，则刑罚不中；刑罚不中，则民无所错手足。故君子名之必可言也，言之必可行也。君子于其言，无所苟而已矣。"

孔子认为，为政的第一步就是要"正名"。为什么呢？他说："名不正，则言不顺；言不顺，则事不成；事不成，则礼乐不兴；礼乐不兴，则刑罚不中；刑罚不中，则民无所错手足。"这里有一个逻辑链条：名—言—事—礼乐—刑罚—民。看上去不相干的几个事物，经孔子勾勒，即可发现其中居然有着这样的联系。"名正言顺"实际上是"礼乐"制度的一种表现。名正言顺，就是人和事各归其位、各行其道，其结果就是礼乐兴、刑罚中，人民可以知所规范、知所效法。就此而言，礼的"正名"功能不可或缺。

所以，春秋时期礼乐的崩坏，一方面表现为礼乐的废弃；一方面则表现为礼乐的僭越。

所谓礼乐的废弃，意味着很多固有的规范、制度变得不被遵守。可以从《论语》中找到几个例子：

  子曰："觚不觚。觚哉！觚哉！"（《雍也》）

孔子的这段话虽然没有语境，但是可以推测其义。觚是古代的一种酒器。在礼乐制度之下，各种器物皆有其形制。而随着礼乐制度的崩坏，连最普通的器物都失去了应有的形制，变得不成样子。正如程子所说："觚而失其形制，则非觚也。举一器，而天下之物莫不皆然。故君而失其君之道，则为不君；臣而失其臣之职，则为虚位。"（《论语集注》）应该说程子体会到了孔子感慨背后的深深忧虑。

  子贡欲去告朔之饩羊。子曰:"赐也!尔爱其羊,我爱其礼。"(《论语·八佾》)

在周代,每年的秋冬之交,周天子会把第二年的历书颁给诸侯,以明确次年每月初一的日子,此礼名"颁告朔"。诸侯接受历书,藏于太庙,每逢朔日(初一)便会杀一只活羊祭于庙,然后回到朝廷听政。此礼名"告朔"。但是到春秋末期,此礼渐渐荒废,国君只是照例杀一只羊虚以应付。所以子贡认为不必留此形式,不如干脆连羊也不杀。而孔子则认为尽管这是残存的形式,也比什么都不留好。

  子曰:"事君尽礼,人以为谄也。"(《论语·八佾》)

当礼乐制度被破坏之后,"君使臣以礼,臣事君以忠"(《论语·八佾》)的"本分"没有人遵守了。诸侯不尊重天子,大夫不尊重诸侯,家臣不尊重大夫。而且,事实既成,久而久之,人们竟然习以为常,积非成是。在完备的礼乐制度下,人们各守本分,各安其位,各尽其责,这是文明的表现。然而,在礼坏乐崩之后,遵守礼的人,却成了被讥讽的对象,守礼的人反而被污名化了。

  子曰:"非其鬼而祭之,谄也。见义不为,无勇也。"(《论语·为政》)

祭祀是非常神圣、庄重的事。荀子认为,礼有三本。其中先祖乃类之本,故而祭祀祖先,成为周代礼乐制度中非常重要的内容。所谓"凡治人之道,莫急于礼;礼有五经,莫重于祭"(《礼记·祭统》)。他人的先祖,"非其鬼",也就是说不是其生命的来源,是不用也不能去祭祀的。显然,"非其鬼而祭之"就是一种谄媚,是非礼的。估计这种现象在当时已经不算罕见了,故而孔子评论之。

  僭越礼制的现象,在春秋时期就更多了。除了上引"八佾舞于庭""三家者以《雍》彻"之外,还有季氏"旅于泰山"的事例。

  季氏旅于泰山。子谓冉有曰:"女弗能救与?"对曰:"不能。"子曰:"呜呼!曾谓泰山不如林放乎?"(《论语·八佾》)

这里的"旅"不是指旅游,而是一种古代祭祀之名。根据古礼,天子祭祀天地及天下山川;诸侯则只能祭祀境内之山川。泰山在鲁国境内,所以,只有周天子和鲁君才能祭祀,而季氏祭之,属于僭越。

再比如《论语·八佾》记载孔子批评管仲"不知礼":

  子曰:"管仲之器小哉!"或曰:"管仲俭乎?"曰:"管仲有三归,官事不摄,焉得俭?""然则管仲知礼乎?"曰:"邦君树塞门,管氏亦树塞门;邦君为两君之好,有反坫,管氏亦有反坫。管氏而知礼,孰不知礼?"

管仲的做法，就是典型的僭越。所以，孔子一方面肯定了管仲的历史贡献，称许其"相桓公，霸诸侯，一匡天下，民到于今受其赐"（《论语·宪问》），赞誉他帮助齐桓公"九合诸侯，不以兵车"的做法"如其仁，如其仁"（《论语·宪问》）。另一方面，孔子也只好不客气地批评："管仲如果知礼，那么谁不知礼呢？"如果说，一个普通人的"不知礼"仅仅是教养的缺失，其影响不会太大，那么对于一个身居高位的君主、重臣而言，其"不知礼"则影响甚大。

子曰："君子之德风，小人之德草。草上之风必偃。"（《论语·颜渊》）

因此，孔子强调，不论是君主还是大臣，都应该遵守礼制，率先垂范。所以，当鲁定公向他请教如何处理君臣关系时，孔子回答："君使臣以礼，臣事君以忠。"（《论语·八佾》）

他的学生樊迟"请学稼""请学为圃"时，孔子告诉这位弟子"吾不如老农""吾不如老圃"。（参《论语·子路》）这并非孔子"轻视劳动""歧视劳动者"，而是因为在孔子看来，社会有分工，人人各负其责。一个君子应该关注道德教化而非种庄稼。所以，孔子随后提出了他的观点：

子曰："小人哉，樊须也！上好礼，则民莫敢不敬；上好义，则民莫敢不服；上好信，则民莫敢不用情。夫如是，则四方之民襁负其子而至矣，焉用稼！"（《论语·子路》）

所以，接着下一章，当"樊迟问仁"时，孔子告诉他："居处恭，执事敬，与人忠。虽之夷狄，不可弃也。"（《论语·子路》）"居处恭，执事敬"就是为政者应该遵守的礼。可见，孔子认为，上位者如果遵守礼，那么百姓自然会效法。

正是基于以上认识，孔子提出了他自己的治国方略，可以称之为"德治礼序"。

子曰："道之以政，齐之以刑，民免而无耻。道之以德，齐之以礼，有耻且格。"（《论语·为政》）

在古代，礼有着法的功能。援礼入法，是中国传统法律一个非常明显的特征。因此，中国古代社会治理，呈现出"礼法相依"的特征。然而，礼与法毕竟不同。二者对于治国理政究竟有何区别？孔子认为，如果"道之以政，齐之以刑"，则"民免而无耻"，社会管理成本极高，效果亦不佳。比如秦代依靠严酷的刑律统治天下，百姓出于畏惧而不敢触犯律法，却难以产生廉耻之心。随着时间的推移，人们无法忍受严酷之治，便铤而走险，揭竿而起，大秦帝国的大厦便轰然倒塌，二世而亡。但是若"导之以德，齐之以礼"，百姓则"有耻且格"，社会能够处于一种非常融洽和谐的状态，管理成本也会比较低。周代正是这一理想的代表。

孔子关于礼治的观点，在大小戴《礼记》和《孔子家语》中有更多更精彩的记述，可以参看。在孔子、儒家看来，礼所体现出的那些规矩、规范，其背后都蕴含着礼的精神："(礼)敬让之道也。故以奉宗庙则敬，以入朝廷则贵贱有位，以处室家则父子亲、兄弟和，以处乡里则长幼有序。"(《礼记·经解》)总之，人与人相互尊重，彼此谦让，和谐共处。因此，孔子说："安上治民，莫善于礼。"(《礼记·经解》)治理国家莫优于礼治了。历史上所形成的"礼序"，恰是德治的外在表现，而德则是礼的内核。如果说礼代表了一种相对柔性的他律的话，那么法更多体现为刚性他律。

钱穆如此评论道："礼是导人走向'自由'的，而法则是束缚'限制'人的行为的。礼是一种'社会性'的，而法则是一种'政治性'的。礼是由社会'上推'之于政府的，而法则是由政府而'下行'之于社会的。无论如何，礼必然承认有对方，而且其对对方又多少必有一些'敬意'的。法则只论法，不论人。杀人者死，伤人及盗抵罪，哪曾来考虑到被罚者？因此礼是私人相互间事，而法则是用来统治群众的。礼治精神须寄放在社会各个人身上，保留着各个人之平等与自由，而趋向于一种松弛散漫的局面。法治精神则要寄放在国家政府，以权力为中心，而削弱限制各个人之自由，而趋向于一种强力的制裁的。"①

在钱穆看来，礼常是软性的而法则常是硬性的。"法的重要性，在保护人之'权利'。而礼之重要性，则在导达人之'情感'。权利是'物质'上的，而情感则是'性灵'上的。人类相处，不能保卫其各自物质上之权利，固是可忧，然而不能导达其相互间之情感到一恰好的地位，尤属可悲。权利是对峙的，而情感则是交流的。惟其是对峙的，所以可保卫，也可夺取。惟其是交流的，所以当导达，又当融通。"②

确实，礼不是君王随意制定的，而是来自传统与习俗，来自对人情常理的承认，来自圣贤对自然法则的发现。正如南宋理学家真德秀所说："夫法令之必本人情，犹政事之必因风俗也。"(《西山先生真文忠公文集》卷三)良好政治的运作，需要依靠美俗礼治。今天，我们的现代国家治理，需要以德治国和依法治国的统一。那么，发挥礼序家规、乡规民约的教化作用，继承崇德重礼、正心修身的历史智慧，就显得十分必要了。

(二)守礼体现君子教养

《周易·贲卦》的"彖辞"说，"文明以止，人文也"，"观乎人文以化成

---

① 钱穆：《湖上闲思录》，九州出版社2011年版，第57~58页。
② 钱穆：《湖上闲思录》，九州出版社2011年版，第58页。

天下"。在一定程度上可以说，文化就是礼，礼就是文化。礼文化在传统社会的主要作用就是"人文化成"，也即是说，礼的功能在于"成人"。

孔子"仁学"又称"人学"，可用"成人之学"来概括。用今天的话说，"成人"就是使人成为人、成就人。"使人成为人"，就是使人摆脱动物性、野蛮性，而成为一个文明人；"成就人"，是说在"成为人"的基础上进一步提升人格，达到君子乃至圣贤的境界。

理想的人格，不论是君子还是圣贤，除了必须具备一颗仁心之外，还需要知礼守礼，所谓"文质彬彬，然后君子"（《论语·雍也》）。

如何才能使人成为人，进而成就人的理想人格呢？这需要通过礼的教化，使人懂得礼义。近代学者谢幼伟说："孔孟教人，亦首重礼。……一切莫不以礼为根据，盖以礼为天理之节文，所以成德之准。"[1]在儒家看来，"人之所以为人者，礼义也"（《礼记·冠义》）。换句话说，成人需要"文之以礼乐"。这在《论语·宪问》"子路问成人"章就有体现：

> 子路问成人。子曰："若臧武仲之知，公绰之不欲，卞庄子之勇，冉求之艺，文之以礼乐，亦可以为成人矣。"曰："今之成人者何必然？见利思义，见危授命，久要不忘平生之言，亦可以为成人矣。"

在传统社会，礼的形式繁多复杂，每种礼仪背后都有礼义，表达不同的含义。但总括而言，所有礼仪背后的礼义，无外乎"秩序"与"尊重"二端。当礼使人懂得尊重他人，使社会拥有良好秩序时，礼就发挥了成人的功能。

先看一个"反面案例"。《论语·宪问》记载了这样一个故事：

> 原壤夷俟。子曰："幼而不孙弟，长而无述焉，老而不死，是为贼。"以杖叩其胫。

原壤是孔子的故交。根据《礼记·檀弓下》记载，原壤的母亲去世后，孔子去帮他修治棺木，他却登上棺材，唱起歌来。可见其并非守礼之人。这里的"夷俟"，就是"箕踞"——叉开双腿而坐，是一种非常傲慢无礼的姿态。古人的正坐是两膝着地而坐于足跟，与跪相似；箕踞不合礼仪，十分不敬。"幼而不孙弟（逊悌）"是说原壤小时候狂傲，对年长者无礼。"长而无述焉"是说他壮年时对晚辈未尽开导、教育之责。"老而不死，是为贼"，是说老年原壤无德、失职而又败坏礼法，是个害人精。所以气急之下，孔子拿着拐杖敲打了原壤的小腿。

由此可见，原壤虽然年龄不小，但是尚未真正"成人"。因为正如上文所引，所谓"成人"，是指"能自曲直以赴礼"（《左传·昭公二十五年》），原壤

---

[1] 谢幼伟：《孝与中国文化》（1942年版），转引自蔡尚思：《中国礼教思想史》，上海古籍出版社2006年版，第220页。

显然未做到。可以说，守礼与成人之间具有内在性的关系。

因此，当颜回请教孔子如何做到"克己复礼"时，孔子告诉他：

> 非礼勿视，非礼勿听，非礼勿言，非礼勿动。（《论语·颜渊》）

礼在这里意味着秩序、规则，也就是公序良俗。一个文明的社会，要求公民必须遵守规则。看什么，听什么，说什么，做什么；如何看，如何听，如何说，如何做，都要符合礼的规定。如果大家有一天都能做到"克己复礼"，那么，天下人也就能够心归仁德了。

孔子完全是礼乐文化熏陶出来的人物，他身上无时无刻不表现出礼乐的精神。在弟子眼中，孔子"温、良、恭、俭、让"（《论语·学而》），"温而厉，威而不猛，恭而安"（《论语·述而》），"望之俨然，即之也温"（《论语·子张》），而《论语·乡党》一篇更是可见孔子身上散发着的浓郁礼乐气质，其一举手、一投足，都符合礼乐的精神：

> 孔子于乡党，恂恂如也，似不能言者。其在宗庙朝庭，便便言，唯谨尔。
>
> 朝，与下大夫言，侃侃如也；与上大夫言，訚訚如也。君在，踧踖如也，与与如也。
>
> 君召使摈，色勃如也，足躩如也。揖所与立，左右手，衣前后，襜如也。趋进，翼如也。宾退，必复命曰："宾不顾矣。"
>
> 入公门，鞠躬如也，如不容。立不中门，行不履阈。过位，色勃如也，足躩如也，其言似不足者。摄齐升堂，鞠躬如也，屏气似不息者。出，降一等，逞颜色，怡怡如也。没阶，趋进，翼如也。复其位，踧踖如也。
>
> 执圭，鞠躬如也，如不胜。上如揖，下如授。勃如战色，足蹜蹜如有循。享礼，有容色。私觌，愉愉如也。
>
> 君子不以绀緅饰，红紫不以为亵服。当暑，袗绤绤，必表而出之。缁衣，羔裘；素衣，麑裘；黄衣，狐裘。亵裘长，短右袂。必有寝衣，长一身有半。狐貉之厚以居。去丧，无所不佩。非帷裳，必杀之。羔裘玄冠不以吊。吉月必朝服而朝。

礼对于君子修身的意义，曾子也领会得十分深刻。曾子晚年病重，鲁国大夫孟孙氏前来探望。曾子告诉孟孙氏：

> 君子所贵乎道者三：动容貌，斯远暴慢矣；正颜色，斯近信矣；出辞气，斯远鄙倍矣。（《论语·泰伯》）

在曾子看来，君子应该重视三方面的修养：第一是端正自己的身体、容貌以及服饰，这样能够远离粗暴和怠慢；第二是端正自己的面部表情，这样能够接近于诚信；第三是注意说话时的语气，这样可以避免粗野悖理。

礼对于一个人的修身而言，显然十分必要。用孔子的话说就是："礼之于人也，犹酒之有糵也，君子以厚，小人以薄。"(《礼记·礼运》)糵，是酿酒用的酒曲。就像酿酒用了酒曲则酒味醇厚一样，人如守礼则为人醇厚；反之，则会沦于浅薄。守不守礼，是区分君子和小人的一个标准。后来，荀子则将这种区分具体化了："容貌、态度、进退、趋行，由礼则雅，不由礼则夷固僻违，庸众而野。"(《荀子·修身》)在容貌、态度、进退、行走方面，遵循礼就显得文雅，不遵循礼就显得鄙陋邪僻、庸俗粗野。

故而孔子教导弟子"博学于文，约之以礼"(《论语·雍也》)，希望他们能够成为有教养的君子。

(三) 礼彰显仁德

孔子之所以如此重视礼，是因为他发现了礼与仁之间的重要关系。相较于仁，礼是外在的，是相对次要的。如果没有仁作为内在精神，那么礼就是空壳，就是形式，甚至是枷锁。但是，这并不是说礼不重要。如果没有礼，那么仁也就无法落实，无从谈起。总而言之，仁是礼的内涵、基础；礼则是仁的形式、载体。

其实，礼本身蕴含着德性，体现了道德。《左传·僖公二十七年》载："礼乐，德之则也。"意思是说，礼乐是体现德行的外在规范。礼仪是礼的表现形式，而礼义则是礼的内在精神。所有的礼仪规程，是可见可感的，其背后所体现的内涵和精神则很难一目了然，故而现实中往往会出现将礼仪等同于礼的偏失。

春秋时期，一次鲁昭公去晋国访问，"自郊劳至于赠贿，无失礼"。郊劳是指诸侯国君在相互聘问（相当于外交访问）时，当一国诸侯来到另一国家时，另一国家要派卿到郊外迎接并慰劳。赠贿是指访问结束要离开时，接待国要向访问国赠送礼物。贿赂在今天无疑是个有反面意义的词，但在古代，贿与赂是不同的。贿是指交往过程中临别的馈赠，是合乎礼的；而赂则是指不正当的馈赠，是非礼的。所谓"入有郊劳，出有赠贿"，是古代聘礼中非常重要的礼仪。鲁昭公对于繁复的礼仪十分熟稔，没有出现任何差错。晋平公称赞其"善于礼"，而晋国大臣女叔齐则说："鲁侯怎么能够算得知礼呢？"他认为鲁昭公虽"自郊劳至于赠贿，礼无违者"，但这些都是一些礼仪形式，算不上礼。所谓"礼"，是"所以守其国，行其政令，无失其民者也"。鲁昭公不懂这些具有根本性的大道，仅仅执着于细微的礼仪末节，因此不能说其知礼。(参《左传·昭公五年》)

孔子之前的一些贤人对"礼"与"仪"的区别，恰恰是春秋时代"礼坏乐崩"的征兆。到了春秋末期，这种"知仪而不知礼"的现象更加严重。

子曰："礼云礼云，玉帛云乎哉？乐云乐云，钟鼓云乎哉？"(《论

语·阳货》)

孔子感慨的是,礼和乐怎么会仅仅指那些玉帛钟鼓呢?玉帛和钟鼓,不过是礼乐的载体而已。礼乐之所以为礼乐,是因为在仪式的背后有深厚的礼义。如明代大儒王阳明也说:"故仁也者,礼之体也……经礼三百,曲礼三千,无一而非仁也,无一而非性也……故克己复礼则谓之仁,穷理则尽性以至于命,尽性而动容周旋中礼矣!"(《王阳明全集·悟真录之一·文录四》)仁德是所有礼的本体,忽视了仁德,礼就成了空壳。所以,孔子又感慨地说:"人而不仁,如礼何?人而不仁,如乐何?"(《论语·八佾》)呼吁重视礼义,彰显仁德。当然,没有礼,仁德也就难以彰显,所谓"皮之不存,毛将焉附"。因此,守礼对于个人和社会而言,无比重要。

在《论语》中,孔子多次用礼来诠释仁。《论语·颜渊》记载:

> 颜回问仁。子曰:"克己复礼为仁。"

所谓"克己复礼",就是要克制自己的私欲,以合乎社会的公序和良俗的规范,这是一种人生修养。人只有理性地看待欲望,适度地节制欲望,不做欲望的奴隶,既能从吾所好、从心所欲,又懂得克己复礼、不逾矩,才能实现人生真价值,获得人生大自由。《论语·颜渊》中紧接着本章,就是"仲弓问仁":

> 仲弓问仁。子曰:"出门如见大宾,使民如承大祭。己所不欲,勿施于人。在邦无怨,在家无怨。"

这里,孔子对仁的诠释,还是从礼入手:"出门如见大宾,使民如承大祭。""见大宾""承大祭",突出的都是一个"敬"字。

其实,还可以通过孔子自己的言行举止,来看礼是如何彰显内在的仁德的。《论语》中记载了一些孔子生活中的细节,由此可以窥见孔子对他人的关爱、尊重、体贴:

> 朋友死,无所归,曰:"于我殡。"(《乡党》)
>
> 子食于有丧者之侧,未尝饱也。(《述而》)
>
> 子于是日哭,则不歌。(《述而》)
>
> 师冕见,及阶,子曰:"阶也。"及席,子曰:"席也。"皆坐,子告之曰:"某在斯,某在斯。"师冕出,子张问曰:"与师言之道与?"子曰:"然,固相师之道也。"(《卫灵公》)

由此可知,礼与仁的关节点,其实就是一个"敬"字。

(四)礼的本质在于敬

儒家礼乐教化的根本精神,可一言以蔽之,曰"敬"。如果没有了"敬"作为灵魂,则礼乐也只是徒具形式而已,其流于虚伪就是必然的。因此,礼仪的教育固然必要,但更应该强调和重视礼义的培养。

敬是礼的最根本的要求。《孝经》说:"礼者,敬而已矣。"《礼记·曲礼上》开篇即云："毋不敬。"范祖禹曾解释道："经礼三百，曲礼三千，亦可以一言以蔽之，曰毋不敬。"（《论语集注》）《论语》记载了子张向孔子问"行"，孔子说：

> 言忠信，行笃敬，虽蛮貊之邦，行矣。言不忠信，行不笃敬，虽州里，行乎哉？（《卫灵公》）

言行是人内在德性的外在表现。言之"忠信"、行之"笃敬"，其实都来自内心的"敬"。需要注意的是，在孔子、儒家那里，敬包含两层意思，一是外在的恭敬之行，一是内在的敬畏之心。《礼记正义》有云："在貌为恭，在心为敬。"内在的敬畏之心是外在恭敬之行的根基所在。

礼是敬得以体现的外在形式。礼虽然源自祭祀的敬神敬祖，但更主要的在于人际交往，其原则就是"自卑而尊人"，也就是表现对交往对象的尊敬。《礼记·曲礼上》云：

> 夫礼者，自卑而尊人。虽负贩者，必有尊也，而况富贵乎？

自卑不是卑躬屈膝，而是谦和、谦恭、谦让的表现。朱熹《论语集注》就说："让者，礼之实也。"故而，孔子对君子有这样的要求：

> 君子无所争，必也射乎！揖让而升，下而饮。其争也君子。（《论语·八佾》）

这里的射是指古代的射礼。作为一种礼，射礼所要追求的还是君子人格的养成。不争，谦让，是君子人格的重要表现。礼让也就具有了教化的意义。

孔子对能够做到"让"的古代圣贤也充满了敬意：

> 子曰："泰伯，其可谓至德也已矣，三以天下让，民无得而称焉。"（《论语·泰伯》）

泰伯对于天下的让，当然已经超越了世俗的谦让。不过，本质上讲，还是内在的德性的外显。因此，孔子认为，治国应该遵守这种礼让的精神，培养礼让的风气：

> 子曰："能以礼让为国乎？何有！不能以礼让为国，如礼何？"（《论语·里仁》）

如果仅从孔子谈及的次数，或某一范畴出现的频率来看，"敬"在孔子那里似乎不如仁、义、礼、智、信等来得重要。其实，这种观察存在偏失。透过对孔子思想的总体把握，可以知道，"敬"具有极为重要的价值，它是社会人伦甚至人之为人的一个基本价值。敬的有无，关系到其他道德、伦理的存亡。比如，孔子重视孝，但他认为，孝的基本精神或前提就在于敬。《论语·为政》记载了"孝"的含义：

> 子曰："今之孝者，是谓能养。至于犬马，皆能有养。不敬，何以别乎？"

人类与动物界都存在一种现象，那就是父母对于子女的呵护与关爱。而所谓孝的观念，即儿女对父母的爱的回报，是人类区别于动物的一个标志，是文明的象征。动物是很少有孝的行为可言的。而人之对待父母，与动物相比应该有更大的区别。如果仅仅做到物质的满足，而缺乏"敬"这种发自肺腑的内在情感，则无法将人与动物分别开来。这也是一种"人禽之辨"。

"敬"在孔子那里首先与修身有关。《论语·宪问》记载：

> 子路问君子。子曰："修己以敬。"

孔安国对此解释说："修己以敬，敬其身也。"（《论语义疏·宪问》）可见，敬是一个人修养的重要起点。所以孔子对子张强调"言忠信，行笃敬"（《论语·季氏》）才是立身处世之本。当然，这种"修己以敬"更多是对上层君子而言的。因此，孔子还说：

> 导千乘之国，敬事而信，节用而爱人，使民以时。（《论语·学而》）

孔子对弟子樊迟解释"仁"的内涵时说"居处恭，执事敬，与人忠"（《论语·子路》）；仲弓推崇"居敬而行简"（《论语·雍也》），子夏讲究"君子敬而无失"（《论语·颜渊》），这种敬事的观念，便与《尚书·洪范》的"敬用五事"一脉相承。《论语·八佾》记载：

> 子曰："居上不宽，为礼不敬，临丧不哀，吾何以观之哉？"

朱熹《论语集注》云："为礼以敬为本。"孟子则说："君子以仁存心，以礼存心。仁者爱人，有礼者敬人。爱人者，人恒爱之；敬人者，人恒敬之。"（《孟子·离娄下》）可见，敬是礼的灵魂，无敬不成礼。

孔子对于祭礼一直十分重视。

> 子曰："祭如在，祭神如神在。"（《论语·八佾》）

其实，这里所体现的也正是对祭祀之礼的敬重。这自然是上承古代的上帝鬼神信仰而来，具有一定的宗教体验性。

> 子曰："君子有三畏：畏天命，畏大人，畏圣人之言。"（《论语·季氏》）

此处所谓"畏"，非畏惧、惧怕之义，而是敬畏之义，是指由敬重而生发的"惶恐""怵惕"之感。这种"惶恐""怵惕"之敬畏感，即是人类自觉己身之微渺而生的谦卑之心，自觉德业之重大而有的责任之感。人知谦卑，而能自尊尊人；人知责任，方可自弘弘道。儒家所谓"天地之性人为贵"，在这一意义上才是成立的。这里，敬畏之心，就具有了神圣性、宗教性和信仰的意义。因此，虽然儒家并非宗教，但是它却起到了准宗教的作用，其中的奥秘就在于儒家虽然持理性主义，对上帝鬼神持敬而远之的中庸态度，但是"敬"在人的信仰层面发挥了其他宗教才能发挥的作用。

另外，敬的真义还表现在孔子对待传统的态度上。孔子曾经直言自己是"述而不作，信而好古"，有人说这是儒家保守思想的源头。其实，孔子在此所表达的不过是对待既有传统的一种敬重。他真切地理解，文化应该是一条河流，延绵不绝，川流不息，生生不已。只有尊重传统，尊重历史，才能真正理解传统的真精神、真价值，才会从中汲取养分。因此，儒家对待历史、对待传统的基本态度就是"保守"——保而守之，注重继承、积累，在此基础上再谈创新、发展。近代以来，疑古思潮盛行，一股"反传统"的"传统"开始出现。其实背后所蕴含的是历史虚无主义。钱穆在《国史大纲》的"引论"中语重心长地提醒国人，对待自己的历史，应该抱持一份"温情与敬意"！这种对历史的"温情与敬意"正是孔子儒家精神的现代传承和彰显。

"敬"之所以能够在人际交往过程中具有如此神奇的效力，关键在于这是符合人性需求的。如果按照马斯洛的需求层次理论，人们的需求由较低层次到较高层次可以分为生理需求、安全需求、社交需求、尊重需求和自我实现需求五类。尊重需求是人的需求的重要部分。人际交往过程中，自谦而尊人，就符合这种人的需求，因此礼敬对方，才能够体现互相尊重，满足人的基本需求，彰显人性的尊严。

正是由于孔子对礼和敬的推崇，"敬"，才成为中国文化中一个非常特殊的伦理范畴和道德要求。宋儒朱熹说："近来觉得敬之一字，真圣学始终主要。"（《朱子语类》卷十二）国学大师马一浮一生都在极力提倡中国文化中"敬"的精神，他认为国学就是六经之学，而六经的基本精神就在于"敬"。深受马氏思想影响的著名学者刘梦溪认为，"敬"既是道德伦理，又是中国人和中国社会普遍持久的人文指标，可以看作中国文化话语里面具有永恒价值的道德理性。先秦儒家和宋儒提倡"主敬"，目的是使中国人的文化性格庄严起来。如果说，在宗教与信仰层面，儒家思想尚留有一定空缺的话，那么，"主敬"思想应是一种恰如其分的补充。"敬"虽然不是信仰本身，但它是中国文化背景下通向信仰的直接桥梁。

三、礼的现代意义

儒家的礼乐教化首先表现在培养一个人的教养，进而促进社会的有序化，最终达到社会的和谐。公民是社会的细胞，个人的素养问题关涉到国家、社会的整体文明水平。对于当下公民的素养问题，人们大都会表示一种担忧或不满。在这个信息时代，我们几乎每天都能在媒体上看到关于中国人素养问题的报道。比如，中国人到国外去旅游，往往缺乏自觉，大声喧哗，毫不顾及别人的感受，没有公德意识。以致在国外凡是有教养的中国人往往被当作日本人或韩国人。反之，那些缺乏教养的日本人、韩国人却经常被认为是中国人。这已经是西方人的一种成见。要知道，凡是能出国旅游的，多数是中上层精英，至少也受过多年的教育，这种教养素质真令人唏嘘感叹！其实，在国内我们便能时时领教，例如大声喧哗、随地吐痰、蛮横插队、不讲诚信、不守规矩等。与此相比，邻国日本、韩国这些曾经深受中国儒家文化影响的国家，至今儒家的影响依然存在。人们对日本人的彬彬有礼有着切身的体会，对日本人的认真也早有见识。曾经有位中国教授写了一篇文章《我在日本受到的三次文化震撼》，对日本人的勤劳工作、朴素生活和守秩序的耐心有零距离的体验，作者最后说，如此坚忍、守秩序、万众一心的民族，真是可敬又可怕！而随着韩剧的流行，我们了解到韩国人至今保持并弘扬着儒家礼教传统，他们从骨子里渗透出的那份谦恭与尊敬令人感动。

一个"礼义之邦"居然成了令人讨厌的没有文明教养的国度。正如《诗经·永锋·相鼠》所讥讽的那样："相鼠有皮，人而无仪。人而无仪，不死何为！……相鼠有体，人而无礼。人而无礼，胡不遄死！"不仅国民个人素养存在严重问题，而且由于缺乏敬畏之心，诸如肆意污染环境，导致资源枯竭；恶搞历史名人，毁弃传统文化；学者抄袭造假；官员贪污腐败；公务员玩忽职守；醉酒驾车、豪门子弟飙车撞人；毒大米、毒水饺、毒奶粉泛滥等丑恶事件频频发生。这些无不表明一些人对自然、对历史、对知识、对民族甚至对生命都丧失了起码的敬畏之心。试想，如果这种风气继续弥漫扩张而得不到控制，我们这个有着五千年古老文明的民族，不知将如何自存于世界民族之林！

孔子早就说过："不学礼，无以立。"（《论语·季氏》）人们在缺失礼乐教化的条件下，片面追求物质利益，而忽视了道德修养，从而使"富裕"与"文明"之间出现了极大的裂缝。人们呼唤一个"富裕的中国"，更需要一个"文明的中国"。其实，之所以造成今天的局面，与百余年来对传统礼乐文化的打击有关，尤其与"文化大革命"的破坏有关，更与中国的经济发展状况有关。"文化大革命"时期，破"四旧"，把传统的东西都当作复古、倒退、反动的东西打碎了。一切礼仪、一切文明都被认为虚伪，而粗俗、无礼却成为一种时尚与追求。不过，古人云："仓廪实则知礼节，衣食足则知荣辱。"（《管子·牧民》）随着近年来我国经济的发展，人们生活水平的提高，人们开始关注教养素质问题。针对当下的国民教养问题，可以发现儒家传统的礼乐教化思想依然可以发挥重要作用。今天固然需要"新礼"来适应现代社会，需要礼乐文化在形式上"因革损益"，根据时代特点予以扬弃和革新。不过必定要有历史有渊源的"新"，才是真正的新，因此新礼乐的确立，也必须从传统礼乐所蕴含的深邃精神中汲取营养，因为其于塑造国民的民族认同，提升国民的个人教养，促进社会的整体和谐皆具重要价值。

传统儒家礼乐文化的内在精义在于敬。经过礼乐文化的熏染，一个人的素养、气质便会发生变化，古人称之为"变化气质"。这种气质素养，就在于一个人对自己、对他人、对家庭、对事业的敬重与敬畏！有了敬，人便会变得安静、洁净，整个气质便会格外儒雅！而个体气质素养的提升，是整个社会变得有序、和谐的前提条件。

前面提到，敬是礼的最根本的要求。古人对敬的重视，首先来自祭祀之礼。不管是祭祀天地，还是祖先，都要"斋戒""诚敬"。近几年兴起了清明网上祭祖的潮流，这固然是一种不得已而为之的做法，也顺应了年轻人的需要，但是比较传统祭祀，毕竟缺少了一种庄重和身临其境的诚敬。古人行大礼要跪拜，今天则流行鞠躬。好像跪拜属于封建的，而鞠躬则较为文明。当年国学大师王国维自沉于颐和园，清华学子为之守灵，前来祭奠者皆行新式鞠躬礼，而当陈寅恪来到时，他郑重地行传统跪拜大礼，在场者无不为之动容，学生也纷纷改行跪拜礼。还有一则故事。著名学者陈荣捷是享誉国际的哲学史家，1990年有一次在福建举行朱子学国际学术会议，陈荣捷率领与会者拜谒朱子墓。当来到朱子墓前的时候，当时下着小雨，九十岁高龄的陈先生噗通一声跪倒在地，在场者亦大为感动。陈先生说一生跪过两个人：父亲和朱子。这两个故事说明，即使在现代，跪拜礼也是表示诚敬的礼节。由此看来，对祖先、对先哲行此大礼，不仅不能说明你封建，反而表示你的诚敬，你的素养。

过去学生进学堂要拜孔子，拜老师。古代学艺都要拜师，都要行大礼，以表示尊师重道。据说民国时期，黄侃与刘师培都是北大国文门教授，二人年纪相仿，又都是国内一流学者，但是黄侃自觉自家的经学造诣不如刘师培，便亲自折身下跪，执贽称弟子，一时传为佳话。后来杨树达要侄子杨伯峻拜黄侃为师，礼节是用红纸封套十块大洋，还得磕个头。杨伯峻不肯磕头，杨树达说："此人学问好得很，不磕头，得不了真本领。你非磕头不行！"杨伯峻不得已，只好遵命。拜师完毕，黄侃才说："从这时起，你就是我的门生了。""我的学问是磕头得来的，我收弟子，一定要他们一一行拜师礼节。"其实这不是个人崇拜，不是权威崇拜，而是对知识对学问对师道尊严的敬重。

礼用于祭祀是表示敬神敬祖，用于人际交往，则是"自卑而尊人"。《礼记·曲礼上》说："夫礼者，自卑而尊人。虽负贩者，必有尊也，而况富贵乎？"我们在各种场合，都要秉持这一原则。尊敬别人，不管对方是要饭的乞丐，生活拮据的穷苦人，还是企业老总，某级高干。有的人欺软怕硬，对贫弱者颐指气使，对富贵者却卑躬屈膝，这不叫敬。如果对任何人都能秉持"自卑而尊人"的理念，人际关系就会处理得相当好。这里的"自卑"不是卑躬屈膝的意思，而是一种谦和、谦恭、谦让的态度。

敬业也是敬的一种。对于事业有诚敬之心，就要兢兢业业，不能玩忽职守。古人非常注重对人的观察，"观人"即通过对人的行为举止的观察而鉴别一个人的素质。比如，《左传·成公六年》记载，郑伯到晋国去，有一个叫士贞伯的人断言："郑伯其死乎？"为什么呢？"自弃也已！视流而行速，不安其位，宜不能久。"此类事例还有许多。《左传·成公十三年》记载，晋侯派郤锜到鲁国请求出兵援助，可是在一系列礼仪过程中郤锜表现得非常不敬。鲁国大夫孟献子就断言："郤氏其亡乎！"这些预言基本上都应验了。敬还表现在对生命的尊敬和爱护。现代人生活压力大，动辄自杀，或者杀人，经常见诸报端。比如近年曾有富士康发生的"十三连跳"事件，各地接连发生的幼儿园小学恶性杀人案等，这些人就缺乏对生命的敬重。

《大学》说："知止而后能定，定而后能静，静而后能安，安而后能虑，虑而后能得。"正所谓"宁静而致远"，心中的静表现在外就是气质的清明平静。说话轻声细语，绝非大声嚷嚷，声震四座。孔子说："食不言，寝不语。"（《论语·乡党》）这不仅是一种素养，其实也是一种非常健康的生活方式，符合养生之道。古人说："不越路与人言。"可是现在在一些公共场所，熟人打招呼，分贝之高、情绪之兴奋，令人侧目！做事思考都需要安静的环境，需要冷静的头脑。如果遇事不能冷静，头脑发热，容易酿成不必要的过失或错误，尤其是年轻人，孔子早就告诫说："血气方刚，戒之在斗。"（《论语·季氏》）

净是表达敬意的最基本的要求，也是敬的最佳体现。古人在祭祀之前都要斋戒，沐浴更衣。对祭祀用的祭品也格外强调卫生干净。接待客人，将房屋客厅打扫干净，主人穿着干净整洁，都是必须的。其实，净更强调人们内心的纯洁无瑕，不被私欲所蒙蔽的澄明境界。孔子所提倡的"洁静精微"的易教中，其实就包含着这样的一种心灵体验。

总而言之，敬畏之心不可无！宋儒说，敬之一字，聪明睿智皆由此出。现代人之虚妄、放肆、怠慢、鄙诈，必待"敬"而后去，真实、谦卑、勤俭、宽和，必待"敬"而后至。重新唤醒早已失落的敬畏之心，"言忠信，行笃敬"（《论语·卫灵公》），才是我们通向美好未来的康庄通衢，而这都需要我们重温儒家礼乐文化的真精神、真内涵。礼与乐，通过规范与引导，从内外两个方面对人发生作用，起到协调人的身心、人与人之间关系的作用，从而实现社会的整体和谐。

推荐书目：

1. 彭林：《儒家礼乐文明讲演录》，广西师范大学2008年版。
2. 彭林：《礼乐人生：成就你的君子风范》，中华书局2006年版。
3. 宋立林：《礼德诠解》，中国方正出版社2017年版。

思考题：

1. 试析儒家礼乐文化的基本内涵与现代意义。
2. 如何理解礼与敬的关系？

3. 请思考"言忠信，行笃敬"对现代人生修养的启示。

《论语》论"礼"：

1. 有子曰："礼之用，和为贵。先王之道斯为美，小大由之。有所不行，知和而和，不以礼节之，亦不可行也。"（《学而》）

2. 子贡曰："贫而无谄，富而无骄，何如？"子曰："可也。未若贫而乐，富而好礼者也。"（《学而》）

3. 子曰："道之以政，齐之以刑，民免而无耻。道之以德，齐之以礼，有耻且格。"（《为政》）

4. 孟懿子问孝。子曰："无违。"樊迟御。子告之曰："孟孙问孝于我，我对曰，无违。"樊迟曰："何谓也？"子曰："生，事之以礼；死，葬之以礼，祭之以礼。"（《为政》）

5. 孔子谓季氏："八佾舞于庭，是可忍也，孰不可忍也。"（《八佾》）

6. 三家者以《雍》彻。子曰："'相维辟公，天子穆穆'，奚取于三家之堂？"（《八佾》）

7. 子曰："人而不仁，如礼何？人而不仁，如乐何？"（《八佾》）

8. 子曰："君子无所争，必也射乎！揖让而升，下而饮。其争也君子。"（《八佾》）

9. 子曰："夏礼，吾能言之，杞不足征也；殷礼，吾能言之，宋不足征也。文献不足故也。足，则吾能征之矣。"（《八佾》）

10. 祭如在，祭神如神在。子曰："吾不与祭，如不祭。"（《八佾》）

11. 子曰："周监于二代，郁郁乎文哉！吾从周。"（《八佾》）

12. 子曰："居上不宽，为礼不敬，临丧不哀，吾何以观之哉？"（《八佾》）

13. 子曰："君子博学于文，约之以礼，亦可以弗畔矣夫。"（《雍也》）

14. 子在齐闻《韶》，三月不知肉味，曰："不图为乐之至于斯也！"（《述而》）

15. 子曰："恭而无礼则劳，慎而无礼则葸，勇而无礼则乱，直而无礼则绞。君子笃于亲，则民兴于仁；故旧不遗，则民不偷。"（《泰伯》）

16. 曾子有疾，孟敬子问之。曾子言曰："鸟之将死，其鸣也哀；人之将死，其言也善。君子所贵乎道者三：动容貌，斯远暴慢矣；正颜色，斯近信矣；出辞气，斯远鄙倍矣。笾豆之事，则有司存。"（《泰伯》）

17. 子曰："兴于诗，立于礼，成于乐。"（《泰伯》）

18. 子曰："先进于礼乐，野人也；后进于礼乐，君子也。如用之，则吾从先进。"（《先进》）

19. 颜渊问仁。子曰："克己复礼为仁。一日克己复礼，天下归仁焉。为仁由己，而由人乎哉？"颜渊曰："请问其目。"子曰："非礼勿视，非礼勿听，非礼勿言，非礼勿动。"颜渊曰："回虽不敏，请事斯语矣。"(《颜渊》)

20. 子路曰："卫君待子而为政，子将奚先？"子曰："必也正名乎！"子路曰："有是哉，子之迂也！奚其正？"子曰："野哉，由也！君子于其所不知，盖阙如也。名不正，则言不顺；言不顺，则事不成；事不成，则礼乐不兴；礼乐不兴，则刑罚不中；刑罚不中，则民无所错手足。故君子名之必可言也，言之必可行也。君子于其言，无所苟而已矣。"(《子路》)

21. 子张问行。子曰："言忠信，行笃敬，虽蛮貊之邦，行矣。言不忠信，行不笃敬，虽州里，行乎哉？立则见其参于前也，在舆则见其倚于衡也，夫然后行。"子张书诸绅。(《卫灵公》)

22. 师冕见，及阶，子曰："阶也。"及席，子曰："席也。"皆坐，子告之曰："某在斯，某在斯。"师冕出，子张问曰："与师言之道与？"子曰："然，固相师之道也。"(《卫灵公》)

23. 陈亢问于伯鱼曰："子亦有异闻乎？"对曰："未也。尝独立，鲤趋而过庭，曰：'学诗乎？'对曰：'未也。''不学诗，无以言。'鲤退而学诗。他日又独立，鲤趋而过庭，曰：'学礼乎？'对曰：'未也。''不学礼，无以立。'鲤退而学礼。闻斯二者。"陈亢退而喜曰："问一得三，闻诗、闻礼，又闻君子之远其子也。"(《季氏》)

24. 子曰："礼云礼云，玉帛云乎哉？乐云乐云，钟鼓云乎哉？"(《阳货》)

25. 子曰："不知命，无以为君子也；不知礼，无以立也；不知言，无以知人也。"(《尧曰》)

第九讲 《论语》中的"智"

哲学（philosophy），在希腊语中即"爱（philo）智慧（sophia）"之意。也就是说在西方人看来，哲学是"爱智慧"。虽然哲学不等于智慧，但是哲学与智慧关系密切，这是显而易见的。不过，在中国古代，理解稍有不同。

近代以来，汉语接受了日本人翻译philosophy的"哲学"一词。那么，什么是哲呢？在中国最早的辞典《尔雅》中有这样的解释："哲，智也。"（《释言》）中国古人认为哲就是智，哲与智是同义词。换句话说，中国人将哲学理解为智慧之学。诸子百家之学，都是智慧之学。而孔子创立的儒学，当然是一种智慧之学。这种智慧，更多不是思辨的智慧，而是实践的智慧。

智慧组成一个词，虽然早见于《墨子·尚贤中》："若使之治国家，则此使不智慧者治国家也，国家之乱，既可得而知已。"但"智慧"一词真正被中国人运用是在佛教传入中国之后。在此之前，中国文化更多地是讲"智"。

儒家从孔子开始，就把"知"（智）视为重要的德目。《中庸》引用孔子的话，将"知、仁、勇"称为"三达德"。到了孟子，将智与仁、义、礼并称为"四端"。汉代董仲舒则将四端与信合称为"五常"。从此，智成为中国文化中非常重要的一个道德范畴。

一、智者不惑

在《论语》之中，有"知"字而无"智"字。在《论语》中"仁"字出现的次数有100多次，"礼"字出现的次数有70多次，但是"知"字出现的次数却不是太多。

其实，《论语》中的"知"，除了作"知道"解之外，更多是用作"智"字解的。在春秋时代，"智"与"知"，是通用的。汉代的《释名》说："智，知也，无所不知也。""智"并不是一般的知道，而是"无所不知"。

什么才是智慧？什么样的人才算是智者？一般来说，智与愚是相对的。在《论语》中也多次提及"愚"。如"唯上知与下愚不移"（《论语·阳货》），就是将"知"与"愚"相对应。不过，在某种情况下，"愚"只是表面现象，愚的背后可能是真正的智慧。

> 子曰："宁武子，邦有道，则知；邦无道，则愚。其知可及也，其愚不可及也。"（《论语·公冶长》）

这一章中的"愚"，显然是老子所谓"大智若愚"的意思。所以，智慧的真正含义，不是不愚，而是不惑。

子曰:"知者不惑。"(《论语·子罕》)

孔子说自己"四十而不惑"(《论语·为政》)。可以说,不惑就是智。

什么是"惑"呢?《论语》中多次谈到了"惑"和"辨惑"的问题。

> 子张问崇德辨惑。子曰:"主忠信,徙义,崇德也。爱之欲其生,恶之欲其死。既欲其生,又欲其死,是惑也。'诚不以富,亦祗以异。'"(《颜渊》)

子张向孔子请教如何"辨惑",孔子给他解释了"惑","爱之欲其生,恶之欲其死。既欲其生,又欲其死,是惑也"。爱与恶都是情感。人是有情感的动物,但是人如果被情感或情绪牵着鼻子走,那么就会陷入非理智的状态,也就是"惑"。

> 樊迟从游于舞雩之下,曰:"敢问崇德,修慝,辨惑。"子曰:"善哉问!先事后得,非崇德与?攻其恶,勿攻人之恶,非修慝与?一朝之忿,忘其身,以及其亲,非惑与?"(《论语·颜渊》)

樊迟也向孔子请教"辨惑"的问题。孔子说:"一朝之忿,忘其身,以及其亲,非惑与?"忿就是因气恼而冲动,显然也是被情绪所左右。人处于这种状态就会"惑"。也就是说,人被情绪左右,不能用理智进行合理判断,那就是惑。

其实,真正的智者,真正的不惑,还在于对"时"的把握,能够做到明哲保身。上引所谓宁武子"愚不可及"就是一例。《论语·泰伯》还记载:

> 子曰:"笃信好学,守死善道。危邦不入,乱邦不居。天下有道则见,无道则隐。邦有道,贫且贱焉,耻也;邦无道,富且贵焉,耻也。"

这里所谓"危邦不入,乱邦不居。天下有道则见,无道则隐"也是一例。

> 子曰:"邦有道,危言危行;邦无道,危行言孙。"(《论语·宪问》)

能够懂得在无道之邦言辞谦逊,就是一种智慧。所以,智也包含着慎。

> 子谓颜渊曰:"用之则行,舍之则藏,惟我与尔有是夫!"子路曰:"子行三军,则谁与?"子曰:"暴虎冯河,死而无悔者,吾不与也。必也临事而惧,好谋而成者也。"(《论语·述而》)

孔子认为,颜渊做到了"用之则行,舍之则藏",这是"知时"的表现,显然是一种智慧。但是,接下来孔子对子路的"敲打",则指出了智慧的另一层含义,那就是"临事而惧,好谋而成",也就是慎。所以,慎是孔子非常重视的一项修养。

> 子之所慎:齐,战,疾。(《论语·述而》)

孔子所慎重对待的有三项:斋戒,战争和疾病。除了谨慎这一必备的修养之外,"不惑"还表现在孔子致力于人文,而对于六合之外则存而不论。这一点,可以从孔子对待鬼神的态度上窥斑知豹。

> 季路问事鬼神。子曰:"未能事人,焉能事鬼?"

曰："敢问死。"曰："未知生，焉知死？"（《论语·先进》）
"未能事人，焉能事鬼"，"未知生，焉知死"，这两句奠定了儒家人文主义的基本取向。孔子既不否定也不承认鬼神，他的态度是敬鬼神而远之，不纠缠在鬼神的有无上。

二、智者知人

那么，作为"智慧"解的"知"在《论语》当中的含义是什么呢？对此，孔子有过一个明确的回答：

樊迟问仁。子曰："爱人。"问知。子曰："知人。"（《论语·颜渊》）

由此可知，在孔子看来，所谓智慧，就是"知人"。我们经常说，孔子之学，乃人学。儒学是关于人的学问，那么知人——了解人也就成了非常重要的能力和智慧。孔子认为："不患人之不己知，患不知人也。"（《论语·学而》）

孔子在"知人"这方面确实有过人之处。孔子对于人物的评价，也就是他"知人"的表现，集中在《论语·公冶长》一篇。该篇28章之中，孔子点名品评的人物有24人。

孔子对于"知人"，有很多深刻的认识。如何"知人"？其实在孔子之前，就有很多成熟的方法。《逸周书·官人解》与《大戴礼记·文王官人》都记述了周初对于选人用人的方法。这些对孔子肯定有所影响。《论语》中孔子也提出了自己的察人之法。

子曰："视其所以，观其所由，察其所安，人焉廋哉？人焉廋哉？"（《论语·为政》）

怎样考察一个人的品行、才干、能力？孔子说要"视其所以"，就是要看他的动机、目的；"观其所由"，就是看他做事采取的方法；"察其所安"，就是看他平常做人是安于什么？孔子以这三点观察人，所以他说："人焉廋哉？人焉廋哉？"这个"廋"是藏匿的意思。以"视其所以，观其所由，察其所安"三个要点去观察人，就没什么可藏匿的了。

其实，孔子还认为："不知言，无以知人也。"（《论语·尧曰》）

我们了解一个人，有两个渠道，一个是通过他的言，一个是通过他的行。从《论语》记载的一个事例，可以看出，孔子认为"知人"要"听其言而观其行"：

宰予昼寝。子曰："朽木不可雕也，粪土之墙不可杇也。于予与何诛？"子曰："始吾于人也，听其言而信其行；今吾于人也，听其言而观其行。于予与改是。"（《论语·公冶长》）

孔子也发现言并不一定反映人内心的真实想法，所以要听言观行。而听言也有一套方法，那就是知言。

> 子曰："可与言而不与之言，失人；不可与言而与之言，失言。知者不失人，亦不失言。"（《论语·卫灵公》）

真正的智者，不会"失人"——错失人才和朋友；也不会"失言"——说不该说的话，从而引起不必要的麻烦。

> 子曰："巧言令色，鲜矣仁。"（《论语·学而》）

说漂亮的话，表现出格外恭敬的脸色，都可能是刻意为之，往往内心缺乏仁德。这说明孔子知言。

> 子曰："人之过也，各于其党。观过，斯知仁矣。"（《论语·里仁》）

这里，孔子指出了另外一条"知人"的渠道，那就是"观过"。人都会犯过错，但是过错也是有类别的。这里的"观过知仁"，实际上也就是从一个人所犯的过错中识别人。

我们经常说，孔子教育的高明之处，在于"因材施教"。而"因材施教"的前提则是，孔子对于弟子之"材"有清楚的把握。子曰："中人以上，可以语上也；中人以下，不可以语上也。"（《论语·雍也》）那么，在弟子之中，哪些可以"语上"，哪些不可以"语上"？关键在于孔子对于弟子的了解。孔子对于弟子的优缺点十分清楚。比如他对几位弟子的评价：

> 柴也愚，参也鲁，师也辟，由也喭。（《论语·先进》）

他最欣赏的弟子无疑是颜回与子贡。子贡非常聪明，"赐不受命，而货殖焉，亿则屡中"（《论语·先进》）。但是，当子贡问孔子："赐也何如？"子曰："女，器也。"曰："何器也？"曰："瑚琏也。"（《论语·公冶长》）

在与颜回的对比中，子贡也非常有自知之明。

> 子谓子贡曰："女与回也孰愈？"对曰："赐也何敢望回？回也闻一以知十，赐也闻一以知二。"子曰："弗如也。吾与女弗如也。"（《论语·公冶长》）

当别人询问孔子其弟子的情况时，孔子总是明明白白地指出那位弟子的特点。

> 季康子问："仲由可使从政也与？"子曰："由也果，于从政乎何有！"曰："赐也可使从政也与？"曰："赐也达，于从政乎何有！"曰："求也可使从政也与？"曰："求也艺，于从政乎何有！"（《论语·雍也》）

在孔子眼中，子路"果"（果断），子贡"达"（通达），冉有"艺"（多才多艺），各具优点，都适合从政。

> 孟武伯问子路仁乎？子曰："不知也。"又问。子曰："由也，千乘之国，可使治其赋也，不知其仁也。""求也何如？"子曰："求也，千室之邑，百乘之家，可使为之宰也，不知其仁也。""赤也何如？"子曰："赤

也，束带立于朝，可使与宾客言也，不知其仁也。"（《论语·公冶长》）

子路和冉有，是孔门"政事"科的高第，都具有非凡的治事能力。比如孔子认为子路"千乘之国，可使治其赋"，冉有"千室之邑，百乘之家，可使为之宰"，公西华具有"束带立于朝，可使与宾客言"的外交能力，但是都达不到孔子所重视的"仁"的境界。

子曰："吾未见刚者。"或对曰："申枨。"子曰："枨也欲，焉得刚？"（《论语·公冶长》）

有人认为，申枨是刚者，但是孔子却一针见血地指出："枨也欲，焉得刚？"申枨是一个多欲的人，怎么会刚直呢？正所谓"壁立千仞，无欲则刚"。多欲之人，必然不刚。

不仅对自己身边的弟子有着充分的了解，孔子对与他同时代的人物也有充分的了解。

子贡问曰："孔文子何以谓之'文'也？"子曰："敏而好学，不耻下问，是以谓之'文'也。"

子谓子产有君子之道四焉：其行己也恭，其事上也敬，其养民也惠，其使民也义。

子曰："晏平仲善与人交，久而敬之。"

子曰："臧文仲居蔡，山节藻棁，何如其知也。"（以上皆出自《论语·公冶长》）

从这些评价来看，孔子对孔文子、子产、晏平仲、臧文仲等早于或与他同时的贤者，都有充分的认识。

知人的目的在于善任。一个国君能够知人善任，那就是大智慧。

子言卫灵公之无道也，康子曰："夫如是，奚而不丧？"孔子曰："仲叔圉治宾客，祝鮀治宗庙，王孙贾治军旅。夫如是，奚其丧？"（《论语·宪问》）

尽管卫灵公"无道"，但是卫国却并未因此而亡国。孔子分析其中的原因，就在于卫灵公做到了"知人善任"。

三、好学近乎知

智慧的获取，要建立在知识的基础上。知识的获取，则需要建立在学习的基础上。正如《中庸》所说："好学近乎知。"真正的不惑，真正的智慧，必须从学习中得到。

《论语》首篇首章就提出"学而时习之，不亦说乎"。《论语》中论述学习的句子，可以说非常之多。关于学习，孔子有一套相当成熟的思想。强调学习，正是孔子最鲜明的主张，也是儒学最突出的特征。可以说，儒家文化是一种"学习型文化"。

梁启超先生说，孔子是个理智极发达的人。这个判断毫无疑问的是正确的。而孔子的理智发达也就是富有智慧，来源于孔子的好学。

首先，孔子自身就是一位十分好学之士。

> 子曰："十室之邑，必有忠信如丘者焉，不如丘之好学也。"（《论语·公冶长》）

一般来说，孔子作为"圣人"，具有我们望尘莫及的道德修养。但是，他自己最为自信的却不在自己的德行比如"忠信"，而是自己的"好学"。其实，孔子不止一次自陈自己的好学。

> 子曰："若圣与仁，则吾岂敢？抑为之不厌，诲人不倦，则可谓云尔已矣。"公西华曰："正唯弟子不能学也。"（《论语·述而》）

这里所谓"为之不厌"，就是"学而不厌"。"学而不厌"就是一种"好学"的精神。这种"好学"的品质在孔子身上很早就确立了。

孔子也对好学下了定义："君子食无求饱，居无求安，敏于事而慎于言，就有道而正焉，可谓好学也已。"（《论语·学而》）孔子曾说："可以与人终日不倦者，其唯学焉！"（《孔子家语·致思》）孔子一生坎坷，但学而不厌，学并快乐着的精神伴随其一生。

之所以好学，是因为孔子对自我有个定位：

> 子曰："我非生而知之者，好古，敏以求之者也。"（《论语·述而》）

他的知识都是靠自己学习而来，并非生而知之。孔子曾经将人分为"生而知之者""学而知之者""困而学之者""困而不学者"几种。虽然表面上，孔子认为世界上有"生而知之者"，但是他却以"学而知之者"自居。从这里可以窥见孔子思想的平实性。

《论语·为政》载孔子自述：

> 吾十有五而志于学，三十而立，四十而不惑，五十而知天命，六十而耳顺，七十而从心所欲，不逾矩。

孔子"志于学"就是"志于道"，说明孔子立志很早。正是这种立志向学的好学精神，使得孔子在青少年时代就掌握了礼、乐、射、御、书、数"六艺"。在当时，"六艺"本是贵族子弟在正规学校教育中必修的六门课程，贫寒的孔子虽然未能接受正规的学校教育，但他凭借自己的努力，较早地掌握了这些知识。年龄稍大，孔子又对历史文化典籍产生了浓厚兴趣。他博览群书，特别是对《诗》《书》《礼》《乐》等文化典籍，更是喜好，经过刻苦努力，他对古代历史文化典籍有了较为全面的掌握。

孔子确实善于学习。《论语·述而》有他的自述：

> 三人行，必有我师焉：择其善者而从之，其不善者而改之。

孔子的好学，表现在"学无常师"。据《论语·子张》记载：

> 卫公孙朝问于子贡曰："仲尼焉学？"子贡曰："文武之道，未坠于地，在人。贤者识其大者，不贤者识其小者。莫不有文武之道焉。夫子焉不学？而亦何常师之有？"

从二十岁至五十岁期间，孔子一直寻找从政的机会而不得，但是勤奋好学的精神从未改变。孔子二十七岁的时候，郯子朝鲁。孔子听说后，求教于郯子。据《史记·仲尼弟子列传》所记："孔子之所严事：于周，则老子；于卫，蘧伯玉；于齐，晏平仲；于楚，老莱子；于郑，子产；于鲁，孟公绰。""严事"即郑重地师事，这里道出了孔子的师承，也表明孔子之转益多师。孔子曾与南宫敬叔一起前往周朝的都城求见老子，学习周礼。孔子还向蘧伯玉、晏平仲、老莱子、子产、孟公绰等人学其所长。孔子学习的内容非常广泛，仅就音乐来说，孔子曾学乐于苌弘，问琴于师襄。孔子在齐国听到演奏《韶》乐后，非常着迷，竟然三月不知肉味，于是向鲁国的师襄学琴。一支曲子学完十天后，师襄说可以学其他的曲子了，可是孔子还在练习，认为自己的技艺还不行。过了些时日后，师襄认为技艺已经有所提高，可以学新曲子了。可是孔子依然认为自己还没有学好，感觉自己没有领会曲子的内在精神。再过一些日子，他领会到这是文王的作品。师襄听了非常震惊，因为这首曲子就叫《文王操》，确为文王所作。孔子学习的用心由此可见一斑。

孔子处处强调学的重要性，他曾经对子路谈论"六言六蔽"：

> 好仁不好学，其蔽也愚；好知不好学，其蔽也荡；好信不好学，其蔽也贼；好直不好学，其蔽也绞；好勇不好学，其蔽也乱；好刚不好学，其蔽也狂。(《论语·阳货》)

大意是说喜好仁德却不喜好学习，弊病是容易被人愚弄；喜好聪明却不喜好学习，弊病是容易放荡不羁；喜好信实却不喜好学习，弊病是拘于小信而贼害自己；喜好直率却不喜好学习，弊病是说话尖刻刺人；喜好勇敢而不喜好学习，弊病是捣乱闯祸；喜好刚强而不喜好学习，弊病是狂妄自大。仁、智、信、直、勇、刚都是好品德，如果不学习，把握其实质，便很容易偏执一隅，造成危害，从而由"六言"(六德)变成"六蔽"。以春秋时期的宋襄公为例，泓水之战中，楚军正在渡河时，公孙固建议在楚军渡河过半时杀过去，定可取胜。可宋襄公为了表示自己是"仁义之师"，说是"不鼓不成列"，要等楚军完全渡过河列好阵以后才开战。结果宋军大败，宋襄公也被箭射中大腿。这是"好仁不好学，其蔽也愚"的典型。"六言六弊"是孔子对历史与人事的深刻洞察得出的至理名言。

向地位高、学问好的人求教是一件非常正常的事，而孔子不仅向贤达之士学习，还虚怀若谷，不耻下问，虚心向地位卑微的人学习，如荷蓧丈人、长沮与桀溺等。这就非常不容易了。寸有所短，尺有所长，向不同的人学习正是孔子了不起之处。也正因为此，孔子对不耻下问的人非常敬重。子贡问于孔子，孔文子死后为什么给他的谥号是"文"？孔子说："敏而好学，不耻下问，是以谓之'文'也。"（《论语·公冶长》）"文"是谥号，谥号就是一个人死后根据他平生的所作所为，给他定的号。如果所行多善，则给予的是美谥，反之则是恶谥。据《逸周书·谥法解》载，谥号"文"指经天纬地、道德博厚、勤学好问、慈惠爱民等多种品质，包含的内容非常丰富，子贡故有此问。

孔子的好学精神对弟子们影响极为深远。如子夏说："百工居肆以成其事，君子学以致其道。"（《论语·子张》）必须通过学习，才能达到"道"的境界。子夏还提出："日知其所亡，月无忘其所能，可谓好学也已矣。"（《论语·子张》）每天都学习自己不知道的知识，每月都不要忘记自己的所学，这就是好学了。子夏甚至将好学与治理国家联系起来，认为必学然后可以安国保民。那么，怎么学呢？即"博学而笃志，切问而近思"（《论语·子张》），结果"仁在其中矣"。学习内容广博，方法上切问近思，心态上是笃志，最终目的是达到"道"的境界。

孔子认为，真正的智慧，就是"知之为知之，不知为不知"（《论语·为政》）。之所以说这样才是"知"（智慧），是因为一般人不敢坦然面对自己的无知，反而会百般掩饰。而一旦不承认自己的无知，人就无法虚心学习。

儒家最推崇的理想人格——圣人，就是"既仁且智"的人。孟子引子贡之语："学不厌，智也；教不倦，仁也。仁且智，夫子既圣矣。"（《孟子·公孙丑上》）在孔子、儒家看来，缺乏智，"好仁不好学，其蔽也愚"；缺乏仁，"好知不好学，其蔽也荡"。一个人既要做到"知及之"，还需要"仁守之"。智与仁是相辅相成，缺一不可的。

四、中国"智慧"是实践智慧

近代以来，我们面对西方的"坚船利炮"，面对西方的现代科技，不断进行自我反思，感到中国文化落后了。首先是从器物和技术层面反思，"师夷长技以制夷"；后来进而意识到在制度上我们也是落后的，于是"变法图强"；再到后来，认为落后的根源在于文化，于是倡导"全盘西化"，对中国文化进行彻底的改造。直到今天，我们还在反思，中国没有发展出近代科学的原因何在？有人认为，就是中国人的思维方式的问题。

著名物理学家杨振宁曾经在2004年的一次讲演中指出，近代科学没有在中国萌生的原因，归纳起来大概有五种道理。第一，中国的传统是入世的，不是出世的。换句话说就是比较注重实际，不注重抽象的理论架构。第二，科举制度。第三，观念上认为技术不重要，认为是"奇技淫巧"。第四，中国传统里面无推演式的思维方法。第五，有天人合一的观念。其实，杨振宁所说的第一点，也就是中国人不重视抽象的理论架构，客观地讲，是符合中国文化的实际的。

早在20世纪初，著名历史学家陈寅恪就断言：

> 中国之哲学、美术，远不如希腊，不特科学为逊泰西也。但中国古人，素擅长政治及实践伦理学，与罗马人最相似。其言道德，惟重实用，不究虚理，其长处短处均在此。长处，即修齐治平之旨。短处，即实事之利害得失，观察过明，而乏精深远大之思。……夫国家如个人然，苟其性专重实事，则处世一切必周备，而研究人群中关系之学必发达。故中国孔孟之教，悉人事之学。（《吴宓日记》1919年12月14日）

其实，按照著名哲学家冯友兰的看法，中国哲学的自我功能在于改变或提高人的精神境界，获得一种看待世界的全新方式，因此提高心灵境界是中国哲学实践智慧的一个目的。精神的提升，内心的和谐、自由、宁静，这种心灵自我的转化是实践的根本目标。比如《大学》讲"致知"，这个"知"就不是一般所谓知识，而是德性之知。致知在儒家那里就是提升德性，涵养性灵，完善自我的过程。

如果不作价值的判断，可以说，中国文化的特点确实是重视实践智慧，强调实用理性。根据李泽厚的分析，希腊文明走的是抽象思辨的道路，印度文明走的是追求解脱现世痛苦的解脱之路，而中国文化表现出对现世的实用性探求。用他的话来说就是：关注于现实生活，不作纯粹的抽象的思辨，也不让非理性的情欲横行，事事强调"实际""实用""实行"，满足于解决问题的经验论的思维水平，主张以理节情的行为模式，对人生世事采取一种既乐观进取又清醒冷静的思维态度，重人事关系，重具体经验。

确实，中国文化尤其是儒家学说，与古希腊哲学有着不同的致思理路，发展出了不同的哲学路向。中国文化短于思辨，确是事实。不过，中国文化的长处，则是突出了实践智慧。正如哲学史家陈来所指出的那样：首先，在思辨与实践之间，孔子已经明白显示出了偏重，即重视实践而不重视思辨。孔子的学生认为孔子很少谈及性与天道，是孔子重视实践的明显例证。孔子对名的重视也只是重视名的政治实践功能，而不是名言概念自身的抽象意义。早期儒家就已经确立了这种性格，在理论与实践之间，更注重发展实践智慧，而不是理论智慧，其原因正是在于儒家始终关注个人的善、社群的善、有益于人类事务的善。退一步说，孔子即使关心宇宙天道，也决不用"理论化的态度"（德国哲学家海德格尔把脱离生活实践的哲学态度叫做理论化的态度）去谈论天道，而是以实践智慧的态度关注如何在人的生活世界与天道保持一致。整个儒学包括宋以后的新儒学都始终把首要的关注点置于实践的智慧而不是理论的智慧。

推荐书目：

1. 梁启超：《孔子与儒家哲学》，中华书局2016年版。
2. 林语堂：《孔子的智慧》，江苏人民出版社2014年版。
3. 刘韶军：《儒家学习思想研究》，华中师范大学出版社2001年版。

思考题：

1. 简述孔子关于学习与智慧的看法。
2. 分析智对于一个人成就君子人格有何价值？
3. 为什么说儒家的智是一种实践的智慧？

《论语》论"智"：

1. 子曰："学而时习之，不亦说乎？有朋自远方来，不亦乐乎？人不知，而不愠，不亦君子乎？"（《学而》）
2. 子曰："不患人之不己知，患不知人也。"（《学而》）
3. 子曰："学而不思则罔，思而不学则殆。"（《为政》）
4. 子曰："温故而知新，可以为师矣。"（《为政》）
5. 子曰："由！诲女知之乎！知之为知之，不知为不知，是知也。"（《为政》）
6. 子曰："见贤思齐焉，见不贤而内自省也。"（《里仁》）
7. 子谓子贡曰："女与回也孰愈？"对曰："赐也何敢望回？回也闻一以知十，赐也闻一以知二。"子曰："弗如也；吾与女弗如也。"（《公冶长》）
8. 子贡问曰："孔文子何以谓之'文'也？"子曰："敏而好学，不耻下问，是以谓之'文'也。"（《公冶长》）
9. 子曰："十室之邑，必有忠信如丘者焉，不如丘之好学也。"（《公冶长》）
10. 子曰："知之者不如好之者，好之者不如乐之者。"（《雍也》）
11. 樊迟问知。子曰："务民之义，敬鬼神而远之，可谓知矣。"问仁。曰："仁者先难而后获，可谓仁矣。"（《雍也》）
12. 子曰："知者乐水，仁者乐山。知者动，仁者静。知者乐，仁者寿。"（《雍也》）
13. 子曰："默而识之，学而不厌，诲人不倦，何有于我哉？"（《述而》）
14. 子曰："德之不修，学之不讲，闻义不能徙，不善不能改，是吾忧也。"（《述而》）
15. 子曰："我非生而知之者，好古，敏以求之者也。"（《述而》）

16. 子不语怪、力、乱、神。(《述而》)

17. 子曰:"三人行,必有我师焉:择其善者而从之,其不善者而改之。"(《述而》)

18. 子曰:"盖有不知而作之者,我无是也。多闻,择其善者而从之;多见而识之;知之次也。"(《述而》)

19. 子曰:"若圣与仁,则吾岂敢?抑为之不厌,诲人不倦,则可谓云尔已矣。"公西华曰:"正唯弟子不能学也。"(《述而》)

20. 子绝四——毋意,毋必,毋固,毋我。(《子罕》)

21. 子张问明。子曰:"浸润之谮,肤受之愬,不行焉,可谓明也已矣。浸润之谮,肤受之愬,不行焉,可谓远也已矣。"(《颜渊》)

22. 子张问崇德辨惑。子曰:"主忠信,徙义,崇德也。爱之欲其生,恶之欲其死。既欲其生,又欲其死,是惑也。'诚不以富,亦祗以异。'"(《颜渊》)

23. 樊迟问仁。子曰:"爱人。"问知。子曰:"知人。"樊迟未达。子曰:"举直错诸枉,能使枉者直。"樊迟退,见子夏曰:"乡也吾见于夫子而问知,子曰:'举直错诸枉,能使枉者直。'何谓也?"

子夏曰:"富哉言乎!舜有天下,选于众,举皋陶,不仁者远矣。汤有天下,选于众,举伊尹,不仁者远矣。"(《颜渊》)

24. 子曰:"君子上达,小人下达。"(《宪问》)

25. 子曰:"古之学者为己,今之学者为人。"(《宪问》)

26. 子曰:"人无远虑,必有近忧。"(《卫灵公》)

27. 子曰:"吾尝终日不食,终夜不寝,以思,无益,不如学也。"(《卫灵公》)

28. 孔子曰:"生而知之者上也,学而知之者次也;困而学之,又其次也;困而不学,民斯为下矣。"(《季氏》)

29. 子夏曰:"博学而笃志,切问而近思,仁在其中矣。"(《子张》)

第十讲 《论语》中的"信"

"信"作为中华民族的传统道德规范，具有丰富的内涵。"信"的基本含义是以真诚之心，行信义之事。儒家诚信思想具有由天而人，由诚而信，由内而外，由个人到家庭、国家、天下的逻辑结构。"信"乃立人之本，处事之道，治国之宝。"诚信"作为中华民族的传统美德之一，对于真实无妄、信实可靠的中华民族性格的形成，对于知识分子内圣外王理想人格的塑造，对于社会主义市场经济的健康发展，以及构建文明和谐的中华民族共有的精神家园等方面都有着极其重要的作用。

在市场经济不断深化的今天，人们越来越感受到"信"这份精神资源的价值所在。《狼来了》的故事流传了一辈又一辈，但时至今日，我们还是听到很多人在继续喊着"狼来了"：屡禁不绝的假冒伪劣产品；重大安全责任事故；因偷排偷放等环保措施的不到位而引起的水、土、大气污染；让人揪心的食品安全问题等。这些令人痛心的现象归根结底都是诚信缺失的表现。这不禁让我们思考："诚信"是老祖宗留给我们的珍贵遗产，为什么传承了数千年之后的今天，诚信缺失却成为了我们时时感受到的强烈社会危机？解决的办法又是什么呢？于是"诚信做人""诚信立业""诚信治国"的呼声遍及各个行业领域，并引导人们把思考的视野转向对儒家诚信观念的进一步阐扬。

一、信的起源与内涵

"信"作为一种社会观念，早在上古时代就存在了。在原始社会的氏族血缘共同体内，奉行"讲信修睦"的道德风尚，当时这种"讲信修睦"的风尚所要求的"信"，还仅仅表现为一种自发的传统习惯，并非对自身道德修养的自觉认识。

(一)信的起源

"信"最初与敬神有关，是指人们对鬼神的虔诚崇拜。《尚书·太甲下》："鬼神无常享，享于克诚。"孔颖达在《尚书正义》中解释道："言鬼神不保一人，能诚信者则享其祀。"因此，"在中国古代文化中，人与神之间能否沟通取决于人单方面的主观态度，即所谓诚信。于民族精神的历程而言，早期宗教实涵养了国人的诚信之心"[①]。

从字源上来说，甲骨文中虽然没有出现"信"字，却已出现了包含诚信

[①] 勾承益：《先秦礼学》，巴蜀书社2002年版，第4页。

之意的"允"字。《尚书·尧典》记载，尧德行广大，讲究诚信，"钦明文思安安，允恭克让，光被四表，格于上下"。这里，"允"的意思为诚信，"克"意为能够，"让"表谦让。后面部分则指尧帝以诚信之德治理百官，从而使百官所做工作成绩斐然。许慎的《说文解字》说："允，信也。从儿，㠯声。"甲骨四堂之一的罗振玉这样说："卜辞'允'像人回顾之形，殆言行相顾之意。"① 所谓"言行相顾"，意即说到做到，不说大话与假话，这其实就是要笃实，讲诚信。古代的字书也将"允"解释为"诚信"。《尔雅》说："允，信也。"尧之后的舜，也躬行诚信美德，并希望百官"惇德允元"(《尚书·舜典》)。孔颖达疏云："元善之长言当安远乃能安近，厚行德信使足长善。"意思是说：如果人君能厚行德，取信于民，就能够把天下治理好。《史记·夏本纪》记载："禹为人敏给克勤，其德不违，其仁可亲，其言可信。"殷朝开国明君商汤也讲求诚信，商汤在讨伐夏桀的誓师大会上说："尔无不信，朕不食言。""不食言"即不违背诺言，讲诚信。周文王、武王更是躬身垂范诚信之道。据《尚书·康王之诰》载："昔君文武，丕平富，不务咎，厎至齐，信用昭明于天下。"康王在追忆文王武王时，赞颂他们政务公平，赏罚分明，诚信公正，美好的德行昭显于天下。

春秋时期，"信"这个道德概念被广泛应用。西周初年，以周公为代表的统治阶级提出了反映宗法等级关系的"孝""信""惠"等一系列伦理范畴，以调整社会关系。《尚书·舜典》有"信充塞上下"之语，此"信"字可作"诚信"讲，但在《尚书》中仅出现过两次。《左传》则有多处出现"信"字，如《僖公七年》有"守命共时之谓信"语，《宣公二年》有"弃君之命，不信"语，《成公十七年》有"人所以立，信、知、勇也。信不叛君，知不害民，勇不作乱"语，其意大多指用"信"维护等级名分制度、协调人际关系。《尚书·吕刑》中提到了"信"与"盟"的关系："民兴胥渐，泯泯棼棼，罔中于信，以覆诅盟。"说明在周代诚信与盟誓的关系已经确立，即"信"已经成了维护人际关系的重要伦理范畴。

儒家十分重视"信"，把"信"作为其思想核心——"仁"的重要表现形式。据学者统计，"信"字在先秦典籍中出现频率是比较高的。《周易》中"信"字出现23次。而《论语》中"信"字共出现38次，主要包含两个方面的含义：一是作为君子个人修身的道德要求，主张人应该"言忠信，行笃敬"(《卫灵公》)，反对"巧言令色"(《学而》)；二是针对统治者为政而言，要求统治者必须做到"恭、宽、信、敏、惠"(《阳货》)、"敬事而信"(《学而》)，否则"民无信不立"(《颜渊》)。可见，"信"的观念在春秋

---

① 参见于省吾：《甲骨文字诂林》，中华书局1999年版，第39~40页。

时期已经由人神关系的要求转变为人与人关系的要求，从宗教领域转向了社会领域。

西汉大儒董仲舒继承了先秦儒家思想，并对其进行了补充和发展，提出了"三纲五常"的道德体系。董仲舒说："夫仁、义、礼、智、信五常之道，王者所当修饬也。"（《汉书·董仲舒传》）"五常"的提出使"信"在我国传统道德规范中的地位更加特殊，使之成为我国古代社会最基本的道德规范之一，也成为统治阶级进行道德教化的工具。朱熹也非常重视"信"在修身方面的重要性："人道惟在忠信，不诚无物。人若不忠信，如木之无本，水之无原（源），更有甚底，一身都空了。"（《朱子语类》卷二一）明代哲学家罗钦顺亦说："忠信二字，吾夫子屡以为言，此实人道之本也。"（《困知记》续录卷上）近代教育家蔡元培认为，"信"乃道德之基础："德性之中，最普及于行为者，曰信义。信义者，实事求是，而不以利害生死之关系枉其道也。社会百事，无不由信义而成立。"①

总之，信的本义是人言信实，即人说话实诚、不撒谎，不管是对神还是对人。进而引申为信誉、信用，即该人是可信赖的。也可以进一步引申出"信任"之义，即对该人产生信任。还可以引申出"信仰"之义，即对某一思想的无限信任、敬仰。

与"信"相对应，"诚"的观念应该出现较早，但作为一个道德概念较"信"要晚。根据先秦典籍，唐虞时未见有"诚"字，至《尚书·太甲下》载"伊尹告太甲"，始见"诚"字——"鬼神无常享，享于克诚"。意思是，鬼神不保一人，唯能诚敬者则享其祀。"诚"字在《周易》中仅出现过两次："闲邪存其诚"及"修辞立其诚"，这里的"诚"已具有德性的意味，古训为"实""诚实"，即真实无妄之意。《论语》中"诚"字亦仅出现两次：一是《颜渊》"诚不以富，亦祇以异"；一是《子路》"诚哉，是言也"。其意思均为"真正""真实"，没有与德行相关的含义，也就是说孔子未能将"诚"作为一个独立的德目。但是这种情况发展到思孟学派就不一样了，《中庸》就率先提出了"诚"德，并将其同天道与人道相贯通。《中庸》通篇以"诚"为议论主题，并提出"诚者，天之道也；诚之者，人之道也"的重要命题。全书"诚"字的出现更达25次之多。其后，孟子也说："诚者，天之道也；思诚者，人之道也。"（《孟子·离娄上》）这句话的意思是，诚实是天地之大道，天地之根本规律；追求诚信，是做人的根本原则。孟子进而又说："反身而诚，乐莫大焉。"（《孟子·尽心上》）一个人反省自己，做到完全真诚，就会得到人生最大的快乐。可见，思孟学派所说的"诚"乃真实无妄之义。他们赋予天道以真实无妄

---

① 高平叔编：《蔡元培全集》（第二卷），中华书局1984年版，第186页。

的品性,并认为人只要肯去追求这种品性就能获得"诚"德,"诚者,自成也"(《中庸》)。这就意味着"诚"既是形而上的,又是形而下的,在追求并达到"诚"的时候,也就成就了人生的快乐。

思孟学派把"率性""明善"作为追求"诚"的方法,这表明"诚"属于一种心性道德;而他们把"诚"德的获得视作个体修养和自我努力的结果,这意味着"诚"属于一种在"己"不在人的自律道德。如果再把思孟学派关于"诚"是宇宙本体和道德本体的思想联系起来加以考察,那么"诚"最初在儒家那里是以崇高的道德理念被提出和使用的。随着时代的发展,"诚"被赋予了更多的内涵。荀子把"诚"当成了君子必须致力的修养功夫:"君子养心莫善于诚,致诚则无它事矣。……夫诚者,君子之所守也而政事之本也。"(《荀子·不苟》)认为一个人只要能发自内心地修养"诚",那么一切问题都会迎刃而解,所以"诚"乃君子应当坚守的道德规范。诚不仅是人应该遵守的道德准则,也是国家吏治之本,从而将"诚"推广到社会政治生活领域。故而,"诚为人生之最高境界,人道之第一原则"(张岱年《中国哲学大纲》)应是先秦儒家之"诚"的基本要义。

唐代李翱则把"诚"视为"圣人之性",认为圣人具有"诚明"本性而能明照天下,通达天下事理。到了宋代,"诚"被尊为"五常之本,百行之源","仁义礼智信"以及一切德行,都是以"诚"为基础的。朱熹对"诚"作了概括性的总结,把"诚"看作天理的属性、万物的根源。"诚者,真实无妄之谓,天理之本然也。"(《中庸集句》)认为"诚"是人们立身行事的目标和归宿,是道德的最高境界,君子可以通过修身而达到诚的境界。明末清初的黄宗羲说:"诚则是人,伪则是禽兽。"(《孟子师说》卷七)这句话一针见血,将"诚"的作用讲到了极致:诚实的人才算人,虚伪的人就是禽兽。王夫之则把"诚"看作真善美的统一,仁义礼智的高度自觉和真实体现。故而,"诚"的基本内涵即真实无妄,诚实可信。

(二)信的内涵

许慎《说文解字》:"信,诚也,从人从言。""信"字中有"言",它重在言说的真实性和可靠性上,即所谓"信,有就言上说,是发言之实"(《性理大全·忠信》),因而古代文献中常见"祝史正辞,信也"(《左传·桓公六年》),以及"言善信"(《道德经》)等说法。

概括说来,"信"大致有这样几层含义:

其一,言而有信。说话算数,说到做到。"言之所以为言者,信也。言而不信,何以为言?"(《穀梁传·僖公二十二年》)所谓"一言既出,驷马难追","言必信,行必果"以及"不食其言"等都是这个意思。所作的承诺要时刻牢记,并要努力兑现。"不背本,仁也;不忘旧,信也;无私,忠也;尊君,

敏也。"(《左传·成公九年》)

其二，信守约定。作过的承诺，一定要兑现。"有所许诺，纤毫必偿；有所期约，时刻不易，所谓信也。"（袁采《袁氏世范》）《韩非子·外储说左上》载有"曾子杀猪示信"的故事就很能说明这一问题。曾子是孔子的弟子，也是著名的七十二贤人之一，被后人尊为"宗圣"。有一天，曾子之妻要上街买东西，曾子的儿子吵闹着也要跟着去。曾子之妻就哄儿子不要闹了，在家听话，等娘回来杀猪炖肉给你吃。等她从市场上回来，一进家门，见曾子正在捕杀家中的猪。妻子马上阻止说，刚才是哄小孩子的，怎能当真！曾子却严肃地批评其妻说，你今天说话不算数，等于是教孩子欺骗，做母亲的骗自己的孩子，令孩子不信任，以后还怎么教育孩子啊！说完就把猪杀了。

当然，若是在别人胁迫的情况下作出的承诺，则无需信守。《史记·孔子世家》记载：孔子师徒途经蒲邑时，遇到卫国大夫公孙氏占据蒲邑反叛，蒲邑人扣留了孔子一行，对孔子说："如果你不去卫都，我们就放了你。"孔子和他们立了盟誓，答应决不去卫国都城。但蒲邑人将孔子他们放行后，孔子却率领弟子们前往卫都了。子贡质疑道："盟誓难道可以背弃吗？"孔子说："这是被要挟订立的盟誓，神是不会理睬的。"这件事一方面说明了在受要挟情况下作出的承诺，是不必遵守的；另一方面也说明了孔子处事是遵循"中庸之道"的，即处理事情要审时度势，随时势的变化而变化，既要坚守原则，又要学会权变。

其三，表里如一。不自欺，不欺人，内心纯正。诚如宋代大儒陈淳所言："如十分底话，只说得七八分，犹留两三分，便是不尽，不得谓之忠。以实事就言上说，有话只据此实物说，无便曰无，有便曰有。若以无为有，以有为无，便是不以实，不得谓之信。忠信非判然二物，从内面发出，无一不尽是忠。发出外来，皆以实是信。"[①]在儒家看来，诚信不仅仅是一种道德境界，而且体现着个体道德主体意识的自觉，同时也体现着对他人最本质的尊重。人们内心只要确立了诚信的主体性、积极性，即使一人独处时，也能恪守诚信之德，具有高度的自觉与自律，不被外物所侵蚀，即"慎独"。在儒家经典中，《大学》首提"慎独"二字："所谓诚其意者，毋自欺也。如恶恶臭，如好好色，此之谓自谦。故君子必慎其独也。"意思是，所谓使意念真诚，是说不要自欺欺人。就像厌恶恶臭的气味一样，要像喜爱美色一样，一切都发自内心的真实，这样才能使自己心满意足。所以，君子哪怕是在一个人独处的时候，也一定要谨慎。亦即在"人所不知而己所独知"的情形下，始终注意自己的言行操守，时时事事恪守原则，决不苟且，做到不欺、无妄、诚实、守信，这样的

---

① [宋]陈淳：《北溪字义》，中华书局1983年版，第27页。

人当然就会堂堂正正，光明磊落，从容淡定；当然就不会心里紧张，更无内疚可言。所以，讲究诚信的人快乐无比。正如孟子所言："反身而诚，乐莫大焉。"（《孟子·尽心上》）

"诚"经常与"信"连用。"诚"字虽然也有言字旁，但它重在指做人的朴实，尤其是讲求内心的真诚，以及这种真诚状态的外现，所以朱熹解释说："敬以直内，义以方外，便是立诚。"又说："诚者何？不自欺、不妄之谓也。敬者何？不怠慢、不放荡之谓也。"（《朱子语类》卷二一）由于"诚""信"意义相近，因而常常被人们互换互用，以诚释信，以信释诚。

首先，诚是信之本，是信的内在依据。言语真实、信守诺言、言出必行，是信的外在表现，但人们之所以会有这种表现，归根结底还需要其内心某种精神或品质的支撑，这种精神或品质就是"诚"，就是对道德原则的执着坚守。所以张载说："诚故信。"（《正蒙》）程颢、程颐也说："学贵信，信在诚。"（《二程集》）人如果做不到诚，内心就会缺乏基本道德规范的约束，违背诺言的情况就会时有发生，对此，古人也是有着清醒认识的，诸葛亮就曾经说过："不诚者失信。"（《便宜十六策》）程颐亦说："欲上下之信，唯至诚而已。"（《周易程氏传》）由此可见诚对信的制约和决定作用。

其次，诚是自然，信是用力。诚与信都是"实有诸己"之谓，都是心中充满实理，但"诚"之实是天之所赋予人之理，是"命"。因此，"诚"是不假思索、自然而然地与天理合而为一；"信"之实主要体现为人的行为中所包含的天理，是指人的行为符合天理的要求。就此而论，"信"是一个人们努力向天理趋进的过程，在这个意义上，可以说，诚与信的区别就是"诚"与"诚之"的区别。

再次，诚则信矣，信却不一定诚。张载言："诚故信，无私故威。"（《正蒙》）一般而言，人具有了"诚"的品质，也就获得了"信"的内在根据，在为人处事的过程中，必然能够做到不说假话、言出必行，尽管有时可能因为某种偶然性因素，一时无法践诺，但他必定会想尽办法实践他的诺言，信守约定。反过来，仅仅依据一个人诚实守信的行为，还不能肯定他一定具有了"诚"的品质，因为他的"诚实不欺""信守诺言"，也许仅仅是为了获取由此而给自己带来的特定的物质利益，或者是出于对外在强制力量的无奈服从，而不是建立在真心实意地认可道德法则，并以自觉遵守道德法则为天职的基础之上。

在中国传统文化中，管仲最早将"诚"与"信"连用："先王贵诚信。诚信者，天下之结也。"（《管子·枢言》）意思是先王最重视诚信，有了诚信，天下各国就结好了，因为诚信是凝聚人心的精神纽带。战国后期，整个社会局面趋于统一，思想领域也出现了整合的态势。荀子在继承前人思想的基础上，明确提出了"诚信"的道德命题。《荀子·不苟》:"公生明,偏生暗,端悫生通,诈伪生塞,诚信生明,夸诞生惑。此六生者君子慎之,而禹、桀所以分也。"《贞观政要·诚信》:"君之所保,唯在诚信。""德礼诚信,国之大纲,在于君臣父子,不可斯须而废也。"程颐《周易程氏传》说:"相比之道,以诚信为本。"可以说,诚信问题是一个关系到社会生活秩序和谐与否的大问题,过去如此,现在亦是如此。而诚信伦理就是为了解决这个大问题,约束和规范人们的行为而成为道德规范系统中的一个重要内容,它是儒家智慧的精华之一,也是儒家倡导的修身立业之本。在2005年,中共中央提出了构建民主法治、公平正义、诚信友爱、充满活力、安定有序、人与自然和谐相处的社会主义大家庭的要求。党的十八大提出的社会主义核心价值观进一步把"诚信"作为公民个人层面的核心价值准则,意义重大。诚信已成为全面建成小康社会,构建社会主义和谐大家庭内在本质的要求和具体体现。

二、《论语》中的"信"思想

孔子生活在礼坏乐崩的春秋晚期。诚信缺失,道德弱化,是当时社会最凸显的问题。作为儒家学派的创始人,孔子重视"信",所以不轻言,更注重行动,即"君子欲讷于言而敏于行"(《论语·里仁》)。《论语》中孔子在修身、交友、为政等诸多领域都强调了"信"的重要性。据杨伯峻统计,《论语》中"信"字共出现38次,其含义用作"诚实不欺"的有24次,用作"相信"或"值得相信"的有11次,用作"使相信"或"使信任"的1次,其他用法2次。①杨伯峻所列义项大致不误,但仍需要进一步补充阐释。

《论语》中的"信",涉及"信"的诸多方面。大体上可以从以下几个方面来分析。

(一)修身以信

"信"作为进德修身之本,是人们立身行事的通行证。人若有信,即使身处蛮貊之邦也是行得通的。孔子有言:"言忠信,行笃敬,虽蛮貊之邦,行矣。言不忠信,行不笃敬,虽州里,行乎哉?"(《论语·卫灵公》)而对于那些花言巧语的人,人们一定要远离他,因为花言巧语本身就有悖于信。"巧言令色,鲜矣仁。"(《论语·学而》)为什么孔子的这句话直到今天仍能引起人们的共鸣呢?那是因为在日常生活中,人们能够从花言巧语中看出虚伪,且屡试不爽。"虚伪"是"诚信"的对立面,如果一个人缺少了做人的最基本要求——诚信,这个人也就失去了做人的根本,与禽兽无异了。

在修身为学问题上,孔子也特别强调诚信,"知之为知之,不知为不知,

---

① 杨伯峻:《论语译注》,中华书局2009年版,第254页。

是知也"(《论语·为政》),并以此告诫自己的弟子要警惕、防止一切有悖于忠诚信实的思想言行。即诚实不欺是做人的基本要求,是做人的道德支柱。在孔子看来,"信"是人的第二生命,一个人如果没有信誉,将寸步难行:"人而无信,不知其可也。大车无輗,小车无軏,其何以行之哉?"(《论语·为政》)一个人如果在社会中言而无信,欺诈他人,就好像大车子没有安装"輗",小车子没有安装"軏"(輗和軏,都是衔接车辕和车衡的活销),如何在社会行得通?可见,孔子强调,诚实不欺是为人之根本,也是一个人立足于社会的道德起点。

诚信不欺强调的是人内在的价值追求,依赖于价值主体自身的内在理性约束而实现。

子张问仁于孔子。孔子曰:"能行五者于天下为仁矣。""请问之。"曰:"恭、宽、信、敏、惠。恭则不侮,宽则得众,信则人任焉,敏则有功,惠则足以使人。"(《论语·阳货》)

子曰:"君子义以为质,礼以行之,孙以出之,信以成之。君子哉!"(《论语·卫灵公》)

也就是说,只要自己诚实就会得到别人的任用,"信"成为个体修身成仁的道德保障。可见,"信"是知识分子成就完美人格的道德基础,而"信"德的取得重在自我的修身,而不是外力的强迫,正所谓:"君子求诸己,小人求诸人。"(《论语·卫灵公》)

不过,需要特别指出的是"信"在个人修身方面并不是最高价值,在与"义"发生冲突时,"信"要合乎"义"。《论语·学而》:"信近于义,言可复也。"朱熹注云:"信,约信也。义者,事之宜也。复,践言也。……言约信而合其宜,则言必可践矣。"(《论语集注》)就是说在处理人与人关系的时候要讲信用,更要合乎道义。如果信与道义发生了冲突,信要以道义为依归。就像前面提到的,孔子师徒途经蒲邑时与当地人订的盟约,可以不用践行,因为这个盟约本身就是违背道义,是在被要挟的情况下被迫约定的。《论语·子路》亦云:"言必信,行必果,硁硁然小人哉。"意思是说,简单地强调说到做到,不问是非黑白,不管道德仁义,这种人是称不上君子的。孟子也说:"夫大人者,言不必信,行不必果,惟义所在。"(《孟子·离娄下》)有修养境界的大人总会把道义放在至高无上的位置,并不一味地简单强调言必信,行必果。

孔子在大力提倡"信"的同时,也对不讲信用的行为进行了严厉的批评。他说:"人而无信,不知其可也。"(《论语·为政》)他还说:"狂而不直,侗而不愿,悾悾而不信,吾不知之矣。"(《论语·泰伯》)狂妄自大而又奸巧利滑,愚昧无知而又不诚实,真不知道这些人以后会有什么好结果。从这里可以看出,孔子对那些不讲信用的人表示了深深的担忧与厌恶,其实质就是对不讲信用行为的批判。

(二)交友以信

"信"是儒家提倡的交友之道,是建立朋友关系的基础,是维护朋友关系的准则。"信"的本意是对人诚实守信,从其本质上看,是应当贯穿于一切社会关系和社会生活中的。孟子说:"父子有亲,君臣有义,夫妇有别,长幼有叙(序),朋友有信。"(《孟子·滕文公上》)在诸种人际关系中,朋友关系最需要强调"信"。与其他几种人际关系相比,朋友关系是每个人一生中数量最多、最宽泛,但也最松散、最易变动的人际关系,因而也最需要强调诚信这一道德规范。

孔子曾自述自己的人生理想是"老者安之,朋友信之,少者怀之"(《论语·公冶长》)。曾子也谨遵师命:"吾日三省吾身:为人谋而不忠乎?与朋友交而不信乎?传不习乎?"(《论语·学而》)子夏亦说:"与朋友交,言而有信。"(《论语·学而》)说明朋友之间应以信义为重,肯定了诚信在人伦关系中的地位和价值。

《史记·吴太伯世家》载有季札对诚信的恪守。季札是春秋时期吴王的第四子。有一次,吴国派季札北上出使鲁国。在途经徐国时,季札受到了徐国国君的盛情款待,这位国君对季札所佩带的宝剑赞不绝口,心里很想让季札将此剑送给自己,但又不好意思说出口。季札也看出了徐国国君的心思,但考虑到自己还有出使鲁国的重要任务没有完成,而佩剑又是必不可少的礼器,所以当时不能把剑送给他。君子有成人之美,看到徐国国君这么喜爱自己的这把佩剑,季札心中暗自打定主意,等出访任务结束,回来路过徐国时一定将此剑送给徐国国君。一切进行得很顺利,当季札返程再至徐国时,不料徐国国君已经去世了。季札满怀悲痛,亲至徐君墓前祭奠,并将自己的佩剑系挂在徐君墓旁的树上。回来的路上随从问他:"徐国国君人都已经死了,您将宝剑挂在树上给谁呢?"季札说:"你们有所不知,我们上次在徐国时,我就发现徐君非常喜欢我这把剑,当时出访任务没有完成,不能赠给他。但我内心已经作了郑重许诺,等我从鲁国回来,一定将此剑送给他。现在虽然他人不在了,但我的诺言一定要兑现。现将此剑挂于他的坟前,既慰徐君爱剑之心,又了我赠剑之愿。"为人者岂可失信!如此讲究诚信的季札在中国历史上留下了温暖而美好的记忆,他也被孔子赞美为"至德"之人。

如果每个人皆能守信,像季札那样即使对没有说出口的许诺也恪守践行,真正做到"言忠信,行笃敬"(《论语·卫灵公》),我们的社会即可消除人与人之间的怀疑之心,建立相互信赖的和谐关系。反之,如果人际关系缺少诚信,社会秩序必将一片混乱。"朋友有信"是儒家倡导的交友原则,朋友之间最重要的是相互信任、真诚相待。早在春秋时期，就有"失信不立"的观念，认为只有诚实守信才能赢得他人的信任，从而建立并保持良好的人际关系。反之则不然，失信的人必将自我孤立，寸步难行。

对于朋友要讲究诚信，对于萍水相逢的人也要讲究诚信。因为诚信是打开彼此心扉、消除彼此疑虑的良药，是架起彼此信任和理解的桥梁，并进而增进相互的认同，以形成和谐的人际关系。据《宋史·种世衡传》记载，种世衡是北宋的名将，他驻守西北边陲，诚信守约，治理有方，在当地威望很高。有一位羌族酋长叫奴讹，性格倔强，从未出城迎接过地方长官。但他早闻种世衡的名声，于是破例参加了郊迎仪式。种世衡为了稳定边防，也想主动与奴讹建立良好的关系，趁其郊迎之际约好次日去帐舍拜访他。孰料当晚下起了鹅毛大雪，雪深过膝，山路本来就不好走，遇大雪更是危险。大家都劝种世衡改日再去拜访奴讹，但为了不失信于人，种世衡坚持冒险上山。奴讹以为这样的大雪，种世衡肯定来不了，就呼呼大睡，没想到种世衡如约而至，他大为吃惊，也深为感动，被种世衡的诚信所折服。正是这些讲究诚信的历史故事，才使得诚信的美德如春风、若春雨浸润着中华民族的每一个成员，也渗透到中华大地的每一个角落。

可以说，诚信是把钥匙，它能打开通向友善、和睦的大门，从而使素不相识的人们从陌生到熟识，最终变成可以交心的朋友。当然，诚信交友还应遵循"择良友而交之"的原则，即所交之友必须"友直，友谅，友多闻"(《论语·季氏》)，结交那些正直、可信、博学多闻的朋友，对自己才有益处。正所谓近朱者赤，近墨者黑！

（三）为政以信

在《论语》中，最能展现孔子仁学自律精神和内在真情实感的莫过于他的"忠道"。孔子所提倡的"信"，从根本上说是从属于"仁"的，是"仁"的外部特征。"信"要符合"仁"和表现"仁"，就必须由"忠"出，由内心出，进而达到内外相合、表里一致，最终实现国家的长治久安。故"信"乃为政之本，是治国理政的基本原则和道德保障，关乎国家政权的兴衰存亡。政无信则不立，国无信则不稳，《左传·僖公二十五年》云："信，国之宝也。"指出诚信是治理国家最值得珍视的东西。《荀子·不苟》亦云："夫诚者，君子之守也，而政事之本也。"为政者只有时时履行诺言，才能赢得民众的信任和支持。对为政者而言，祸莫大于无信，"不信仁贤，则国空虚"(《孟子·尽心下》)。不讲诚信，势必"上诈其下，下诈其上"(《荀子·王霸》)。诚信作为儒家倡导的为政之本，是为政者必须具备的基本道德素养。只有以诚待民，才能取信于民，民众才会接受其教化。为了达到诚信的道德境界，为政者除了提升自身的德性修养，还应该在政治践行中做到诚实无欺，言行一致。

《论语·颜渊》中有这样一段记载：

> 子贡问政。子曰："足食，足兵，民信之矣。"子贡曰："必不得已而去，于斯三者何先？"曰："去兵。"子贡曰："必不得已而去，于斯二者何先？"曰："去食。自古皆有死，民无信不立。"

孔子认为，粮食、军备和民众的信任是使国家安定祥和的三大条件，而民众对统治者的信任又居于这三大条件的首位。在孔子看来，没有民众对统治者的信任，再多的粮食和军备也无济于事。把民众的信任置于粮食和军备之前，突出了民众对统治者信任的重要性，具有十分重要的意义。统治者与民众的信任关系，是政治凝聚力形成的前提和关键，它在很大程度上决定了某一政权的创立、巩固和发展。关于统治者与民众的信任关系问题，《论语·子张》中有这样一句话："君子信而后劳其民；未信，则以为厉己也。"意思是说，统治者只有得到民众的信任，才能顺利地统率民众，否则，民众会认为是统治者有意虐待自己。那么，如何才能消除这些误解，并赢得民众的信任呢？孔子说："道千乘之国，敬事而信，节用而爱人，使民以时。"（《论语·学而》）即要求统治者对百姓讲信用，避免铺张浪费，对百姓有爱心，在役使百姓时不要违背农时。孔子还说："宽则得众，信则民任焉。"（《论语·尧曰》）"上好信，则民莫敢不用情。"（《论语·子路》）统治者对百姓宽容、讲信用，就一定会得到百姓的信任和拥护；统治者讲信用，百姓就会说实话。可见，孔子把"信"摆在了治理国家、维护统治者利益的最重要的位置。

《左传·僖公二十五年》所记载的一件事情就很能说明这个问题：这年冬天，晋文公率兵围攻原国，出发前命令只带三天的粮食，说好三天后即回国。但是三天过去了，原国并没有攻打下来，于是晋侯下令撤兵回国。就在这时，间谍从城里出来说："原人快顶不住了，就要准备投降了！"官兵们也纷纷说："再围攻几天看看吧！"但晋侯不同意，说："讲究信用，是国家的宝贝，百姓靠它庇护。说好了只用三天时间攻打原国，就只能三天。如果不遵守这一约定，即使攻下了原国，却失去了对百姓的承诺。失信于民，将来怎能获取百姓的信任呢？又用什么来庇护百姓呢？失一原国与失信于民，哪个损失更大呢？"于是退兵三十里。原国人听到这个消息后，感慨万分，说："有这样讲诚信的国君，那是我们的福气啊！不归顺他，还归顺谁呢？"于是原人开门投降。卫国人听说此事后，也很激动，说有这样讲诚信的国君，我们不追随他，还追随谁呢？于是卫国也投降了晋侯。孔子闻此消息后，很是感慨，不仅记录下这一历史事件，还评论说：晋侯攻原，之所以得原又得卫，正是在于他诚信啊！

与晋文公重信得原又得卫形成鲜明对比的是周幽王失信丧命又亡国。据《史记·周本纪》记载：周幽王的宠妃褒姒长得很漂亮，却性格忧郁，不爱笑。

周幽王绞尽脑汁，想尽一切办法想博得美人一笑，却收效甚微，褒姒就是不笑。周幽王为了让褒姒一笑，竟然平白无故地下令在烽火台点起烽火。不明就里的各国诸侯看到烽烟四起，立即派军前来支援。匆忙赶来的援军发现没有敌情，只是一场恶作剧。看到各国诸侯的援军被愚弄得狼狈不堪，褒姒忍不住开怀大笑起来。周幽王不禁为自己的"聪明"暗自得意，后来又如法炮制了几次，当然各国诸侯的援军回回上当，以致于大家再看到烽火台上狼烟滚滚时，都麻木了。终于有一次，犬戎真的打过来了，周幽王匆忙命人点燃烽火，希望诸侯们赶紧率军来救自己。但不幸的是，由于过去多次被愚弄，诸侯们再也不相信周幽王了，所以各国也就没有派兵救援。周幽王被犬戎杀死于骊山脚下，褒姒也被抢走了。周幽王为自己的失信付出了生命的代价。严峻的形式逼迫着继位的周平王东迁，西周也随之结束了。周幽王烽火戏诸侯在历史上也成了因失信而丧命又亡国的典型案例，为天下人所耻笑。

（四）信乃成就一切事业之保证

要想成就一番事业，必须效法天道之真，不能有丝毫虚假。只有以诚信为本，才会事事通达，取得成功，孔子就把事业的成功归结为"信以成之"（《论语·卫灵公》）。《周易·乾文言》指出："君子进德修业。忠信，所以进德也。修辞立其诚，所以居业也。"讲求忠贞守信，就能增进道德。检点言辞行为，树立诚信威望，就能成就事业。只要有至诚之心，则天下无不可为之事。反之，失去诚信，必定诸事不成。由此可见诚信对于事业成功的重要性。此外，诚信还是商业活动的伦理规范，能够赢得商业信誉，利于商业活动的发展。孟子说："虽使五尺之童适市，莫之或欺。"（《孟子·滕文公上》）这种"童叟无欺"的要求，成为传统商道诚实经营的思想渊源。荀子亦说："商贾敦悫无诈，则商旅安，货财通，而国求给矣。"（《荀子·王霸》）吕不韦认为，良好的商业道德是"万利之本"（《吕氏春秋·无义》）。反之，不讲诚信就没有百事百业的兴旺发达，"非诚贾不得食于贾"（《管子·乘马》）。经商必须诚信无欺、货真价实、公平交易。不讲诚信就无法在商界立足。

清代胡雪岩和他的胡庆余堂是近代以来诚信经商、历久不衰的典范。清同治十三年（1874），胡雪岩选中吴山脚下的大井巷为址，建屋造店，创办胡庆余堂。有一天，一名来自湖州的香客，在胡庆余堂买了一盒胡氏辟瘟丹，打开一看，微露不满神色。胡雪岩恰好看到，当即趋前审视，发现此药确有欠缺之处，即令店员另换新药，不料这天辟瘟丹已售完。胡雪岩念香客远道而来，便留他住下，并保证三天之内把新药赶制出来。三天后，新配制的辟瘟丹果真出现在湖州香客眼前。湖州香客大为感动，回家之后，逢人便讲胡庆余堂"货真价实，诚信待客"。

胡庆余堂正上方写有"真不二价"的横幅，还挂有一块大匾，匾上刻着胡雪岩于清光绪四年（1878）亲自手书的"戒欺"店训，其跋文非常有名："凡百贸易，均着不得欺字，药业关系性命，尤为万不可欺。余存心济世，誓不以劣品弋取厚利，惟愿诸君心余之心，采办务真，修制务精，不至欺予亦欺世人。是则造福冥冥，谓诸君之善为余谋也可，谓诸君之善自为谋也亦可。"正是本着这种为顾客高度负责的诚信精神，胡庆余堂的生意才会兴隆红火，生生不息。即使在21世纪的今天，当我们看到像胡庆余堂、同仁堂、瑞蚨祥等中华老字号店铺根繁枝茂、成就斐然时，也会深深地感叹诚信美德的强大生命力。

诚信是一种无价的美好品德。对于一个品牌、一家企业来讲，诚信是灵魂、是生命、是企业生存和发展的永恒动力。

三、信的现代意义

随着社会主义市场经济的高速发展，国际贸易合作也日益深化，使得当代社会人们的价值观念和伦理观念也随之发生了改变。社会上出现了弄虚作假、尔虞我诈等诚信缺失的现象，而且大有愈演愈烈之势，诚信危机成了人们必须直面的一个普遍性的现实问题。在建设中国特色社会主义市场经济的过程中，挖掘诚信这一传统的道德资源，对于加强社会主义精神文明建设具有十分重要的现实意义。

（一）诚信是立人之本

孔子说："人而无信，不知其可也。"（《论语·为政》）又说："言忠信，行笃敬，虽蛮貊之邦，行矣。言不忠信，行不笃敬，虽州里，行乎哉？"（《论语·卫灵公》）这就是说，信乃做人的根本。一个人如果不讲信用，在社会上就会寸步难行，根本无立足之地。社会是人的社会，而社会的正常运转是建立在一系列规则和秩序基础之上的。没有规矩不成方圆，没有秩序，社会必将出现混乱。诚信是维护社会良好秩序的重要法则，遵守诚信规范有利于社会关系的和谐。人与人之间的诚信又是构建和谐社会主义社会的基本要求，只有在彼此信任的基础上才能实现人与人之间的真诚交往与交流，从而建立良好的人际关系。若缺乏诚信，人与人的交往将变得不可捉摸，不仅人际关系变得冷漠、紧张，而且人们将生活在一种充满怀疑、恐惧和互不信任的氛围中。这种社会危机一旦加深，必定会引起社会的动荡和不安，也会增加社会正常运转的成本。

事实证明，一个社会的信任度越大，其社会运转的成本就越低。反之，一个社会的信任度低了，其运转的社会成本就会大幅度提升。比如，由于假文凭、假职称的出现，一些用人单位不得不在聘用员工时花大量的人力物力财力去审查申请者的履历，还要试用、考核等，这样，社会成本无形中就提高了很多。有鉴于此，我们应该在社会生活中大力提倡诚信，应该恪守诚信原则，讲真话而不讲假话，说实话而不说大话，对人以诚相待而不虚情假意，坚持实事求是而不颠倒是非，真正做到"与朋友交，言而有信"（《论语·学而》），使诚信成为人们自觉履行的一项基本道德准则。只要有至诚之心，则天下无不可为之事。这不仅有利于解决现实社会中存在的诸多诚信缺乏问题，让"狼来了"的故事永远成为历史，销声匿迹，也必将对于社会主义精神文明建设以及构建和谐的社会主义大家庭发挥重要的积极作用。

（二）诚信是处事之道

孔子把"信"视为与朋友交往的基本道德准则，认为友情是建立在诚信的基础之上的："主忠信，无友不如己者，过则勿惮改。"（《论语·学而》）为人处世要行为谨慎，言而有信，即"谨而信"。

在科技高度发达的21世纪，世界经济已经进入到了"信用经济时代"，诚实经营，讲究信誉越发重要。正如世界500强之首、美国国际商用机器公司总裁所说："我们公司卖的不仅仅是电脑，卖的更重要的是诚信。"[①]我国正处在社会主义发展的关键时期，社会主义市场经济大大激发和调动了人们的积极性，然而，伴随而来的许多现象却不能不令人担忧：假冒伪劣产品、虚假广告、不正当竞争、唯利是图等现象在经济生活中随处可见，而且相当严重。市场经济要顺利进行，就必须遵守法制和道德规范。从这个意义上讲，市场经济应该是法制经济，也应该是道德经济，而诚信应该作为社会主义市场经济最根本的道德基础，是每一个企业必须牢记的信条。当今社会已经进入全球化的信息时代，电子商务、电子货币、电子结算，使"无纸贸易"成为大势所趋。人们远隔千山万水，交易之所以能顺利进行，就在于"诚信"的保障。在西方发达国家，企业的信用销售已占到90%，只有10%为现汇贸易。信用成为现代经济运行的生命线，也成为企业获得竞争优势的重要资源。缺乏信用制度的支撑和保障，必将导致假币泛滥、物欲横流，社会主义市场经济的大厦将会受到侵蚀。所以，大力提倡和践行诚信，对于促进社会主义市场经济的健康发展，其意义是显而易见的。

（三）诚信是治国之宝

孔子说："民无信不立。"（《论语·颜渊》）为政者要"敬事而信"（《论语·学而》）。儒家始终提倡积极入仕，参政建功，即"修身齐家治国平天下"，而获取民众的信任与拥护是"治国平天下"的关键，它将决定国家政权的兴亡。历史上因取信于民而使国家强盛起来的例子俯拾皆是。战国时，商鞅辅佐秦王改革变法以富国强兵。为了取得人们的信任，他想出了"徙木立信"的办

[①] 胡发贵:《中华传统美德丛书·诚信卷》，南京大学出版社2008年版，第120页。

法：在都城南门的大市场放了一根粗原木，上边贴了一张告示："将此原木搬至北门者，赏黄金十两。"围观的人不相信有这样的好事，谁也不肯去搬。商鞅将黄金增至五十两。这时，一位男子半信半疑地将木头搬到了北门，他马上得到了意想不到的五十两黄金。围观的人后悔不已。通过这件事，商鞅得到了人们的信任，变法得以顺利推行。（参《史记·商君列传》）秦国也因率先变法改革而成为当时最强大的国家，为它最终吞并六国，统一天下奠定了坚实的基础。

孔子"民无信不立"的观点，对于今天加强社会主义民主政治建设同样具有重要的现实意义。在政治生活中，一个执政党的地位能否巩固，从根本上取决于能否得到人民群众的信任和支持。执政者讲究诚信，言行一致，才能取信于民，得到人民群众的信任和拥护，社会生活才能有序发展，国家政权才能安定稳固。现阶段要想得到人民群众的信任，关键在于坚持把最广大人民群众的根本利益作为政府工作的出发点和落脚点，关心群众的生活，倾听群众的呼声，了解群众的疾苦，为群众办实事，办好事。因此，学习、领会儒家诚信观对于强化政府诚信建设，提高党的执政能力，巩固党的执政基础，具有一定的启发和帮助作用。

最后，作为当代的大学生，我们更应该在日常的学习生活中践行诚信思想。近年来，随着电子信息技术的发展，各种考试作弊仪器在学校中风行，虽然有考试屏蔽仪器，但是很多地方仍然存在现代化考试作弊、"替考"以及学术论文抄袭等违背诚信原则的现象。这不得不让我们思考，作为时代的骄子，未来社会的精英，如果在日常的学习生活中不遵守诚信原则，那么，在"诚信经济""诚信世界"的21世纪，我们将毫无立锥之地，一败涂地，一事无成。所以，我们应该摒弃那些弄虚作假的污秽想法，认认真真，踏踏实实地学习科学文化知识。事事讲诚信，时时讲诚信。不断地用"讲信用、守诺言"的良好品格以及丰富的知识和过硬的技能充实自己，武装自己，见贤思齐，修齐治平，使自己在未来的社会竞争中立于不败之地，成为诚实守信、德才兼备的高素质人才。

推荐书目：

1. 唐贤秋：《道德的基石——先秦儒家诚信思想论》，中国社会科学出版社2004年版。
2. 胡发贵：《中华传统美德丛书·诚信卷》，南京大学出版社2008年版。
3. 吴继霞：《诚信品格的养成》，安徽教育出版社2009年版。

思考题：

1. 如何理解《论语·颜渊》中的这段话："子贡问政。子曰：'足食，足兵，民信之矣。'子贡曰：'必不得已而去，于斯三者何先？'曰：'去兵。'子贡曰：'必不得已而去，于斯二者何先？'曰：'去食。自古皆有死，民无信不立。'"

2. 结合儒家诚信观，谈一谈你对"晋文公守信得原又得卫，周幽王失信丧命又亡国"的看法。

3. 结合学习生活的实际情况，谈一谈怎样使自己成为一个诚实守信、德才兼备的人。

《论语》论"信"：

1. 曾子曰："吾日三省吾身：为人谋而不忠乎？与朋友交而不信乎？传不习乎？"（《学而》）

2. 子曰："道千乘之国，敬事而信，节用而爱人，使民以时。"（《学而》）

3. 子曰："弟子，入则孝，出则悌，谨而信，泛爱众，而亲仁。行有余力，则以学文。"（《学而》）

4. 子夏曰："贤贤易色；事父母，能竭其力；事君，能致其身；与朋友交，言而有信。虽曰未学，吾必谓之学矣。"（《学而》）

5. 子曰："君子不重，则不威，学则不固；主忠信；无友不如己者；过则勿惮改。"（《学而》）

6. 有子曰："信近于义，言可复也。恭近于礼，远耻辱也。因不失其亲，亦可宗也。（《学而》）

7. 子曰："人而无信，不知其可也。大车无輗，小车无軏，其何以行之哉？"（《为政》）

8. 子使漆雕开仕。对曰："吾斯之未能信。"子说。（《公冶长》）

9. 宰予昼寝。子曰："朽木不可雕也，粪土之墙不可杇也，于予与何诛？"子曰："始吾于人也，听其言而信其行；今吾于人也，听其言而观其行。于予与改是。"（《公冶长》）

10. 颜渊、季路侍。子曰："盍各言尔志？"子路曰："愿车马衣轻裘与朋友共，敝之而无憾。"颜渊曰："愿无伐善，无施劳。"子路曰："愿闻子之志。"子曰："老者安之，朋友信之，少者怀之。"（《公冶长》）

11. 子曰："述而不作，信而好古，窃比于我老彭。"（《述而》）

12. 曾子有疾，孟敬子问之。曾子言曰："鸟之将死，其鸣也哀；人之将死，其言也善。君子所贵乎道者三：动容貌，斯远暴慢矣；正颜色，斯近信

矣；出辞气，斯远鄙倍矣。笾豆之事，则有司存。"(《泰伯》)

13. 子曰："笃信好学，守死善道。危邦不入，乱邦不居。天下有道则见，无道则隐。邦有道，贫且贱焉，耻也；邦无道，富且贵焉，耻也。"(《泰伯》)

14. 子曰："狂而不直，侗而不愿，悾悾而不信，吾不知之矣。"(《泰伯》)

15. 子贡问政。子曰："足食，足兵，民信之矣。"子贡曰："必不得已而去，于斯三者何先？"曰："去兵。"子贡曰："必不得已而去，于斯二者何先？"曰："去食。自古皆有死，民无信不立。"(《颜渊》)

16. 子张问崇德、辨惑。子曰："主忠信，徙义，崇德也。爱之欲其生，恶之欲其死；既欲其生，又欲其死，是惑也。'诚不以富，亦祗以异。'"(《颜渊》)

17. 樊迟请学稼。子曰："吾不如老农。"请学为圃。曰："吾不如老圃。"樊迟出。子曰："小人哉，樊须也！上好礼，则民莫敢不敬；上好义，则民莫敢不服；上好信，则民莫敢不用情。夫如是，则四方之民襁负其子而至矣，焉用稼？"(《子路》)

18. 子贡问曰："何如斯可谓之士矣？"子曰："行己有耻，使于四方，不辱君命，可谓士矣。"曰："敢问其次。"曰："宗族称孝焉，乡党称弟焉。"曰："敢问其次。"曰："言必信，行必果，硁硁然小人哉！抑亦可以为次矣。"曰："今之从政者何如？"子曰："噫！斗筲之人，何足算也？"(《子路》)

19. 子问公叔文子于公明贾曰："信乎，夫子不言，不笑，不取乎？"公明贾对曰："以告者过也。夫子时然后言，人不厌其言；乐然后笑，人不厌其笑；义然后取，人不厌其取。"子曰："其然？岂其然乎？"(《宪问》)

20. 子曰："不逆诈，不亿不信，抑亦先觉者，是贤乎！"(《宪问》)

21. 子张问行。子曰："言忠信，行笃敬，虽蛮貊之邦，行矣。言不忠信，行不笃敬，虽州里，行乎哉？立则见其参于前也，在舆则见其倚于衡也，夫然后行。"子张书诸绅。(《卫灵公》)

22. 子曰："君子义以为质，礼以行之，孙以出之，信以成之。君子哉！"(《卫灵公》)

23. 子张问仁于孔子。孔子曰："能行五者于天下为仁矣。""请问之。"曰："恭、宽、信、敏、惠。恭则不侮，宽则得众，信则人任焉，敏则有功，惠则足以使人。"(《阳货》)

24. 子曰："由也！女闻六言六蔽矣乎？"对曰："未也。""居！吾语女。好仁不好学，其蔽也愚；好知不好学，其蔽也荡；好信不好学，其蔽也贼；好直不好学，其蔽也绞；好勇不好学，其蔽也乱；好刚不好学，其蔽也狂。"(《阳货》)

25. 尧曰："咨！尔舜！天之历数在尔躬，允执其中。四海困穷，天禄永终。"舜亦以命禹。曰:"予小子履,敢用玄牡,敢昭告于皇皇后帝:有罪不敢赦。帝臣不蔽,简在帝心。朕躬有罪,无以万方;万方有罪,罪在朕躬。"周有大赉,善人是富。"虽有周亲,不如仁人。百姓有过,在予一人。"谨权量,审法度,修废官,四方之政行焉。兴灭国,继绝世,举逸民,天下之民归心焉。所重:民、食、丧、祭。宽则得众,信则民任焉,敏则有功,公则说。(《尧曰》)

第十一讲 《论语》中的"和"

在2008年北京奥运会的开幕式上，以立体活字印刷术形式展现的大型"和"字方阵，用不断变换的表演方式，向人们演示了"和"的字体从古到今的演变。人们在惊艳的同时，都会联想到这样一个问题：中国在这样的一个隆重的国际盛会上，在浩如繁星的汉字中，为何独独选中了"和"字呢？原因当在于：首先，"和"是中国传统文化的精髓之所在，在漫长的历史发展进程中，它已经浸润为中华民族的一种精神，参赞化育、并行不害，是炎黄子孙的共同追求。中华传统之"和"，既具有方法论的意义，同时也是一种价值追求。"和为贵"已经融入了中国百姓的公共话语系统。其次，"和"字的出现，无疑也是中国人民向全世界宣示的一种友好和平的理念，"同一个世界，同一个梦想"，和乐融融。历史发展已经说明，正是"和"的文化理念与心态，保证了中华文化的源远流长，保证了中华民族在其他一些古文明匿迹之后，却依然能够屹立于世界之东方，并不断发展壮大。

一、"和"的起源与内涵

"和"的原义是什么？从发生学的角度看，"和"范畴起源很早，大约与原始先民的生养蕃息紧密相连。《说文解字》："和，相应也，从口禾声。"据有关学者的考证，凡从"禾"声之字，皆具有"调和相应"之义。

（一）"和"的起源

考察"和"范畴之发轫，不能忽视中华文明原生态所提供的历史借鉴，而这正是包括"和"范畴在内的中国传统伦理思想产生的源头活水。中华民族历史悠久，早在170多万年以前，我们的先民就生养蕃息在这片广袤的土地上。先民们所面临的是极其恶劣的自然环境，生产力水平也极其低下，一切都依赖于自然。正如英国历史学家汤恩比所分析的那样："我们发现人类在这里所要应付的自然环境的挑战，要比两河流域和尼罗河流域严重得多。人们把它变成古代中国古文明摇篮地方的这一片原野，除了有沼泽、丛林和洪水的灾难之外，还有更大得多的气候上的灾难，它不断地在夏季的酷热和冬季的严寒之间变换。"[①] 也正是由于这种恶劣的自然环境和低下的生产力水平，先民们对自然产生了无比的依赖和崇信。相传伏羲氏是人类的始祖，"作结绳而为网罟，以佃以渔"（《周易·系辞下》），亲自向众人传授渔猎技术，据传伏羲还作

---

① ［英］汤恩比：《历史研究》，上海人民出版社1966年版，第62页。

八卦:"古者包羲氏之王天下也,仰则观象于天,俯则观法于地,观鸟兽之文,与地之宜。近取诸身,远取诸物,于是始作八卦,以通神明之德,以类万物之情。"(《周易·系辞下》)伏羲氏后,"至于神农,人民众多,禽兽不足,于是神农因天之时,分地之利,制耒耜,教民劳作,神而化之,使民宜之"(《白虎通》)。在长期的生产生活实践中,先民们发现了万物从无到有,从萌生到消灭,日复一日、年复一年地循环往复,新旧更替,也就是在这日月不息的交互变化中,人们受到了万物生长变化的一种玄冥启悟,于是便有了原始的阴阳、五行观念的产生。可以说,中国原始的阴阳、五行思想,是建立在人们对自然的朴素认识的基础之上的。而原始的五行思想最基本的特点,就是从当时人们所能认识到的五种最基本的元素,即金、木、水、火、土,来解释事物的产生以及相互之间的关系,认为正是由于五行的"相生""相杂""相胜"才产生了世间万物及其变化。正如《国语·鲁语》中所言:"地之五行,所以生殖也。"《国语·郑语》中也说:"以土与金木水火杂,以生万物。"相关认识在先秦时期的其他典籍中也十分常见。如《尚书·洪范》明确指出:"五行:一曰水,二曰火,三曰木,四曰金,五曰土。水曰润下,火曰炎上,木曰曲直,金曰从革,土爱稼穑。润下作咸,炎上作苦,曲直作酸,从革作辛,稼穑作甘。"又说:"孜孜无怠,水火者,百姓之所饮食也;金木者,百姓之所兴生也;土者,万物之所资生,是为人用。"《左传》也指出:"因地之性,生其六气,用其五行。""五行"之间有规律的、和谐的交互作用及其无限循环往复运动,形成了宇宙万物的生存与协调相处。

阴阳和合是先民们对于自然发展变化所体悟到的又一重要方面,与五行观念是同时产生的,最初也与作物的生长需要自然条件的风调雨顺有直接的关系。在《国语·周语》中有"天六地五,数之常也"的记载。这里的"六"指的是阴、阳、风、雨、晦、明六气。"六气"中以阴、阳二气为其根本。阴阳观念在中国起源甚早,可以追溯到原始社会。相传《连山》中有"君臣民物,而统之以山"的记载;《归藏》中有"归藏生物,长育止杀,而统以气"的记载。这里所强调的阴阳之和,即是天地之和。西周末年,伯阳父曾对阴阳意识进行了概括。《国语·周语》指出:"气无滞阴,亦无散阳,阴阳序次,风雨时至,嘉生繁祉,人民和利,物备而乐成。""阳伏而不能出,阴迫而不能蒸,于是有地震。"这说明我们的先民对于阴阳、五行之和谐,对人类得以生存延续之意义已有了最基本的认识,但并不止于此。先民们在认识到了自然之和谐的巨大作用的同时,也更认识到了人类作为一个群体的和谐一致的力量。显而易见,在原始社会那样一种恶劣的自然环境中,只有依靠群体的力量,才能生存下去。所以,在原始社会,"没有军队、宪兵和警察,没有贵族、国王、总督、地方官和法官，没有监狱，没有诉讼，而一切都是有条有理的"①。人们聚族而居，和睦相处。这便是庄子所说的"至德之世"。《庄子·盗跖》说："神农之世，卧则居居，起则于于。"况且人们"相爱而不知以为仁，实而不知以为忠，当而不知以为信"（《庄子·天地》）。《淮南子·览冥训》也记载了黄帝时代"强不掩弱，众不暴寡，人民保命而不夭，岁时熟而不凶，百官正而无私"。这都说明，人类原始社会是一个团结协作的群体，唯其如此，才保证了人类从远古走向文明。有学者在分析"和"范畴的生成与演进的过程时，对其逻辑演进过程概括为："禾苗发育谷物成长的自然条件要求风调雨顺，在风雨有声的基础上形成的音乐也就要求五音调和，《左传》昭公二十年在述及此时也有'声亦如味'之喻，……反映了悦耳的要求。从此以后，和就从五味之和和五音之和，被引申到宗法的人际关系。"②

人类蹒跚着从远古走向文明，在带来绵绵不断的血缘承续的同时，也带来了一些朴素的文化意识。"和"范畴便是这样一种文化意识。"和"作为一种系统的伦理范畴的形成，是在春秋时期。但把"和"提升到政治伦理的高度来予以重视，在三代时期就已经开始。有关统计表明，在《尚书》中，"和"字凡44见，其基本的含义都是强调以和为本，与人和、与天和。如《尚书·多方》指出："自作不和，尔惟和哉。尔室不睦，尔惟和哉。尔邑克明，尔惟克勤乃事。""时惟尔初，不克敬于和，则无我怨。"在《周易》中"和"字也多次出现。如《周易·兑》初九爻辞："和兑，吉。"《周易·中孚》九二爻辞："鸣鹤在阳，其子和之。"在这些古文献中，"和"已经具备了"人伦之和"与"身心之和"的意义，"和"范畴的自然、社会以及精神和谐的文化意蕴也都基本具备。到春秋时期，"和"正是在这样一种意义上被思想家们所强调的。

（二）"和"的内涵

1. 从"禾""龢""盉"等字看

《说文解字》对于"禾"的解释是这样的："禾，嘉谷也。二月始生，八月而孰，得时之中，故谓之禾。禾，木也。木王而生，金王而死。"《说文解字》对于"禾"的解释，给我们理解"和"以很好的启发。

《说文解字》在《龠部》之下，注解"龢"时指出："读与和同。"段玉裁注："经传多假和为龢。"《说文解字》："龢，调也。"同时还说："调，龢也。"可见，调与龢亦为互训。则"龢"也是调和、和谐之意。"龠"在甲骨文中就已经存在，根据郭沫若的解释，"龠"象管乐之形。《说文解字》："龠，乐之竹管，三孔以和众声也。"从先秦经传中"和""龢"互通这一点来看，"和"的

---

① 《马克思恩格斯选集》第四卷，人民出版社1972年版，第92~93页。
② 罗祖基：《论中和的形成及其发展为中庸的过程》，《南京大学学报》1995年第3期。

第一层含义与音乐或乐器有关，即音乐的调和与音律的和谐。所以，郭沫若指出："和之本义必当为乐器，由乐声之谐和始能引出调义，由乐声之共鸣始能引申出相应义。"①

《说文解字》："盉，调味也。从皿禾声。"段玉裁注："调声曰龢，调味曰盉。今则和行而龢、盉皆废矣。"在许多有关的铭文中，也有以"和"为"盉"的例子。两者互通，说明"和"的第二层原始含义，应该与饮食有关，即饮食系列中的众多的味道与原料的调和。

无论是乐理意义上的调和还是饮食意义上的调和，有一非常关键的要素就是，这种和谐所包容的对象不是单一的，而是多方面的。

又，《广雅·释诂三》："和，谐也。"

《说文解字·言部》："谐，詥也。"《六书统·言部》："詥，从言从合，合众意也。"

《玉篇·言部》："谐，和也。"

以上是古代辞书对于"和"的解释。从种种解释中，可以追寻一下"和"字的踪迹。

2."和"与"同"

"和"的本义是调和与和谐。"具体地讲，'和'指的是对事物运动发展的范围、程度所做的层次感、分寸感上的把握，从而使事物的变化能够在一定意义上被控制在一个较为准确的位置和适当的范围之内，从而避免无效行为以及行为失控所引起的破坏性的反作用。"②可见，"和"是以肯定差异的存在为前提的。客观世界原本就存在着多样性的对立与统一，只有承认这种复合性、多样性与复杂性，才是认识世界存在的根本方式的正确方法，只有在多样性中取得和谐，才能使对立又统一的事物之间实现互动互补，在对立中求得一致。所以，"和"与"同"的区别与争论一直伴随着"和"范畴的发展过程。

据《国语·郑语》记载，西周末年，史伯曾在与郑桓公的一段对话中，首次系统全面地提出了"和实生物"的思想。史伯指出："夫和实生物，同则不继。以他平他谓之和，故能丰长而物归之。若以同裨同，尽乃弃矣。故先王以土与金、木、水、火杂，以成百物。是以和五味以调口，刚四支以卫体，和六律以聪耳，正七体以役心，平八索以成人，建九纪以立纯德，合十数以训百体。出千品，具万方，计亿事，材兆物，收经入，行姟极。故王者居九畡之田，收经入以食兆民，周训而能用之，和乐如一。夫如是，和之至也，于是乎先王聘后于异姓，求财于有方，择臣取谏工而讲以多物，务和同也。声

---

① 郭沫若：《甲骨文字研究》，《郭沫若全集·考古编》第 1 册，科学出版社 2016 年版，第 94 页。
② 张文彪：《浅析"和"的哲学思想》，《福建论坛》1999 年第 6 期。

一无听，物一无文，味一无果。王将弃是类也而与专同，天夺之明，欲无弊，得乎？"

在这段论述中，史伯向郑桓公讲述了"和实生物"与"同则不继"的道理。在史伯的论述中，"和"是事物多样性统一，"和"代表了生机，而"同"则只能代表量的积累与增加，只有"和"才能生生不已。将史伯的话转换为现代白话文，原意是这样的：把不同的东西加以协调平衡叫和谐，所以能够发展丰富万物并使之归于统一；如果把相同的东西简单相加，用尽之后就完了。所以先王把土和金、木、水、火相配合而生成万物。因此调和了五种滋味以适合人们的口味，强健四肢来保卫身体，调和六种音律使其悦耳动听，端正七窍来为心服务，协调身体的八个部位使人完整，设置九纪以树立人的纯正德行，合成十种等级来训导百官。于是产生了千种品味，具备了上万的方法，计算成亿的事物，经营万亿的财务，取得万兆的收入，采取无数的行动。所以君王拥有九州辽阔的土地，取得收入来供养万民，用忠心来教化和役使他们，使天下和乐如一家人。这便是和谐的顶点了。所以先王从异姓家族中聘娶王后，向四方各地求取财货，选择敢于直谏的人做官吏，处理众多的事情，努力做到和谐而不是同一。只有一种音调的音乐是无法听的，只有一种颜色就没有文采，只有一种味道终成不了美味。只有一种事物根本无法进行衡量比较。在这里，史伯已经把"和乐如一"作为一种价值取向提了出来，并加以提倡，这在"和"范畴的形成与发展过程中具有重要意义。

晏婴是春秋时期著名的政治家，他对于"和"的内涵也有其独到的见解。《左传·昭公二十年》记载：齐侯从打猎的地方回来，晏婴在遄台随侍，梁丘据驱车来到，齐侯说："只有梁丘据与我是和谐的啊！"晏婴说："梁丘据与您不过是相同而已，哪里算得上和谐？"齐侯说："和谐与相同难道不一样吗？"晏婴回答说："异。和如羹焉。水火醯醢盐梅以烹鱼肉，燀之以薪。宰夫和之，齐之以味，济其不及，以泄其过。君子食之，以平其心。"说明"和"的本义应当似人们所做的羹汤，是各种食材与调料的完美融合。这个过程中，要有厨师的调和，使味道适中。味道淡了就要加以调料，味道太浓就要加水稀释。这样，君子食用羹汤，内心就会平静。君臣之间的关系，同样如此。臣下应当敢于直面国君的得失，而不是一味逢迎。所以，先王调匀五味，谐和五声，是用来平静内心，完善政事的。声音也像味道一样，各种因素缺一不可，君子才会听后内心平静。而梁丘据在您面前，您说行他就说行，您说不行他就说不行。这样如同用清水调剂清水，谁会愿意吃？也如同琴瑟总弹一个声音，谁愿意听下去？所以，应该讲"和"与"同"的区别就是在这里。

3. "和"与"中"

"中"的释读历来多有歧义。据不完全统计，在各类辞书以及研究论著中,"中"的含义有30多种。①

"中"在甲骨文、金文中均可见,但诠释不一。据有关学者研究,甲骨文的"中",居中一竖表旗杆,右侧两或三道波横表旗游,中间一圈象征族众。原意指旌旗立于正中,作为中央之标志。它反映了古代氏族或军队以旗帜为中心这一事实。依郭沫若的训释,金文"中",即射箭中的之中,一圈示的,一竖示矢,乃会意字。朱骏声在《说文通训定声》中也认为:"古训中为和者,乃中字之转注,其本训当为矢著正也。"此外,《礼记·投壶》载:"投壶之礼,主人奉矢,司射奉中,使人执壶。"言西周举行"射礼"时,司射手执装有筹码的木箱,以计算射者成绩之优劣。这里的"中"又成了盛筹码的器物。因"司射奉中"必须秉公,故此"中"又隐含着"中正""公道"之意。这是从字源来看的"中"字的几种初义。

孔子对三代以来的"尚中"思想的继承和总结,首先表现在对尧舜禹相传相授的"允执其中"观念和周公"中德"观念的继承。其次表现在对六经中的"中"观念的继承。最后表现在对"中"的含义的总结。"中"主要的含义有三类:一指中间、中等。如《论语·雍也》的"力不足者,中道而废"和"中人以上,可以语上也;中人以下,不可以语上也"。二指恰当、适宜。如《论语·先进》的"夫人不言,言必有中",《论语·微子》的"言中伦,行中虑",《论语·子路》的"礼乐不兴,则刑罚不中;刑罚不中,则民无所错手足"。三指用中、执中。如《论语·子路》的"不得中行而与之,必也狂狷乎!狂者进取,狷者有所不为也"。传统的"尚中""尚和"观念到了孔子那里,便被融会贯通,予以升华,从而形成"中庸"范畴。孔子首创中庸,以表达自己的伦理思想和哲学方法。中庸贯穿于孔子思想各部分。他曾深深地慨叹说:"中庸之为德也,其至矣乎!民鲜久矣。"(《论语·雍也》)在孔子学说中,"中庸"不仅属于伦理范畴,也属于哲学范畴,它是表征孔子道德哲学的最典型的范畴。他对中庸作了界说。《论语·先进》载:"子贡问:'师与商也孰贤?'子曰:'师也过,商也不及。'曰:'然则师愈与?'子曰:'过犹不及。'"事实上,孔子本人也正是以"中"为自己的思维方法和行为准则的,《论语·子罕》:"吾有知乎哉?无知也。有鄙夫问于我,空空如也。我叩其两端而竭焉。""叩其两端"是孔子在认识事物、获取知识、解疑释惑的过程中体会到的一种思维方法,此种方法,其核心即为"用其中"。就道德修养和行为修养的层面说,孔子"用其中"的具体体现则是:"子绝四:毋意,毋必,毋固,毋我。"(《论语·子罕》)"毋意",不悬空揣测。"毋必",不绝对肯定。"毋固",不拘泥固执。"毋我",不唯我独是。"子绝四",则是指孔子没有"意""必""固""我"四种毛病。在

---

① 陈跃文:《论中道——中庸思想的起源》,《孔子研究》1993年第3期。

这里,"四毋"的核心仍是"中"。这种思维方法和行为准则,或许可以谓之"允执其中"(《论语·尧曰》)。这说明,对于传统文化持"因、损、益"态度的孔子,对传统"尚中"观念是持完全赞成态度的。

"和"以调和、和谐为其实质与精神内涵,以把握事物的限度为目标。所以,在中国传统哲学中,"和"往往与"中庸""中""度"等范畴相提并论。而且这几个范畴是相互交融、相互渗透又相互包含的。显而易见,这种范畴所追求的是一种最佳结构和一种最佳的行为方式。

《中庸》中说:"喜怒哀乐之未发谓之中,发而皆中节谓之和。中也者,天下之大本也;和也者,天下之达道也。"中国社会自古就有尚中的传统,如尧强调"允执其中",周公努力追求"中德"(《尚书·酒诰》)与"中正"(《尚书·吕刑》)。荀子以承认人的现实欲望为出发点,进一步指出礼义是调节人的欲望的关键。他说:"曷为中?礼义是也。道者,非天之道,非地之道,人之所以道也,君子之所道也。"(《荀子·儒效》)在礼义的规范下,人的欲望得到了适当的满足,这就是符合人性的,因而是美的。董仲舒指出:"喜怒止于中,忧惧反之正,此中和常在乎其身,谓之得天地泰。"(《春秋繁露·循天之道》)情之所至,则必有所发,只要适中、适度就是中,就是无可指责的。朱熹则说:"问圣人恐无怒容否?曰:怎生无怒容?合当怒时,必亦形于色;如要去治那人之罪,自为笑容,则不可。曰:如此,则恐涉及忿怒之气否?曰:天之怒,雷霆亦震,舜诛四凶,当其时而须怒。但当怒而怒,便中节,事过便消了,更不积。"(《朱子语类·程子之书》)当怒则怒,就像老天还会雷霆大震一样,人会发怒也是正常的,只是不要太偏激。孔子说:"中庸之为德也,其至矣乎!"(《论语·雍也》)尽管孔子对中庸之德推崇备至,但他对中庸的解释却又是那样的平易:"过犹不及。"(《论语·先进》)意思是说,任何事物都是有一定界限的,超过或者是未达到这个界限,都不会达到理想的效果。中国传统哲学在承认矛盾存在的同时,还进一步提出了解决矛盾的方法,那就是在事物的两极之中求得一个适当的"度",这个"度"的取得靠的是矛盾事物的相济相成。这种相济相成,即是中庸,而达到的目的则是"和"。也许正是因为如此,"和"又被当成一个浑朴难凿的古典美学概念。在中国美学史上,和谐的美学精神是备受关注的,包括"温柔敦厚"与"中和之美"。和谐美学在中国历史上普遍表现于辞赋文章、建筑以及社会生活的各个方面,也成为政治家、思想家惯用的教化形式。

二、《论语》中的"和"思想

(一)礼之用,和为贵

任何思想学说的形成都不可能是无源之水,孔子思想当然也不能例外。

孔子生当春秋末年，伴随着社会的大变革，天下出现了宗法等级制度的瓦解和礼坏乐崩的局面。表现在政治上，则是"礼乐征伐自诸侯出""礼乐征伐自大夫出"甚至是"陪臣执国命"等一系列"僭礼"现象，对此孔子称之为"天下无道"。（参《论语·季氏》）如何以新的社会和谐与稳定来取代陈旧的濒临灭亡的旧制度，使社会秩序由"无道"而转向"有道"，自然就成了孔子所关注的核心问题。孔子虽然没有自觉地认识到这种新旧制度变革的历史必然性，却以极大的政治热情从理论上和实践上投入到了挽救和建立一个有序社会的活动中去。也正是从孔子开始，奠定了儒家以强调秩序与稳定为核心的政治伦理思想。人类历史的发展证明，在一定的时期内，社会秩序的相对和谐与稳定，是一个社会获得发展的最为基本的保证。因而，人们普遍认可这样一个道理：人类只有在和平的环境下、和谐的社会氛围中，才能进行社会的物质与文明的建设，才能不断取得进步与发展。这也正是古今中外历史上许多有远见卓识的政治家、思想家特别关注社会环境的和平与和谐的根本原因所在。孔子在建构他的和平、和谐的社会理念之时，充分吸收和利用了西周以及春秋时期的和同之辨的思想成分。他"祖述尧舜，宪章文武"（《中庸》），提倡仁政、礼治与中庸之道等，试图建立一个"老者安之，朋友信之，少者怀之"（《论语·公冶长》）的安定、和谐与统一的理想社会。

"和为贵"事实上是孔子的弟子有子说的，这是孔门弟子对孔子的和谐思想的最为精当的概括。据《论语·学而》记载：

> 有子曰："礼之用，和为贵。先王之道斯为美，小大由之。有所不行，知和而和，不以礼节之，亦不可行也。"

这段话集中论述了礼与和的关系。指出礼是"先王之道"里面最"美"也是最为关键的一点。而和又具有最为重要的作用。但是，和也是要有现实坐标的，这个坐标就是礼。和固然重要，也不能仅仅为和而和。和虽可贵，但是也不能绝对化，和的实现必须遵循礼。由于国家社会是由不同的阶级和阶层所构成，所以社会的稳定与发展，靠的是社会各阶级、阶层的和谐作用。那就首先要明确不同的人在社会生活当中所应有的本分。孔子及其所开创的儒家学派从理论到实践的一切活动，都带有极为鲜明的政治色彩。而且，怎样把儒学从私学提升为官学，使其成为统治阶级的指导思想，来完成治国平天下的历史任务，是儒家从孔子就开始追求的目标。因此，从某种意义上可以说，"和为贵"也是孔门弟子对孔子的政治理念的一个总结。由此，孔子提出了"为政以德"的政治主张。他说："为政以德，譬如北辰居其所而众星共之。"（《论语·为政》）在孔子看来，治理国家，统治人民，应以道德教化为主，而不要过分迷信刑政。因为"道之以政，齐之以刑，民免而无耻。道之以德，齐之以礼，有耻且格"（《论语·为政》），认为道德教化与礼的规范作用要远远胜过单纯的刑罚的作用。孔子虽然极其重视道德教化的作用，但他并不绝对排斥刑与罚在治理国家社会中的作用，而是以刑罚作为治理国家的辅助手段。

民以食为天。所以孔子在治国方略上提倡和的同时，也十分重视在经济利益分配上讲求和。他说："丘也闻：有国有家者，不患寡而患不均，不患贫而患不安。盖均无贫，和无寡，安无倾。"（《论语·季氏》）孔子这段话的意思是说，一个国家如果财富分配均匀，就不会有过于贫困者，上下关系和睦则不怕人口少。通过均以输贫，和以济寡，安以扶倾，来消除因财富分配不均而引起的不同阶级和阶层之间的利益冲突。因此，为政者就要推行一系列的政治经济政策，来调匀上下贫富的等级秩序。基于此，就好理解孔子的"富民""惠民"主张了。在他的"藏富于民"的思想主张中，也贯穿着和的原则。针对社会上存在的严重的贫富分化所导致的社会矛盾的激化，而使天下动荡不安的局面，他试图通过"均无贫，和无寡"来缩小这种矛盾，通过分配关系的有序，来助力于整个社会的协调有序的发展。

（二）和而不同

和与同是先秦时期两个重要的哲学概念。和同之辨早在西周末年就已经出现，孔子的有关和同之辨的理论，是对前人学说的一种继承和发展。有关统计表明，在《论语》中"和"字共8见，"同"字共9见。《论语·子路》记载孔子在论及君子与小人的区别时，指出："君子和而不同，小人同而不和。"意思是说，道德修养好的人，也就是君子，他们善于协调各种分歧意见与矛盾，而不是盲目附和，能够在各种分歧中达成共识，使一切都能做得恰到好处，始终处于一种和谐状态；而小人则恰恰相反，他们不能正确对待各种不同的矛盾，只会盲目苟同，不善于协调，因而也就形成不了新的和谐。关于这种和、同之辨，冯友兰作如是概括："在中国古典哲学中，'和'与'同'不一样，'同'不能容'异'；'和'不但能容'异'，而且必须有'异'，才能称其为'和'。譬如一道好菜，必须把许多不同的味道调和起来，成为一种统一的新的味道；一首好乐章，必须把许多不同的声音综合起来，成为一个新的统一体。只有一种味道，一个声音，那是'同'；各种味道，不同声音，配合起来，那是'和'。……客观辩证法的两个对立面矛盾统一的局面，就是一个'和'。两个对立面矛盾斗争，当然不是'同'，而是'异'；但却同处于一个统一体中，这又是'和'。"[①]

孔子同时提出了"时中"的实现和的方法论，将礼落实下来，也就将和的目标落在了实处。"时中"是一个辩证原则，并不是不讲原则。它指的是在不违背礼的原则下对具体问题具体分析。如孔子对春秋时期名相管仲的评价，

[①] 冯友兰：《中国现代哲学史》，广东人民出版社1999年版，第253页。

在《论语》中曾有两处批评管仲的奢侈与越礼。但是孔子肯定管仲是一个"仁者"。在孔子看来,管仲的奢侈和越礼,从他一生的表现与功绩比较起来,只是小节。由此可知,孔子的和思想既是一种道德论,也是一种方法论。

三、孔子"和"思想之意义

(一)"和而不同"与人际关系和谐

儒家自孔子就奠定了内圣外王的理论模式,因此,"修己"便成了孔子学说的逻辑起点。《论语·宪问》中记载了孔子答子路问"君子"的一段对话:一曰"修己以敬",再曰"修己以安人",三曰"修己以安百姓"。在孔子的学说中,君子人格具有强烈的人间现实性,它是一种可以得而见之的人格范式。"和而不同"就是孔子对君子人格所规定的一个重要方面,也是君子人格在处理人际关系和自我修养时所必须尊奉的原则。

在处理人际关系方面,孔子在提出"君子和而不同"的同时,还提出了诸如"君子求诸己,小人求诸人"(《论语·卫灵公》),"君子周而不比,小人比而不周"(《论语·为政》),"君子矜而不争,群而不党"(《论语·卫灵公》),"君子泰而不骄,小人骄而不泰"(《论语·子路》),"君子喻于义,小人喻于利"(《论语·里仁》),"君子坦荡荡,小人长戚戚"(《论语·述而》)等种种议论,上述说法也均可以看作"君子和而不同"思想的一种衍生。孔子将"和同"思想完全落实于日常人伦的各个方面,"择善而从"原则在此具有普遍性意义。具体在各种人际关系上,孔子也提出了自己的观点。如君臣关系,孔子在主张臣应当"事君以忠"(《论语·八佾》)的同时,也提倡"勿欺之,而犯之"(《论语·宪问》)。在孔子看来,犯颜直谏也应是臣下的本分。孔子也明白"伴君如伴虎"的现实,但他还是强调臣下的谏诤对于君王治理好国家具有多么重要的意义。臣下的忠君并不是一味地逢迎,而应当敢于指出君上的过失。处理君臣关系是如此,对于一般人,孔子也反对那种盲目迎合别人,从不发表反对意见的做法,和排斥、打击不同意见的做法。对于这样的做法,孔子称其为"乡愿",认为"乡愿,德之贼也"(《论语·阳货》)。孔子还指出,君子求和是"以道",而小人求和是求全责备。他说:"君子易事而难说也。说之不以道,不说也;及其使人也,器之。小人难事而易说也。说之虽不以道,说也;及其使人也,求备焉。"(《论语·子路》)求全责备而又自以为是,这是小人的做法。所以孔子又强调"毋意,毋必,毋固,毋我"(《论语·子罕》)。

孔子的"己所不欲,勿施于人"(《论语·颜渊》)、"己欲立而立人,己欲达而达人"(《论语·雍也》)已然被奉为当下社会的"道德金律"或者"金法则"。这也是孔子实现人际和谐的根本原则。换言之,儒家的"忠恕之道"在当今社会依然具有勃勃生命力。不可否认，当今中国，伴随着社会转型，社会患了"道德流感"，出现了人情冷漠、人际疏离、恨官仇富、造谣生非等乱象。这是每一个有良知的人都不愿意看到的。然而，面对这样的现实，我们能做的不应当仅仅是唏嘘哀叹，而是应当回眸历史，从儒家的"和而不同"思想里去寻找一些有益的启迪。

（二）"和而不同"与文化发展

"和而不同"是中国文化源远流长、博大精深的根源所在，自古以来，它就是中国各学术流派以及不同文化间相互关系的一项重要原则。中国古代所经历的几个文化发展最为辉煌的时期，已经证明了这一点。

春秋战国时期是中国思想发展的第一个"黄金时代"。其主要的表现便是出现了诸子百家争鸣的局面，主要包括儒、道、墨、法、阴阳、名、小说、农、兵、纵横、杂等家。各学派间以此驰说，取悦诸侯，并互相攻讦。诸子百家的著述是非常丰富的。先秦时期的诸子百家争鸣是中华民族的宝贵精神财富，为后来漫长的思想文化发展提供了源头活水。在当时的社会历史条件下，尽管百家异说，但目的是共同的，那就是"此务为治者也"（《史记·太史公自序》）。正所谓"天下同归而殊途，一致而百虑"（《周易·系辞下》）。但那是在诸侯纷争的时代，"百虑"是为了"一致"。统一实现以后的思想文化将走向怎样的发展路线呢？中国古代的许多思想家都进行了有益的探索。

与先秦时代相比较，秦汉时期的社会状况有了根本性的变化。大一统的帝国统治呼唤统一的文化模式与之相适应。在某种程度上可以说，《吕氏春秋》为此提供了方法论的探索。如果说诸侯争霸的春秋战国时期，诸子争鸣反映的是时代需要的话，那么，在天下统一的历史条件下，百家争鸣就显然已经不合时宜了。无可否认，诸子之学从产生之日起，就是各有所偏的。如：儒家重视伦理道德，提倡德治，政治伦理学说相对比较完备，而对于作为强制手段的"法"的效力则显得重视不足；道家的本体论学说相对比较完备，但其政治伦理思想与现实政治的需要显然有距离；法家重"法"，但又不免流于严苛；墨家代表小生产者的利益，其主张显然行不通；阴阳家以阴阳五行学说来阐明王朝的更替，与政治的关系只是比较外在的，等等。这就是说，任何一家之学都不可能担当起治理统一的新王朝的任务，同时也都没有能力对其他诸子之学取而代之。实质上，到战国中后期，诸子之学都在自觉地吸收别家学派的思想而开始呈现出"驳杂不纯"的特点。事实上这也是学术文化发展的内在基本规律使然。班固在《汉书·艺文志》中说："……诸子十家……其言虽殊，辟犹水火，相灭亦相生也。仁之与义，敬之与和，相反而皆相成也。"说明诸子百家在对立的斗争中，又互相渗透和补充，因此，他接着指出："若能修六艺之术，而观此九家之言，舍短取长，则可以通万方之略矣。"《吕氏春秋》则是有意识地做了这方面的工作。《吕氏春秋》中已经明确指出了"听群众人议以治国，国危无日矣"(《吕氏春秋·不二》)。也就是说，异说纷呈而各行其是，是不利于社会秩序的安定的，因而主张"不二""执一""齐万不同"。如何"齐"呢？是扼杀一切异己吗？当然不是。《吕氏春秋》中有一句名言："天下无粹白之狐，而有粹白之裘，取之众白也。"(《吕氏春秋·用众》)"取长补短""集腋成裘"是《吕氏春秋》的文化观。在"善学者假人之长"的指导思想下，成就了一个以儒家思想为主体，而又兼采诸子百家之长的"杂家"著作。"杂"不是通常所理解的"杂乱无章"的意思，而应理解为"聚集"意。《吕氏春秋》的这种致思路向，与"和而不同"的含义完全吻合。所以，打开《吕氏春秋》，对于书中的内容，我们会有一种似曾相识的感觉，但又总觉得不完全一样。各家思想在该书中都有所表现，又似乎都经历了一种改变。于是，把相异的东西有机结合起来，颇合"以他平他"之意，好似厨师之调和五味。把各家思想融为一体，又都是围绕儒家思想这一核心，各家思想在书中都有所改变。《吕氏春秋》在当时的社会历史条件下，表现了一种包容性的文化自觉。所以，《吕氏春秋》能够指示中国文化的发展方向。遗憾的是，秦始皇没有采用吕不韦的政治主张，而是"焚书坑儒"，试图以这种极端的方式来形成思想上的统一。最后不仅秦朝短命而亡，更造成了中国古代文化的一次空前灾难。汉代以后尽管标榜"独尊儒术"，但决不是儒家的一枝独秀，实质上，自从汉代开始，阳儒阴法或儒显道隐，还有其他的诸子学说，一直是中国传统文化发展的脉脉潜流。

"和而不同"还表现在中华文化在对待外来文化的态度上。汉代以来，随着中国本土道教的产生以及印度佛教的东来，在中国逐步形成了儒、释、道三教鼎立以至三教融合的局面。这期间三教从对立到交融，是经过了一个长期过程的。后来的伊斯兰教以及基督教的传入也属于类似情形。所以，中华文化又具有多神并存、不独尊一神的特征。自从16世纪末叶以来，又开始了中西文化的直接交流与碰撞。中国的传统文化又得以在与异域文化的交锋中实现交融，从而使得中华文化更加丰富和发展。

伴随着现代化发展而来的社会转型以及"全球化"的社会大背景，一部分人开始出现了心态失衡以及文化发展方向上的迷茫。这也是历史发展的必然。

首先，全球化使今天的世界文明面临着一个矛盾的课题：一方面，积极寻找各种文明间借以深层对话、沟通与理解的文化路径，比以往任何时候都急迫和有意义；另一方面，民族性的存在和坚持也同样比以往任何时候都更为必要。矛盾着的现实形成两种文化思潮："文化全球一体化"与"文化全球多元化"，由此文化价值的发展也陷入一种文化悖论之中。20世纪80年代以来，与"传统文化与现代化"这样一个时代性的课题密切相关，"全球化状态下的中国哲学""全球化与中国文化向何处去"等课题，在中国学术界被极其关注。

20世纪90年代"文明冲突论"风行世界。"文明冲突论"是由美国著名学者、资深国际问题专家塞缪尔·亨廷顿提出来的。他认为，在冷战结束后，世界格局的决定因素表现为七大或八大文明，即中华文明、日本文明、印度文明、伊斯兰文明、西方文明、东正教文明、拉美文明，还有可能存在的非洲文明。冷战后的世界，冲突的基本根源不再是意识形态，而是文化差异，主宰全球的将是"文明的冲突"。客观地讲，亨廷顿的某些见解还是很有意义的。如他认识到，冷战后的世界并非西方一统天下的世界，因而指望西方的价值观成为世界唯一的意识形态的想法是不现实的。文明是人的最高文化归属，是人必不可少的文化认同的最大层面，是人区别于其他物种的根本。现代化不同于西方化，它既不会形成任何意义上的普世文明，也不会导致非西方社会的西方化。我们必须清醒地认识到，亨廷顿完全是站在美国的立场上，是为维护西方的文化霸权而立论的。亨廷顿特别强调的是，儒家文明与伊斯兰文明可能实现联合，形成与西方文明的对立，构成对西方文明的最大挑战和威胁。在这样一种时代背景下，"和而不同"的文化观占据了学术界的思想主流。比较典型的如：费孝通曾以"美美"四句来概括自己的文化观，即："各美其美，美人之美，美美与共，天下大同。"① 方克立曾将"天下大同"改为"和而不同"。文化的"综合创新"学说，是张岱年通过对16世纪以来历次文化论战的反思提出来的。张立文提出了以"和合学"为21世纪的文化战略的构想。他认为，和合是合理的价值导向和最佳的文化方式的选择。那么，中华文明在全球化时代应该扮演怎样的角色、起到怎样的作用呢？总体来说，"和而不同"是我们的哲学依据，"寻找现代文明的普遍标志和中华文化的契合点"、高扬"文化自觉"、实现传统文化的"综合创新"，应是我们对待中华文化的理性而现实的态度。我们之所以不厌其烦地详细引述上面几种观点，是因为在我们看来，他们的观点主张是在新的社会历史条件下比较有代表性的几种观点。可以说，他们代表了一种"和而不同"的积极健康的文化心态。

当今中国的文化建设，既不可避免地要面对中国数千年形成的传统文明，又要面对高新科技浪潮的冲击，还有急剧动荡的世界局势，这是一个极其复杂的问题。有识之士已经认识到，在这样的情况下，从"文化自觉"到实现"和而不同"，必须处理好几个"要"和"不要"的问题：诸如要充满自信，看到中华文化中极其丰富的优秀成分，同时要敢于正视中华文化中也含有的糟粕成

---

① 费孝通:《人文价值再思考》,《费孝通文集》第14卷,群言出版社1999年版,第196页。

分，因而既不要妄自菲薄，也不要妄自尊大；要自觉吸收外来文化中对我们的文化建设有益的东西，而不要全盘西化；要宏扬我们的传统文化，而不必强调我们才是唯一，等等。这样，才会使我们的新文化既具有浓厚的民族性，又具有高度的智慧性。我们坚信中华文明的伟大复兴必将能够为人类的未来作出历史性的贡献，未来的世界文化应该是多元开放、多元互补、并存发展的。中国文化也定会作为世界多元文化中不可或缺的一元。

扼杀异己，提倡一元，已经将血淋淋的悲剧呈现在全世界人民面前。

和而不同，共同进步，我们建构一个和谐的现代社会，正是需要这样的文化心态作基础。

（三）"和为贵"与天下和平

无论古代，还是现代，奉行"以和为贵"的处理国际、国内问题的原则，睦邻友好，共同发展，是中华民族的一贯方针，"王道文化"影响千古。"和平与发展"是我们努力的方向。

中国历来主张天下一家，四海太平，所谓"万邦协和""万国咸宁"。这也是中华民族追求天下和平的独创思维。有着爱好和平的传统和深厚和平文化底蕴的中国，会成为世界和平的威胁吗？伴随着改革开放取得了巨大的成就，中国的经济取得了飞速的发展，综合国力也有了极大的提升，中华民族一改过去的"东亚病夫"的景况，开始以崭新的面貌屹立于世界强者之林。但是，中国的发展却使某些国家的某些人士"神经过敏"，尤其是西方某些发达国家，开始在世界上散布"中国威胁论"，还有"文明冲突论"，都是对中国的污蔑与不实之辞。

人人都渴望一个和平的生存与发展环境，但是，放眼望去，这个世界并不太平，还有太多的动荡与不安，尤其是近些年来的连绵不断的局部战争，以及因此而引发的恐怖袭击，造成了大量生命的逝去以及无法估量的财产损失，残酷的事实，已经唤起了越来越多的人们的警醒。人们开始认识到，战争给人类社会带来的只能是越来越多的灾难和不幸，而且最终毁灭的，也将是人类自己。"我不欲人之加诸我也，吾亦欲无加诸人"（《论语·公冶长》），是儒家提倡的处理人际关系的一项重要准则，也是处理国际问题应该遵循的原则。我们不希望别人来侵犯我们的国家，当然我们也决不会主动去侵略别人。我们寻求合作，但必须是在相互尊重、和平共处的原则下的合作。中国人口占世界人口的四分之一，随着中国经济的飞速发展，中国在国际事务中所具有的重要地位也日益显示出来。但我们依然是一个发展中国家，中国要继续发展，满足人民日益增长的物质与文化需要，就更需要一个和平稳定的国际、国内环境。所以，中国是不会主动去威胁别人，更不会去发动战争的。过去没有，今后也不会，这是中华民族精神使然。从古到今，中华民族都奉行着"协和万邦"的道德理念。中华文化不仅构成东方文化的主体，而且正在辐射到世界更多的国家。她的现代价值正在被越来越多的人所认识、所重视。

当然，我们也明白，在这个多元的世界里，总有一些不和谐音符的存在，"天下大同"谈何容易！但我们坚信"人能弘道，非道弘人"（《论语·卫灵公》），和谐文化的弘扬，靠的是全世界人民的努力。"和谐为存在之基"终将成为全世界人民的共识。

（四）"和而不同"与可持续发展

儒家"和而不同"的理念体现在人与自然的关系上，则是告诉人们如何与自然和睦相处。在儒家那里，尽管"言性与天道，不可得而闻"（《论语·公冶长》），但也不是那么绝对，孔子也说："唯天为大，唯尧则之。"（《论语·泰伯》）这说明要治理好天下，必须效法天道。在某种程度上可以说，儒家从孔子就已经开始了天道伦理化和伦理天道化这样一个过程，这也是儒家"天人合一"所独具之特色。

孔子对于天地万物所表现出的人文关怀，被后世儒家发展成"万物一体之仁"，儒家以人为"天地之心"，人心与天地就这样被连为一体，人心之所思所想，亦应系于天地万物，从而成为一种推卸不掉的道德责任和义务。只有如此，人与天地万物方可共生并存，和谐相处。而这，正是"和而不同"的具体体现。人应当尊重自然，而不是仅仅凭人类的主观意志来改造自然。尊重自然、利用自然即是"和"，而破坏自然、一味索取，则是"同"，后者是儒家所反对的。

应该说，中国传统的天人和谐思想，在漫长的历史时期是经过了一个不断丰富和发展的历程的，而这个发展过程，也是中国传统生态伦理的一个不断浸润的过程。在漫长的农业文明社会里，天人和谐在某种程度上，也是得到一定体现的。

随着工业文明的不断发展，这种和谐逐渐被打破，尤其是20世纪以来，人类使自身陷入了生存环境极端恶化的危机之中。现代化的到来，恰似一把锋利的双刃剑，在给现代人带来物质文明和精神文明的同时，也带来了难以克服的"现代病"，这种"病"的最大表现，就是把人带向"物"的回归，人们利用所掌握的现代工具，不约而同地患上急功近利的短视症。人们开始无度地向自然索取，而不再顾及生态的平衡及其保护，大自然也毫不留情地还以颜色：诸如人口膨胀、粮食短缺、环境污染、资源殆尽、森林破坏、沙漠蔓延、生物物种的急剧减少等。在中国，人们对一个公益广告耳熟能详："我们看到的最后一滴水，将是人类自己的眼泪。"恐怕这并非危言耸听，在我们国家的许多地区，每每因水告急，那么，若干年以后呢？还有，"风沙化"对人类生活空间的快速侵蚀，水土流失状况的日益严重，环境的污染对人体的影响日趋严峻，在这种种现象面前，我们还能熟视无睹吗？！

难道享受现代文明的人们，真的要吃祖宗饭，断子孙路吗？

前面谈过，对于人类生存环境的关切，似乎也是伴随着现代工业文明与生俱来的，20世纪90年代以来，更成为一个全球化的话题。在我国，这个问题则是"传统文化与现代化"研究课题中一个被广泛关注的问题。孔子说："温故而知新。"儒家的"和而不同"的学说，与当今的可持续发展战略有着怎样的契合点呢？可持续发展战略的总体要求就是，在发展经济的同时，必须与人口、资源、环境做到统筹安排，既要着眼当前，又要放眼未来，并且要为未来的发展创造好的条件。要爱护资源、保护环境，不要抱着侥幸的心理，有些资源是失而不复得的，有些毁坏了的环境是无法恢复原貌的。

《中庸》讲："万物并育而不相害，道并行而不相悖。"这是对孔子"和而不同"的完美诠释，值得生活在现代社会中的我们认真领会与践行。

推荐书目：

1. 张立文：《和合学——21世纪文化战略的构想》，首都师范大学出版社1996年版。
2. 董根洪：《儒家中和哲学通论》，齐鲁书社2001年版。
3. 修建军：《中华伦理范畴——和》，中国社会科学出版社2006年版。

思考题：

1. 《论语》中怎样论述"礼"与"和"的关系？
2. "和而不同"的含义是怎样的？
3. 孔子"和"的思想价值有哪些？
4. 如何在现实生活中践履孔子"和"的思想？

《论语》论"和"：

1. 有子曰："礼之用，和为贵。先王之道斯为美，小大由之。有所不行，知和而和，不以礼节之，亦不可行也。"（《学而》）
2. 子曰："君子和而不同，小人同而不和。"（《子路》）
3. 子曰："君子坦荡荡，小人长戚戚。"（《述而》）
4. 子曰："君子求诸己，小人求诸人。"（《卫灵公》）
5. 子曰："君子泰而不骄，小人骄而不泰。"（《子路》）
6. 子曰："君子周而不比，小人比而不周。"（《为政》）
7. 子曰："乡愿，德之贼也。"（《阳货》）
8. 子贡曰："如有博施于民而能济众，何如？可谓仁乎？"子曰："何事

于仁,必也圣乎!尧舜其犹病诸!夫仁者,己欲立而立人,己欲达而达人。"(《雍也》)

  9. 子贡问曰:"有一言而可以终身行之者乎?"子曰:"其恕乎!己所不欲,勿施于人。"(《卫灵公》)

  10. 子贡曰:"我不欲人之加诸我也,吾亦欲无加诸人。"子曰:"赐也,非尔所及也。"(《公冶长》)

第十二讲　修己安人　养成君子

　　《论语》是中国人的圣经圣典，也是把握圣人孔子学问宗旨、走进儒家文明世界的窗口。两千多年来，《论语》已经成为塑造国民性格、影响中国人思维方式、培育社会价值观的核心典籍。只是近代以来，受反传统思潮的影响，《论语》也和孔子一道被拉下了圣坛。"文化大革命"期间，"批林批孔"运动中，《论语》也是重点批评的对象。我们看1974年出版的北京大学编写的《〈论语〉批注》可以以管窥豹。20世纪90年代尤其是新世纪以来，传统文化复兴热潮方兴未艾。有人以"百家讲坛"这样的平台，将《论语》等历史文化典籍送进了千家万户，掀起了一个读《论语》、学传统文化的热潮。与此相应，也有人以"丧家狗"及"去圣乃得真孔子"等为题论说《论语》及孔子，这显然是针对传统文化热潮而作。这两者都引起了巨大的争议。虽然争议无法避免，但是也发挥了积极的作用，使得《论语》超越了其他的经典，成为当下最为流行的一部古代典籍。很多学者纷纷推出了有关《论语》的注、解、评、析的著作，这些著作的出版，极大地丰富了《论语》的研究，推动了《论语》的普及。社会上的广大党员干部、大众市民及中小学生，对于《论语》的学习兴趣也是有增无减。但是，人们始终有一个问题：《论语》到底讲了什么，我们学《论语》的意义何在？

一、儒学是修己安人之学

　　《论语》的主旨，或者说孔子之教，乃是立人成人之教。成为什么样的人？这就涉及儒家所谓理想人格的问题。我们经常说，儒学讲内圣外王之道。所谓"内圣"就是指修养自己内在的德性，提升自我境界，可以达到"圣"的最高境界。所谓"外王"就是指一个人在社会上要建功立业，有所作为，其最高境界就是"王"。这当然是讲一种极致的状态。但它其实是指示一种方向。不过，这个词的出处却不在儒家经典，而是在道家的经典《庄子》之中，后来被借用来形容儒家思想。与此相似的表述，可以从儒家四书之一的《大学》中看到。那就是《大学》开篇所讲的"三纲领八条目"——三纲领："明明德，新民，止于至善"；八条目："格物、致知、诚意、正心、修身、齐家、治国、平天下"。所以后来也经常用"修齐治平"来作为儒学的基本纲领。如果说，这个"修齐治平"的说法是晚于孔子和《论语》的话，那么，我们用《论语》中的话也可以概括。《论语·宪问》记载：

　　　　子路问君子。子曰："修己以敬。"曰："如斯而已乎？"曰："修己以安人。"曰："如斯而已乎？"曰："修己以安百姓。修己以安百姓，尧舜其犹病诸？"

我们可以用这里的话来概括儒学之精神，那就是"修己安人"。《论语·宪问》原文中"安人"的"人"可能是指比较亲近的人，借用过来则是泛指，涵括"百姓"的意思。修己是基础，是前提，安人是目的。修己的最高境界是"圣"，安人的最高成就是"王"。修己安人的意思，与内圣外王、修齐治平实际上是一致的。

尽管不能从《论语》中直接得出结论说孔子的人生目标是"内圣外王"，但是他的"修己安人"的思想，确实为后来的儒家确立了方向，经过子思、孟子、荀子等的发展，成圣成贤成了儒家最高的修身目标，正如周敦颐所说："士希贤，贤希圣，圣希天。"（《通书》）即便是"圣贤"，在儒家看来，也是只有通过学来成就。圣人可学而至，这是儒家的基本观点。这里的学是比较宽泛意义上的学，而不是今天狭义的知识性学习。不过，"圣贤"的境界是极高的，实现起来非常困难。所以，孔子、儒家一般所讲的理想人格更多地是强调君子，或者换句话说，儒家教育的目的就是养成君子。

我们看孔子之教："子以四教：文、行、忠、信。"（《论语·述而》）孔子强调教，强调学，目的就在于君子的养成。长期以来，人们将孔子之教称为"成德之教"。其实，这一判断并非确论。君子的养成，并非单纯的成德问题。《中庸》所谓的"成己成物"是不可或缺的。如果仅仅养"德"成"德"，显然不足以"安人""成物"，尽管"德"在儒家具有一种基础性意义。但是从儒家"大学之道"即"修身、齐家、治国、平天下"的宏大鹄的来说，其学绝非修身、成德这般简单。所以，儒家所讲之道，含义甚广，包括修身、伦理、政治、经济、军事、外交等各个领域。那么，君子便是这样的理想之人。尽管孔子强调"君子不器"（《论语·为政》），但绝非说君子只需要修身成德，而不需要掌握各种才能。儒家说德才兼备，强调德，却不忽视才。

宋代大儒司马光在《资治通鉴》卷一就有一段精彩的"臣光曰"：

夫才与德异，而世俗莫之能辨，通谓之贤，此其所以失人也。夫聪察强毅之谓才，正直中和之谓德。才者，德之资也；德者，才之帅也。云梦之竹，天下之劲也，然而不矫揉，不羽括，则不能以入坚；棠溪之金，天下之利也，然而不熔范，不砥砺，则不能以击强。是故才德全尽谓之圣人，才德兼亡谓之愚人，德胜才谓之君子，才胜德谓之小人。凡取人之术，苟不得圣人、君子而与之，与其得小人，不若得愚人。何则？君子挟才以为善，小人挟才以为恶。挟才以为善者，善无不至矣；挟才以为恶者，恶亦无不至矣。愚者虽欲为不善，智不能周，力不能胜，譬如乳狗搏人，人得而制之。小人智足以遂其奸，勇足以决其暴，是虎而翼者也,其为害岂不多哉!夫德者人之所严,而才者人之所爱。爱者易亲,严者易疏,是以察者多蔽于才而遗于德。自古昔以来,国之乱臣、家之败子,才有余而德不足,以至于颠覆者多矣,岂特智伯哉!故为国为家者,苟能审于才德之分而知所先后,又何失人之足患哉!

司马光的这段评议,足以代表儒家的态度。"才者,德之资也;德者,才之帅也。"强调用人"德才兼备,以德为先",成为中国古代的一大传统,也意味着这是中国人的一种人才观或者成人观。毫无疑问,这种观点的来源正在《论语》。

二、君子:德与位的统一

君子,是中国文化中关于人格境界的"核心"范畴。《论语》中涉及君子共计107次。首篇首章与末篇末章都涉及"君子",明代胡广等编的《四书集注大全》中引新安陈氏的话说:"《论语》一书,夫子以君子教人者多矣。首末两章皆以'君子'言之。……学者其深玩潜心焉。"确实,《论语》的二十篇之中,无一不在谈君子。毫无疑问,君子是贯穿《论语》全书的一个核心概念。自从孔子将"君子"作为论说的关键对象、谈论的主要内容,后世受到孔子、儒家影响的中国人,不管是读书做官的人,还是贩夫走卒,基本上都以成为君子作为自己安身立命的追求。今天的中国人,一谈到"君子""小人"往往不假思索地从"道德"的角度思考。但其实,自古到今,在儒家系统中,君子一词的含义从来不是单纯的"道德"含义。

据考察,君子一词出现很早。在早期典籍如《周易》《尚书》《诗经》等都已经出现了"君子"的概念。据学者考察,古代对于"君子"的定义有多种。一种是从君与子作为尊称的角度来看君子的内涵。比如,汉代班固《白虎通·号》说:"或称君子者何?道德之称也。君之为言群也,子者,丈夫之通称也。"汉代王符《潜夫论·释难》云:"夫君子也者,其贤宜君国,其德宜子民也。宜处此位者,惟仁义人。故有仁义者,谓之君子。"而唐代孔颖达《毛诗正义》说:"君子者,言其德可以君上位,子下民,虽天子亦称之。"当然,还有一种理解是,君子一词的本义大概是"君之子"的意思,如王子、公子之类。这一点早经历史学家金景芳揭示出来:"就像诸侯之子称公子,天子之子称王子一样,君子就是君之子。君之子,当然是贵族,是统治者。"古代"君"并不专指天子、诸侯,每一级贵族相对于下一级皆可称君,因此,君是贵族的泛指。那么,由此推之,君子也是对贵族的泛指或代称。揆诸《周易》《尚书》《诗经》,"君子"一词绝大多数是意指有位者,但同时也隐含有道德的意义。根据刘震对于《易经》"君子"的考察可知,有十六个卦涉及君子。在这些君子当中,其意涵更多指向人的社会责任,而非道德诉求。这在很大程度上印证了上面的说法。

由于贵族本身体现着礼乐、道德等文明素养，因此，君子一词天然就包含着一种美德的意思，是褒义词。而与之相对的，则是社会底层的人，统称为"小人"。不过，《诗经》中的"君子"很多时候是"丈夫"的美称，并非专指贵族。这说明后来《论语》中君子一词可能经历了"位"的含义的弱化和"德"的含义的强化。

君子一词在《论语》中，其"道德"的内涵得到强化，很多有关"君子"的描述，几乎完全是从道德意义上讲的。但是，在《论语》中出现的107次有关"君子"的描述里，仔细辨析可知，完全从"德"的角度来论"君子"与完全从"位"的角度来论"君子"的都不多。大部分有关"君子"的论述实际上是"德"与"位"的双重视角，或者叫作"德位统一"论。

孔子之所以赋予君子以新义，实际上是春秋时代时局变动、贵族堕落的必然结果。本来，西周时期贵族本身有"位"且有"德"，作为"君子"理所当然。但是，随着礼坏乐崩，原来的贵族很多已经丧失了"德"，但还窃据"君子"之"位"，也就是说已经有名无实，或者名不副实。孔子本乎"正名"的主张也必然要重新界定君子。所以，孔子所赋予的"君子"内涵，是一个"否定之否定"，是对当时君子的批评，是对原初君子意义的回归。这种回归又是一种升华。

这种"升华"主要体现在两个方面。第一，孔子将"君子"一名的含义中处于隐性的"德"予以凸显出来，使"德"成为君子的第一内涵。成为"君子"不再是贵族的专利，打破了宗法制度下的贵族垄断，取消了"君子"（也包括"小人"）的身份限制，这是对"君子"一词的解放。这实际上表明，"君子"是人人可以追求的，人与人是内在平等的。"小人"则是人人皆可因不修为而堕落而成的，人在这里也是平等的。对于自甘堕落，孔子是厌恶的。第二，基于以上的转变，过去的"位—德"合一，一变而为"德—位"合一。这对于激励人们积极上进，积极改变自身社会身份与地位，承担社会责任起到了非常重要的作用。同时，对于在下位的小人（民）的道德要求相对较低，对民实际上更多着眼于养、富，然后才是教。"礼不下庶人"（《礼记·曲礼上》）不是对庶人的压制和歧视，反而是一种同情与保护。地位意义上的小人，应予宽容和保护，引领与教化。正如徐复观所指出的，儒家在修己与治人两个方面的要求是不一样的。在上位的君子修己要严格，格外强调道德的意义，但是治人则不同，应该给在下位的小人（民）更多的物质等生活保障，利用厚生。

如果说，君子的原义强调的是因"位"而有"德"的"位—德"，那么，孔子赋予君子的新义则是由"德"而获"位"的"德—位"。正如政治史家萧公权所指出的：旧义倾向于就"位"以修"德"，孔子则侧重修"德"以取

"位"。

既然君子已经不是固定的社会身份或出身所决定,那么君子将如何养成呢?在孔子看来,要想成为君子,唯一的途径就是学。或者反过来说,教的目标就应该是培养君子。

我们打开《论语》,首篇首章就是:"学而时习之,不亦说乎?有朋自远方来,不亦乐乎?人不知而不愠,不亦君子乎?"作为首篇首章,可以视为全书的总纲。如果细加体味,这一章所揭示的主旨就是"以学养成君子"!由此可见,"学"对于成为君子是何等的重要。通过考察整部《论语》,可以明白,学是君子养成的不二法门!

儒家最重要的精神就在于"学"——志学、好学、乐学、博学。在《论语》中论述学习的章句可以说非常之多。关于学习,孔子有一套相当成熟的思想。强调学习,正是孔子最鲜明的主张,也是儒学最突出的特征。可以说,儒家之"学"更加强调"学—习"。随着儒家文化的主导地位的确立,中华文明自然也就形成为"学习型文明"。当然,任何一个伟大而持之久远的文明,都是在与异文明的交流与学习中获得自我充实与更新的。但是,相较于一神教文明那种"传教型文明",显然中华文明更能体现一种别样的形态。"礼闻来学,不闻往教"(《礼记·曲礼上》),就是这一文明对待学与教的态度。以至于可以说,我们一向奉行鲁迅所谓的"拿来主义",而不擅长于季羡林、汤一介诸先生所谓的"送去主义"。而这一特征的奠定,端赖乎孔子与《论语》。

三、"君子修己以安人"

中国文化强调"三不朽"——立德、立功、立言,而儒家内部也大致出现了"道、政、学"的三维面向,有传道之儒、经世之儒和传经之儒。换句话说,君子也应该包含以上三个维度。但自宋代以来,在价值取向上,"传道之儒"地位高于"经世之儒"与"传经之儒",其实这与宋明儒者对于"君子"的理解不无关系,他们紧紧盯住"德"的一面来发挥,对于"君子"之"位"的一面不免有所轻忽。如朱熹在《论语集注》首篇首章中注曰:"君子,成德之名。"轻忽了"位",就意味着过分强调了君子"立德",而忽略了"立功",难怪有宋代陈亮、叶适等对于理学的不满,以至于后来有颜元所批评的"无事袖手谈心性,临危一死报君王"的尴尬与无奈。无论对于理解儒家真精神,还是在当今时代弘扬君子之道,只有回归到《论语》关于"君子"的本义,才能切中肯綮,不至偏失。

理解君子在《论语》中的含义,可以从《论语·宪问》"子路问君子"章进行系统的理解。在该章中,孔子首先提出了君子"修己"的要求,也就是说"修己"是君子的基础性条件。但是"如斯而已乎"?孔子的回答是否定的。他进一步提出"修己以安人""修己以安百姓"。如果说,"修己"对应的是《大学》中的"修身",那么,"安人"对应的是"齐家""治国","安百姓"对应的是"平天下"。尽管"平天下""安百姓"是极其不易实现的目标,但是它必然内蕴在儒家"君子"的理想之中。由此可见,"修己"与"安人"是君子不可或缺的两个要求。这样一种理解,照顾到了"德"与"位"两个不可或缺的层面,显然较之将"君子"理解为成德之人更为周全。如果用这样一个理解来观照《论语》中的"君子"论说,就会豁然贯通。

如此一来,我们就会清楚"君子"并非单纯的人格概念,不仅仅属于伦理学的范畴,更属于一个政治哲学的范畴。君子,在儒家看来,应该成为政治治理的主体,这是儒家德治主义的内在要求。孔子之教,也正是要培养君子,让君子进入政治,担负治理责任,而所谓治理责任就是"安人"。当然,这个"安人"包括着"养民""富民""教民"等若干层次。所以,孔门四科中除了"德行"科,还有"政事""言语""文学"等科。

徐复观曾将儒家政治思想归结为"德治主义"。德治是个现代词汇,是现代学者对于古代政治思想的一种概括,最早的使用者应该推梁启超。而正式将"德治主义"作为儒家政治思想的核心予以系统阐述的则是徐复观。他认为,孔子乃至整个儒家的政治思想,都是由德治观念所贯通的。于是他提出,儒家的政治思想,从其最高原则来说,我们不妨便称之为德治主义。而德治就是孔子所说的"为政以德"(《论语·为政》),就是"子帅以正"(《论语·颜渊》),这就是孔子所谓"政者,正也"(《论语·颜渊》)的深刻含义。基于这一立场,一方面儒家认为为政者首先应该是"有德者",另一方面,儒家又强调教育要培养"有德者"进而使其"学而优则仕"(《论语·子张》),成为政治治理的主体。于是,君子就成为这样一个合乎儒家政治理想的理想人格。

四、德福不合:成就"君子"的困惑

养成君子是儒家的宗旨,也是儒家的理想。但是,现实的情况却应了那句"理想很丰满,现实很骨感"的流行语。从历史上看,受到孔子精神的感召,读着四书五经等儒家经典成长起来的士人或读书人,大都具有一种"君子人格"的追求。当然,并不是所有学儒的读书人、士大夫都成了君子,还有很多走向了反面,成了势利小人。现实的"骨感"就体现在这里:君子往往遭到压制和打击,小人往往得志得逞、飞黄腾达。诗人北岛有句诗:"卑鄙是卑鄙者的通行证,高尚是高尚者的墓志铭。"颇能击中历史的要害,也刺痛了"君子""道德"。所以,从古至今,在"君子"这个美誉面前,很多人望而却步,人们会困惑:为何非得要成为君子呢?其实,这也是"道德"面临的永恒之问。《论语》中,孔子本身也屡遭这样的追问或者质疑。

"德福一致"大概才能使得"道德"更具魅力,具有合法性。于是,宗教给出了"德福一致"的许诺,不管是基督教、佛教还是其他宗教,无不如此。那么孔子和儒家如何回应呢?回到《论语》可以看到,孔子的回应与众不同。孔子一生屡遭困苦,尤其是周游列国期间,"再逐于鲁,伐树于宋,削迹于卫,穷于商、周,围于陈、蔡之间",明显地"德福不合"。于是有了子路的追问:"君子亦有穷乎?"孔子回答:"君子固穷,小人穷斯滥矣。"(《论语·卫灵公》)这里的君子,显然更多是从"道德"意义上谈的。孔子并不予以"德福一致"的许诺。所以,当子路将长沮、桀溺"辟世"的奉劝转告给孔子的时候,孔子"怃然曰":"鸟兽不可与同群,吾非斯人之徒与而谁与?"(《论语·微子》)一个君子,应该正视淋漓的鲜血,直面惨淡的人生,他既然无法脱离人群社会,那么对于一个"谋道"的"君子"而言,就没有退路可言。孔子说:"士志于道,而耻恶衣恶食者,未足与议也。"(《论语·里仁》)儒家将"道"视为最大的天赋使命,"朝闻道,夕死可矣"(《论语·里仁》),但是"死生有命,富贵在天"(《论语·颜渊》),"福"的问题不是操之在我的,因而也是不必关心的,"尽人事,听天命"才是智慧的态度。所以,孔子直接将"德福一致"的世俗诉求一刀斩断,明明白白地告诉人们:做一个道德的君子,本身就是人的天命,是"成己"——成为自己,成就自己,完善自己,而这与生命中的贵贱贫富,生死寿夭毫无关系。追求德福一致,本身就越过了"道德"那种"无条件"的绝对,而成为一种"功利"了。因此,儒家的君子虽然打开了不受"位"影响而人人皆可为之的"平等之门",但是很多人都停在了门口,逡巡不前。只有那些具有强烈"道德意识""精英意识"的"士"才选择了这一条没有许诺的道德之路。那么,今天这样一个现代的社会,追求君子的人会是更多还是更少呢?

五、"君子"的现代意义

君子,这个古老的称呼,在近代以来,日渐式微。1914年,梁启超在清华演讲,还以"君子"相勉勖。他说:"君子二字其意甚广,欲为之诠注,颇难得其确解。为英人所称劲德尔门(Gentleman)包罗众义与我国君子之意差相吻合。证之古史,君子每与小人对待,学善则为君子,学不善则为小人。君子小人之分,似无定衡。顾习尚沿传类以君子为人格之标准。望治者,每以人人有士君子之心相勖。"他鼓励清华学子"吸收新文明,改良我社会,促进我政治","为社会之表率,语默作止,皆为国民所仿效","崇德修学,勉为真君子,异日出膺大任,足以挽既倒之狂澜,作中流之砥柱"。[①]但是,这在过去

---

① 梁启超:《君子》,《清华周刊》第20期,1914年11月10日。

的一百多年中,就如"君子"的"回光返照",并没有引起更多的反响。尽管历史教科书还有"戊戌六君子""救国七君子"的说辞,尽管民间对于人的评价还会出现"君子""小人"的甄断,但是总是抵挡不住君子文化式微的命运。

这自然与中国社会的"三千年未有之大变局"有关。近代以来,君子一词失去了原有的光辉,正是现代社会的降临,传统价值观念遭遇了巨大的挑战的缩影。"现代/传统"成为一百多年来横亘在中国人尤其是知识分子心中的一个"大结"。而随着全球化的到来,价值多元主义席卷全球,中国自然也未能幸免。在此背景下,人们不禁会质疑,在追求"自由平等民主"的现代社会,"仁义礼智信"这样的价值还有什么意义?在崇尚"个性"的公民社会,"君子"这样的人格还有无必要去追求?毫无疑问,不同立场的人会有不同的答案。

我们认为,不管时代如何变化,五常之道依然会给人类提供价值,君子人格依然会给我们指明方向。因为五常之道具有超越时空的永恒价值,而君子人格依然是一种向上向善的引领。虽然人有不追求成为君子的自由,但是不应有反五常、反君子的自由。人类只要自觉地不自甘堕落,那么君子人格就有存在的理由。

今天的教育当然首先要培养公民,这是毫无疑问的。但是,好的教育,美好的社会不应该让人止步于公民,而应该提供更好更高的层级——君子。台湾著名儒家学者林安梧教授提出"公民儒学"的主张,他说:"公民儒学""是在公民社会的年代继续发展的儒学。"① 林安梧认为,在现代,应该先成为公民,然后成为君子,先具备公民的基本素质,再谈君子的修养。这一点,我们是非常赞同的。

其实,君子虽然不等同于公民,它比公民有着更高的道德要求,但是毫无疑问,君子的内涵中有很多是公民必须具备的道德。孔子说:"仁者不忧,知者不惑,勇者不惧。"(《论语·宪问》)又说:"知、仁、勇三者,天下之达德也。"(《中庸》)虽然作为一个君子可以有各种各样的美德,但是可以说"智仁勇"则是最重要也是最基本的。

仁,当然是孔子思想的核心范畴。"孔子贵仁",这是自古以来的公论。在《论语》之中,"仁"出现了109次,但是没有一个是严格意义上的定义。大都是"因材施教"的随机指点,所以后儒对此争议颇多。其实,仁作为一个君子所应该具备的德性,它可以分为多个层级。孔子一方面说:"我欲仁,斯仁至矣。"(《论语·述而》)一方面又说:"若圣与仁,则吾岂敢?"(《论语·述而》)由此可知,它既可以说是"德之总称",也可以说是"最高的善",

---

① 林安梧:《先做公民,再做儒者》,《南方周末》2012年4月5日。

但是同时它也可以很容易很简单。首先是"仁的欲念",就是"我欲仁"!这是成为仁人君子的前提!"我欲仁"表明一个人具有成为君子、追求仁德的主观意愿,或者叫"立志"。仁的"志"一旦确"立","斯仁至矣"!这个"斯仁至矣"的"仁"并不是指仁德的完全呈现,而是说仁德的种子已经种下了。其次,其基本内涵是"爱人"。"爱人"作为仁的基本内涵,在当今学界是最基本的共识。这与"老吾老以及人之老,幼吾幼以及人之幼""泛爱众而亲仁"的孔孟思想是符合的。再次,其本质是"爱"。这与世界各大文明所强调的"博爱""慈悲"等都具有内在一致性。只不过,儒家的仁爱是一种"等差之爱"。孔子说:"立爱自亲始。"(《礼记·祭义》)有子说:"孝弟也者,其为仁之本与!"(《论语·学而》)孟子更是强调:"亲亲而仁民,仁民而爱物。"(《孟子·尽心上》)与这种等差相辅相成的是仁爱的博大。韩愈说:"博爱之谓仁。"(《原道》)这也同时证明了仁爱之崇高与博大。二者是统一的。

现代公民,当然也需要"爱心"的培育。很难想象,公民可以是一个内心麻木、不知痛痒的人。如果那样,"公民"之"公"就无法落实了。其实,"仁"本身就指向了"公"。"孔子贵公"是古人对孔子思想的另一种概括。朱熹说:"仁则公。""不仁则是私意,故变诈百出而不一也。"(《朱子语类》卷九七)仁是自我人格的觉醒,对他人的尊重,对群体利益的关注,是对社会责任的担当。这不正是公民之"公"的一种体现吗?

知,就是"智"。智,是儒家五常道之一。不过,智在古代与现代社会,在人们心目中的理解有着时代的差异。古人对于"智"的强调,更多是对于人生智慧的把握,而今天则更多强调"知识""科学"等的开发与利用,或其背后所具有的哲学的思辨。

勇,作为"三达德",却没有被列为"五常",说明后世对于"勇"有着不同的态度。其实,在孔子那里,勇是极为重要的君子德行。它其实是一种"道德意志"的体现,是"道德信念"的彰显,是"道德行动力"的保障。如果缺乏勇,那么仁德就会限于自我,而无法发动,发动了也无法落实。一个公民如果没有一种"勇",那么他对于正义的维护就失去了道德的基础。义必须要有"勇"来展现。明哲保身的哲学不仅不符合君子之道,也不符合公民精神。

所以,今天培养真正的公民意识,就不能忽视"仁智勇"的德性的培育。仁智勇这些德性,当然可以是对公民意识的提升,但也可以视为公民意识的奠基。所以,今天的教育,不仅要培养公民,更应该培养君子式的公民。近些年来,很多儒家学者不断呼吁倡导君子人格与君子精神的弘扬和培育。比如牟钟鉴就提出"新时代新君子论",将新君子的道德人格概括为"六有":有仁义,立人之基;有涵养,美人之性;有操守,挺人之脊;有容量,扩人之胸;有坦诚，存人之真；有担当，尽人之责。他呼吁培育更多的士君子、乡君子、政君子、军君子、商君子、医君子、工君子、农君子、文君子、师君子、艺君子、匠君子，推动各领域各阶层各行业树新风、创新业、建新功。但是，牟先生对于君子的理解还是局限于道德范畴。其实，我们还是应该回归到《论语》君子论说，推动当代君子建设，强调君子"德位一致"的综合面向，这对于政治、企业、教育等各个领域"精英"的培育具有巨大启示意义。其实，这样的观点与意识，在传统文化没有明显断裂的日本一直传承下来。比如日本丰田公司前董事长奥田硕曾表示，日本在21世纪需要伟大的领导者，而伟大领导者育成的第一课，就是学好《论语》。

君子之所以能够在现代中国社会"复活"，是因为这个公民社会仍然有着社会分工，依然有"精英阶层"的存在。就"成德"而言君子，则人人平等，人皆可为君子；就"德位"而言君子，则是更突出管理者、"精英阶层"的责任。这是符合现代管理哲学的理念的。古老的君子文化正可以通过对"精英阶层"的塑造而实现创造性转化。

一方面，君子文化可以通过对现有精英阶层的价值引导、德性塑造而培育现代新君子。这些精英阶层既包括党员领导干部，也涵括工商业领袖、教育界文化界精英等各方面力量。

另一方面，君子文化可以渗透到现代教育体制之中，通过对道德的培育，而养成具有道义精神、社会责任感的现代君子，使其作为现代精英做好社会各个层面或领域的管理工作。这恐怕是更具根本的意义的。尽管现代教育越来越"大众化"，"精英教育"看似失去了市场，实际上社会还是需要"精英意识"的培育。"立德树人"是中国传统教育的基本观念，也应该为今天的现代教育所认可、所秉持。近年来，随着传统文化复兴的热潮，传统文化教育也渐渐引起广泛关注。"以学养成君子"应该成为我们的教育理念，这与培育公民意识并不矛盾，二者不应该相互排斥，而应该相辅相成，相得益彰。

推荐书目：

1. 牟钟鉴：《中国文化的当下精神》，中华书局2016年版。
2. 夏海：《君子：〈论语〉与人生》，孔学堂书局2014年版。
3. 姚中秋：《美德·君子·风俗》，浙江大学出版社2012年版。

思考题：

1. 君子的古今义有何异同？
2. 君子的基本要求是什么？
3. 君子人格在今天还有怎样的意义？

《论语》论"君子"：

1. 子谓子夏曰："女为君子儒！无为小人儒！"(《雍也》)
2. 子曰："君子不器。"(《为政》)
3. 子曰："君子欲讷于言而敏于行。"(《里仁》)
4. 子曰："质胜文则野，文胜质则史。文质彬彬，然后君子。"(《雍也》)
5. 子曰："君子喻于义，小人喻于利。"(《里仁》)
6. 子曰："君子坦荡荡，小人长戚戚。"(《述而》)
7. 子曰："君子和而不同，小人同而不和。"(《子路》)
8. 子曰："君子求诸己，小人求诸人。"(《卫灵公》)
9. 孔子曰："君子有三畏：畏天命，畏大人，畏圣人之言。小人不知天命而不畏也，狎大人，侮圣人之言。"(《季氏》)
10. 孔子曰："君子有九思：视思明，听思聪，色思温，貌思恭，言思忠，事思敬，疑思问，忿思难，见得思义。"(《季氏》)
11. 子曰："君子泰而不骄，小人骄而不泰。"(《子路》)
12. 子曰："君子周而不比，小人比而不周。"(《为政》)
13. 子曰："君子怀德，小人怀土；君子怀刑，小人怀惠。"(《里仁》)
14. 子曰："君子成人之美，不成人之恶。小人反是。"(《颜渊》)
15. 子曰："君子不重，则不威；学则不固。主忠信。无友不如己者。过则勿惮改。"(《学而》)
16. 子曰："君子食无求饱，居无求安，敏于事而慎于言，就有道而正焉，可谓好学也已。"(《学而》)
17. 子贡问君子。子曰："先行其言而后从之。"(《为政》)
18. 子曰："君子无所争。必也射乎！揖让而升，下而饮。其争也君子。"(《八佾》)
19. 司马牛问君子。子曰："君子不忧不惧。"曰："不忧不惧，斯谓之君子已乎？"子曰："内省不疚，夫何忧何惧？"(《颜渊》)
20. 曾子曰："君子以文会友，以友辅仁。"(《颜渊》)
21. 子曰："君子上达，小人下达。"(《宪问》)
22. 曾子曰："君子思不出其位。"(《宪问》)
23. 子曰："君子耻其言而过其行。"(《宪问》)
24. 子曰："君子道者三，我无能焉：仁者不忧，知者不惑，勇者不惧。"子贡曰："夫子自道也。"(《宪问》)
25. 子路问君子。子曰："修己以敬。"曰："如斯而已乎？"曰："修己以安人。"曰："如斯而已乎？"曰："修己以安百姓。修己以安百姓，尧舜其犹

病诸?"(《宪问》)

  26. 子路愠见曰:"君子亦有穷乎?"子曰:"君子固穷,小人穷斯滥矣。"(《卫灵公》)

  27. 子曰:"君子矜而不争,群而不党。"(《卫灵公》)

  28. 子曰:"君子谋道不谋食。耕也,馁在其中矣;学也,禄在其中矣。君子忧道不忧贫。"(《卫灵公》)

  29. 子夏曰:"君子有三变:望之俨然,即之也温,听其言也厉。"(《子张》)

编 后 记

本教材是为配合我校在本科新生中开设的"孔子与《论语》"校本课程而编写的,同时也是我们主持的山东省高校教学改革重点项目"中华优秀传统文化'三位一体'育人模式的研究与实践(2015Z055)"的最终成果之一。

本教材是曲阜师范大学历史文化学院及孔子文化研究院部分教师合作的结晶。历史文化学院院长成积春教授、中华礼乐文明研究所所长宋立林担任主编,负责教材编写的统筹、协调工作。"孔子与《论语》课程研究中心"的全体成员对编写原则、编写提纲及体例进行了多次讨论和反复修改。各章节的写作分工如下:成积春、宋立林撰写第一讲,王红霞撰写第二讲,修建军撰写第三、第十一讲,王德成撰写第四讲,周海生撰写第五讲,张亚宁撰写第六、第七讲,宋立林撰写第八、第九、第十二讲,王曰美撰写第十讲。初稿完成后,进行了多次集中统稿,并提出修改意见,撰写者再对稿件进行修改加工。经过多次修改,最后由主编统稿、定稿。经过近两年的分工协作,本教材终于可以付梓了。

本教材在选题和编写过程中,得到了学校领导的亲切关怀和指导,得到了教务处各位领导的大力支持和帮助。学院尤其是"孔子与《论语》课程研究中心"的各位老师,在繁忙的科研和教学任务之外,不辞辛劳、戮力同心完成了这份工作,体现了教师工作平凡中的伟大,在此向大家的支持、帮助和关心表示衷心的谢忱!

本教材得到"山东省一流学科(中国史)"资助,得到山东省"泰山学者工程专项经费"资助,谨致谢意!

编者　谨识

2017年12月24日

郑重声明

高等教育出版社依法对本书享有专有出版权。任何未经许可的复制、销售行为均违反《中华人民共和国著作权法》，其行为人将承担相应的民事责任和行政责任；构成犯罪的，将被依法追究刑事责任。为了维护市场秩序，保护读者的合法权益，避免读者误用盗版书造成不良后果，我社将配合行政执法部门和司法机关对违法犯罪的单位和个人进行严厉打击。社会各界人士如发现上述侵权行为，希望及时举报，本社将奖励举报有功人员。

反盗版举报电话　（010）58581999　58582371　58582488
反盗版举报传真　（010）82086060
反盗版举报邮箱　dd@hep.com.cn
通信地址　北京市西城区德外大街4号
　　　　　高等教育出版社法律事务与版权管理部
邮政编码　100120